中國古代都城資料選刊

東京夢華錄注

〔宋〕孟元老撰
鄧之誠注

中華書局

圖書在版編目(CIP)數據

東京夢華録注/(宋)孟元老撰;鄧之誠注.—北京:中華書局,1982.1(2023.4重印)
(中國古代都城資料選刊)
ISBN 978-7-101-04207-8

Ⅰ.東… Ⅱ.①孟…②鄧… Ⅲ.開封市-地方志-史料-北宋 Ⅳ.K296.13

中國版本圖書館CIP數據核字(2004)第100208號

責任編輯:崔文印
責任印製:管 斌

中國古代都城資料選刊
東京夢華録注
〔宋〕孟元老 撰
鄧之誠 注
*
中華書局出版發行
(北京市豐臺區太平橋西里38號 100073)
http://www.zhbc.com.cn
E-mail:zhbc@zhbc.com.cn
北京新華印刷有限公司印刷
*
850×1168毫米 1/32・9⅛印張・2插頁・160千字
1982年1月第1版 2023年4月第11次印刷
印數:34501-36000冊 定價:49.00元

ISBN 978-7-101-04207-8

出版説明

《東京夢華録》是作爲研究北宋汴梁的重要資料而收入《中國古代都城資料選刊》的。一九五九年商務印書館出版的鄧之誠先生的《東京夢華録注》，到目前爲止，是這部書唯一的注本，它提供了不少可以和原著相互印證的參考資料，因此，《選刊》決定採用鄧注本。在印行前，除對鄧注的個别條目作了删訂以外，其它皆未改動。

承商務印書館同意將此書移轉給我們出版，謹致謝意。

中華書局編輯部
一九八〇年八月

東京夢華録注細目

東京夢華録注自序

孟元老夢華録自序謂以崇寧癸未入京師。靖康丙午南徙。寓東京二十三年。又六十二年至淳熙丁未。夢華録始有刊本。其人蓋已百歲。必不及見其書之行世。其書亦未必手定。故多訛誤。元老本末不詳。有常茂徠者。開封老儒。同治中猶存。喜收拾鄉邦文獻而不甚讀書。改竄如夢録。令人歎恨。卽其人也。不知宋人多以老命名。竟謂元老是字。奇想天開。坐實元老卽孟揆。觀其稱朱勔爲太守。胸無黑白可知。

靖康之難。中原人士播越兩浙。無人不具故國故鄉之思。周煇清波别志云。紹興初。故老閒坐必談京師風物。且喜歌曹元寵甚時得歸京裏去十小闋。聽之感慨有流涕者。故其時西北耆舊。談宣政故事者。爲人所重。清明上河圖。至鏤板以行。宜夢華之風行。徐夢莘三朝北盟會編。靖康二年。録趙甡之中興遺史。卽一字不易鈔夢華元旦朝會一則。陳元靚歲時廣記。徵引尤多。劉昌詩蘆蒲筆記。録上元詞鷓鴣天十五首。謂當與夢華録並行。百歲寓翁楓窻小牘所述十餘事皆同。則各尊所聞。未必因襲。百餘年來。醉翁談録、都城紀勝、繁盛録、武林舊事、夢粱録。相繼而作。此録遂爲不祧之祖。今傳世元刻本外。有明弘治癸亥重刻本。今李濂汴京遺迹志中有跋東京夢華録一首未知卽爲弘治本而作否。然李夢陽李濂皆以之證開封遺迹。萬曆之季。秘册彙函刊之以考杭俗。清初此板歸毛晉。補刻爲緑君亭本。後入津逮秘書。録君遂不爲人所稱。

李濂謂此録本宋敏求東京記而作。濂未見東京記。何從知之。又謂元老非文學士。誠然。京瓦伎藝。敍述毫無章法。今既不悉其人其技。又不能從文理推之。以致不能句讀。其他字必從俗寫。物必從俗稱。則未可厚非。蓋非此不足以存真。尤不足以存宣政時汴京之真。郊壇行禮所述樂器。既知有三禮圖。豈不知古樂之名。乃必從樂工口中一一狀其形製。而不稱名。蓋未親見。或恐有誤。足見矜慎。通常敍事。但述太平景象。當時豫大豐亨。卽天下敗壞之由。竟不作一語點明。而使閱者試一回思。不覺涕漣。是謂白描高手。試以與板橋雜記相較。不知綴幾許嗟歎悲感字樣。而後博得人之眼淚。是謂渲染。高下難易之分。卽在于此。故謂使夢華録出于文人學士之手。必不能感人若此。文章本天成。妙手偶得之。元老雖非文士。却是妙手。濂又惜其時艮嶽已成。梁臺上方寺塔俱在。而録內無一言及之。此由不明此録體例。非親見親聞者不録。鐵塔容或偶遺。艮嶽不惟不可得而見。亦不可得而聞也。所不録者。尚有延福、靈霄。卽大內所述亦只略具輪廓。意其人必有心胸。有經緯。只淡淡著一朱衈。則艮嶽、延福、靈霄不言而自見。卽蔡京、童貫、王黼、李邦彥、梁師成輩。亦不言而自見矣。元老自言凡大禮與禁中節次但見習按。又不知果爲何如。不無脱略。或改而正之。則幸甚。實則録中所稱九梁冠。小兒隊二百餘人。女童隊四百餘人。皆誤。故趙師俠謂事關宮禁典禮。得之傳聞者。不免謬誤。四庫提要。乃摭其所述。欲以補史證史。何也。

予之作注。蓋二十年前。客有言此録難施句讀者。予笑曰。我當能之。因以暇日加黑一過。然多不能曉。則發書以求之。録于書眉及別紙。凡二三百條。因詫于人曰。我有夢華録注。亡友張孟劬亟賛之。謂爲前人未作之書。書實未成。方別有撰造。無暇及此。遂復置之。然人皆知予有此注。每來迫促。今年春復有力爲慫恿者。乃排纂成書。視前增三之二。然終歉于懷者。斷句以伎藝飲食爲最難。其他訛奪俱難強解。雖力求不誤。而誤者必多。胡三省曰。人之誤我知之。我之誤則不自知。斯言諒矣。校勘誤字。唯證于本書得若干事。證于紀載得若干事。既以元刻爲主。後此祕册、津逮、唐宋、學津各本。不應以後證前。況多肊改。故皆不取。而猶取證于夢粱録、説郛者。冀其猶見宋本也。注之取材。以宋人雜記爲斷。亦不多取正史。闌出此例不過數條。大約證聞一也。補遺二也。糾誤三也。卽此短書。能釋者未及十之三四。自恨淺薄。所知太少。又癃老嬾于博徵。姑自欺曰。不必求備。實亦無從盡備。然取舍頗具微意。不徒志美。亦以志惡。其一事兩傳則取其較爲詳確者。展轉負販則取其紀録較早者。世人或不免詆爲支蔓。而不知擯而不取者多矣。三賦之取則以一代作者只此三人。難能可貴。又三賦與此録雖文體不同。而意主諷諫則一。況賦中所述有足廣此録之所未及者。合觀並存。使人開拓心胸。勿輕示軒輊。亦甚佳事。注中韓志和爲日本人一事。郝經言鐵樓李師師一事。磨喝樂卽阿彌陀經疏羅睺羅一事。皆友人孫子書舉以告我者。附識于此。

夢華録序

僕從先人。宦游南北。崇寧癸未到京師。卜居於州西金梁橋西夾道之南。漸次長立。正當輦轂之下。太平日久。人物繁阜。垂髫之童。但習鼓舞。班白之老。不識干戈。時節相次。各有觀賞。燈宵月夕。雪際花時。乞巧登高。教池游苑。舉目則青樓畫閣。繡户珠簾。雕車競駐於天街。寶馬争馳於御路。金翠耀目。羅綺飄香。新聲巧笑於柳陌花衢。按管調絃於茶坊酒肆。八荒争湊。萬國咸通。集四海之珍奇。皆歸市易。會寰區之異味。悉在庖廚。花光滿路。何限春遊。簫鼓喧空。幾家夜宴。伎巧則驚人耳目。侈奢則長人精神。瞻天表則元夕教池。拜郊孟享。頻觀公主下降。皇子納妃。修造則創建明堂。冶鑄則立成鼎鼐。觀妓籍則府曹衙罷。内省宴回。看變化則舉子唱名。武人換授。僕數十年爛賞疊遊。莫知厭足。一旦兵火。靖康丙午之明年。出京南來。避地江左。情緒牢落。漸入桑榆。暗想當年。節物風流。人情和美。但成悵恨。近與親戚會面。談及曩昔。後生往往妄生不然。僕恐浸久。論其風俗者。失於事實。誠爲可惜。謹省記編次成集。庶幾開卷得觀當時之盛。古人有夢遊華胥之國。其樂無涯者。僕今追念。回首悵然。豈非華胥之夢覺哉。目之曰夢華録。然以京師之浩穰。及有未嘗經從處。得之於人。不無遺闕。倘遇鄉黨宿德。補綴周備。不勝幸甚。此録語言鄙俚。不以文飾者。蓋欲上下通曉爾。觀者幸詳焉。紹興丁卯歲除日幽蘭居士孟元老序。

幽蘭居士東京夢華録目録

目録

幽蘭居士東京夢華録卷之一

東都外城

東都〔一〕外城方圓四十餘里。城壕曰護龍河。闊十餘丈。壕之内外。皆植楊柳。粉牆朱户。禁人往來。城門〔二〕皆甕城三層。屈曲開門。唯南薰門。新鄭門。新宋門。封丘門。皆直門兩重。蓋此係四正門。皆留御路故也。新城〔三〕南壁。其門有三。正南門曰南薰門。〔四〕城南一邊。東南則陳州門。〔五〕傍有蔡河水門。西南則戴樓門。〔六〕傍亦有蔡河水門。蔡河正名惠民河。爲通蔡州故也。東城一邊。其門有四。東南曰東水門。〔七〕乃汴河下流水門也。其門跨河。有鐵裹窗門。遇夜如閘垂下水面。兩岸各有門。通人行路。出枴子城。夾岸百餘丈。次則曰新宋門。次曰新曹門。又次曰東北水門。乃五丈河之水門也。西城一邊。其門有四。從南曰新鄭門。〔八〕次曰西水門。〔九〕汴河上水門也。次曰萬勝門。又次曰固子門。又次曰西北水門。乃金水河水門也。北城一邊。其門有四。從東曰陳橋門。乃大遼人使驛路。次曰封丘門。北郊御路。次曰新酸棗門。次曰衛州門。諸門名皆俗呼。其正名如西水門曰利澤。鄭門本順天門。固子門本金耀門。新城每百步設馬面戰棚。〔一〇〕密置女頭。旦暮修整。望之聳然。城裹牙道。各植榆柳成陰。每二百步。

置一防城庫。貯守禦之器。有廣固兵士二十指揮。每日修造泥飾。專有京城所〔二〕提總其事。

〔一〕東都

呂祖謙宋文鑑二楊侃皇畿賦。有賦家者流。欲馳名於當世。思著詠於神州。忽念前古。深懷景慕。誦二京於張衡。覽兩都於班固。於是輟卷意慙。閣筆心伏。讓而謂臣。請書簡牘。臣辭不獲。已而謂之曰。子讀二子之賦。而知兩漢都邑之制。宮殿之麗。而未知大宋畿甸之美。政化之始也。予幸得職采風謡。官參儒雅。千里之郊圻是巡。八使之軺車斯假。若夫大邑名城。神皋沃野。畫地可記。濡毫可寫。至於宮禁之深嚴。予未聞也。都城之浩穰。衆所覩也。是故彼述其內。子言其外。蓋萬分之舉一。雖盡述而備載。昔者唐綱不振。國鼎將遷。俄梁室之革命。啓浚都而應天。既觀法於左崤右隴。亦取則於西澗東瀍。大矣雄圖。昭然聖謨。謂陳留天下之衝要。謂大梁海內之膏腴。漢祖得之則齊楚之敵。敗亡相繼。咸就擒而卽誅。梁王守之則七國之師。不敢西向。盡爲馘而爲俘。實王氣之長在。宜萬世而作都也。莫不廣封溝。設險固。襄平割宋之美田。戴邑裂曹之沃土。滑分屬邑之二城。陳減太康之萬户。潁川之鄢陵扶溝。滎陽之中牟陽武。咸命落編民於州籍。升地圖於天府。故得雄臨九州。陋視三輔。經營歷於五代。法則垂于萬古。皇宋之受命也。太祖以神武獨斷。太宗以聖文誕敷。平江表。破蜀都。下南越。來東吴。北定并汾。南取荆湖。是故七國之雄軍。諸侯之陪臣。隨其王公。與其士民。小者十郡之衆。大者百州之人。莫不去其鄉黨。率彼宗親。盡徙家於上國。何懷土之不聞。甲第星羅。比屋鱗次。坊無廣巷。市不通騎。於是有出居王畿。掛户縣籍。興産樹業。出賦供役者矣。豈比夫秦選户口於咸陽。漢徙豪傑於陵邑。魏將實於河南。驅冀民而是入也。今聖上之在東宮也。尊以皇儲。尹茲京邑。視政之初。民訟雲集。莫不察之以情僞。辯之以曲直。發伏禁姦。親剸繁劇。既而桴鼓不鳴。豪右斂迹。吏不敢欺。民用懷德。若乃龍樓曉出。奉法謹身。教民以事父也。親拜師傅。降禮國儲。教民以事師也。公退則侍講在前。出入則四賓是翼。尚老尊學。與民爲則。是時王畿之內。易俗移風。以至正南。面居域中。由內及外。化行令從。是君上德惠素立。而正教早崇也。若乃鋭旅百營。高城千雉。孫武教陣。吴起撫士。其齊如林。其猛如虎。手擊利劍。足張彊弩。躍馬奪槊。投石拔距。入則訓練。出無征戰。身閒賞厚。家有餘羨。是故擁彊兵。 衛近甸。 如大郡雄藩。爲屏爲翰者。且有九縣。(尉氏、咸平、陳留、雍邱、襄邑、太康、考城、東明、陽武也。)天設二渠。曰蔡曰汴。通江會海。縈畿帶甸。千倉是輿。萬庾是建。杜預主計。劉晏司漕。江貢河輸。吴粳楚稻。月致百萬。猶責其少。漢之太倉。積粟紅腐。使彼粒而計之。未及我斗量之數。成王之庾。萬箱以供。未若我千艘往來。運江淮而無窮。是故備九年之儲。充六軍之給。當津處要。山積雲入者。復有五邑。(陳留、雍邱、襄邑、尉氏、咸平也。)若乃總戎者貴領專城。宰邑者上應列星。簿既資高。尉亦秩清。率兵守戍者五鎮。(建雄、義聲、園城、馬欄、萬勝鎮。皆置甲士防守。有使臣掌領之。)統騎分巡者兩路。(府界東西兩路。各置都同巡檢二人。)皇城之外。遊徼四布。(京城四面巡檢各一人。)桓桓八臣。是警是護。(謂東西兩路、洎京城四面巡檢使臣共八人也。)郊原膴膴。春草萋萋。邊烽不警。牧馬爭嘶。廄空萬櫪。野散千蹄。陂閑牧南。(汴河已南縣邑。 長陂廣野。 多牧放之地。)沙平走西。(中牟已西。 地廣沙平。 尤宜牧馬。)一飲空川。一齕空原。去如霧散。來若雲連。地廣馬多。古未有焉。若乃任土出於民心。獻芹比於古俗。園茄早實。時果先熟。瓜重南門。筍宜修竹。鬻於市兮利既兼倍。進於君兮恩必霑沐。時或戴勝降桑。螻蟈未鳴。野人登麥以先至。蠶婦貢絲而已成。別有襄陵之桃。楊夏之柿。朱櫻宜於谷林。丹杏出於尉池。其或陽鄉千樹之梨。扶樂千樹之栗。比封千户之侯。亦何讓於昔日。鹹壤宜北鄉之羊。野蓑美東邑之豕。魚鼈鳧雁之盛。西有陂兮萬頃。菱芡蓮藕之美。東沿堤兮百里。其或仲冬之月。禮尚進鮮。介麋素出於逢澤。狡兔復多於梁園。乃命萊田於虞人。選徒於司馬。四校畢陳。六飛夙駕。何千乘萬騎之馳騁。滿四通五達之郊野。西或過於圃田之藪。東或出於平臺之下。乃有孟賁之徒。烏獲之類。襢裼而來。叱咤而至。博虎兕。擊熊豕。玄豹逆曳。白狐生致。復有負羽從獵之人。控弦伏獸之士。落孤鴈於馬首。貫雙鶬於雲裏。然猶示之以三驅之仁。寬之以一面之網。不使獸殫於下。禽盡於上。何長楊之獵。自謂於禽多。雲夢之畋。敢誇其地廣哉。圖書載詳。境土斯見。開封則漢志之名邑。今二赤之首冠。祥符則天書之降年。易新名於舊縣。穗秸之入。斯爲近甸。若乃百萬衆之分營。十二市之環城。囂然朝夕。異彼郊坰。其東則有汴水之陽。宜春之苑。向日而亭臺最麗。迎郊而氣候先暖。鶯囀何早。花開不晚。瞻太一之清宮。壯先朝之命工。構宇煙霞之外。出俗囂塵之中。效仙人之樓居。慕老氏之玄風。青青道邊。千畝何田。端拱之初。籍於此焉。黛耜一執。青史千年。登蓼隄以東望。見高臺之百尺。居道之南。在岡之北。下有廣場。可馳可逐。我皇帝初卽寶位。大閱軍旅。親乘戎輅。習戰于此。士馬秋勁。甲胄晨整。上憑軾以將觀。衆無譁而是聽。列八陣之形。申三令之語。肅將帥。嚴部伍。頒牧授之以方略。韓彭進之以旗鼓。失軍容者戮以徇衆。有勇敢者賞而裂土。彼上林之馳射。驪山之講武。豈可同日而語哉。其南則有崇崇清壇。肅肅齋宮。卜是吉土。龜從筮從。永奉禋祀。郊見昊穹。燔柴展禮。萬世無窮。別有景象仙島。園名玉津。珍果獻夏。奇花進春。百亭千樹。林間水濱。珍禽貢兮何方。怪獸來兮何鄉。郊藪既樂。山林是忘。則有麒麟含仁。騶虞知義。神羊一角之祥。靈犀三蹄之瑞。狻猊來於天竺。馴象貢於交趾。孔雀翡翠。白鷴素雉。懷籠暮歸。呼侶曉去。何毛羽之多奇。罄竹素而莫紀也。忽斷苑牆。又連池籞。介族千狀。沙禽萬類。盡游泳而往來。或浮沈而出處。柳籠陰於四岸。蓮飄香於十里。屈曲溝畎。高低稻畦。越卒執手。吴牛行泥。霜早刈速。春寒種遲。春紅粳而花綻。簸素粒而雪飛。何江南之野景。來輦下以如移。雪擁冬苗。雨滋夏穗。當新麥以時薦。故清蹕而親至。輦從千官。郊陳萬騎。既觀穫以云罷。亦宴犒而後已。其西則有池鑿金明。波寒水殿。鷁首萬艘而壓浪。虹橋一道而通輦。太液無濫觴之深。靈沼有潢汙之淺。時或薰風微扇。晴瀾始暖。命樓船之將軍。習昆明之水戰。天子乃駐翠華。開廣宴。凭欄檻於中流。瞰渺茫於四面。俄而旗影霞亂。陣形星羅。萬棹如風而倏去。千鼓似雷而忽過。則有官名佽飛。將號伏波。驤江中之龍。避船下之戈。黃頭之郎既衆。文身之卒且多。類虬龍而似蛟蜃。駭鯨鯢而走黿鼉。勢震動於山嶽。聲沸騰於江河。別有浮泛傀儡之戲。雕刻魚龍之質。應樂鼓舞。隨波出沒。鑾輿臨賞以盡日。士庶縱觀而踰月。波池之南。有苑何大。既瓊林而是名。亦玉輦而是待。其或桂折天庭。花開鳳城。則必有聞喜之新宴。掩杏園之舊名。於是連鑣上苑。列席廣庭。蓋我朝之盛事。爲士流之殊榮。一派如飛。通漕架虛。越廣汴湍流之上。轉皇城西北之隅。貫都注御溝之口。轉漕通廣濟之渠。京索導源而於彼。金水名河而在兹。其北則瑞聖新名。含芳舊苑。四方異花。於是乎見。百囀好鳥。於是乎聞。十洲聚景。三島分春。延廐之設。是名天駟。伐大苑以新求。涉渥洼而遠致。羣驅八騎。隊數十驥。雖輓粟之千車。乃嘗秣之一費。彼沙臺之崔嵬。聳佛刹之千尺。岡阜連延於西南。原田平坦於東北。何沙海之飛揚。忽到此而止息。莫不地多賢士。代出異人。何干旄之孑孑。向浚郊而雲臻。雖梁多於長者。非安國而不聞。過信陵之祠宇。想英風而若存。何侯嬴之白首。尚抱關於夷門。遇公子之好賢。忽枉駕而咨詢。既同載而過市。謁隱屠而駐輪。果嘉謀之斯得。救邯鄲而義伸。奪晉鄙之十萬。終自將而御秦。設守冢而奉祀。值漢皇之東巡。若乃過陳留之故邑。訪地名之所因。蓋二留之分別。彼彭城而此陳。昔赤帝之起義。會子房而於此。始錫賢於上天。終受封於兹地。既萬户以建侯。亦千年而崇祀。千屯北縣之郛郭。三月南河之廛市。何飛梁之新遷。患橫舟之觸柱。今之雍邱。古曰杞國。民厚風俗。土繁貨殖。縣之西郊。山曰谷林。其或花迎野望。煙禁春深。景當妍麗。俗重登臨。移市景日。傾城賞心。幄幕蔽野。軒蓋成陰。暮而忘歸。樂不絶音。既同歡於萬室。罔惜費於千金。厥篚織文。出於襄邑。池濯錦以爲名。蜀有江而焉及。復有咸平大縣。我宋新建。因紀年以命號。詔將作而營繕。公宇之制。甲於畿甸。中有大川。通闤帶闠。貫都邑而北來。走江湖而南會。何客棹之常喧。聚茶商而斯在。千舸朝空。萬車夕載。西出玉關。北越紫塞。徽尉氏之名。本大夫之邑。蓋鄭國之上田。俾獄官而世襲。何彼樂郊。今爲畿地。爰有仁木。應乎嘉瑞。二棠合生。雙榆連理。槐獨秀而通枝。木異類而同氣。良宰畫圖而來聞。大尹飛章而奏異。莫不召虎殿之宿儒。集麟閣之名士。驗彼祥經。考乎信史。表六合之一家。而帝德之光被也。加以地多藪澤。利有蒲魚。晴澗望畠陂之色。山水觀惠民之渠。乃有櫧師炭商。交易往復。素衣化緇。漆身同色。行舟則夏瞻雲雨。售貨則冬禱雪霜。經宋樓而關征既薄。歷朱曲而市税有常。潺潺鴻溝。渙渙洧水。入鄢陵而碧截原田。過扶亭而清映閭里。珍貨奔馬欄之道。豪俠聚建雄之市。彼東昏之舊城。易美號於新室。似興廢之有時。而圖讖之預出。何以明而代昏。符作畿於聖日。考城之人。舊俗剛毅。鄉出勇夫。里多壯士。椎埋爲姦。任俠尚氣。睚眦必報。盃閧刃起。今爲畿民。禮柬化被。暴虎之徒。聞義則畏。南徂太康。淮陽甚邇。地宜瑯玕。家有蒼翠。城過兩扶。溝踰二備。地既成於上田。人不趨於末利。桑成陰而春繁。棗結實而秋美。問中牟之耆民。歎魯恭之仁宰。何三異之善政。有千年之遺愛。過我后之盛明。西朝拜於園陵。瞻路隅之靈廟。想前史之嘉名。祭以上公之禮。爵以太師之榮。若夫八澤（圖經有八澤。清口澤、管澤、鴈澤、蓼澤、淳澤、卑澤、龍澤、滑澤也。）九溝。（九溝謂醋溝、鸛鳥溝、青陽溝、泥蓼溝、渡没溝、丈八溝、浮家溝、白馬溝也。）二池（清陽、連藕。）三固。（潘固、朱固、鄭固也。按圖經取高阜堅按圖名也。）周流原野。表界境土。宿萬勝以遥觀。見斗門之雙注。吸驚浪以横來。絶長隄而可懼。其始也患彼決溢。利其填閼。溉萬頃之陂澤。變於古之舄鹵。盡若膏腴。咸通耒耜。有若決漳灌鄴旁之田。鑿涇沃關内之土。然後疏導入白溝之流。會同爲漕渠之助。彼梁固之在東。亦派分於波勢。（梁固斗門在萬勝鎮東三十里。景德四年置。）沿流有一舍之遥。則水無寸差之異。何一啓而一閉。常若合於符契。始注陂而雷聲。終入渠而駟逝。散濁浪以澄沙。廣良田而濟世。指陽武以北遇。涉博浪之長沙。岡斷續以千疊。塵飛揚而四遮。人迷途而莫辨。鳥投樹以何賒。策不進兮我馬。輪欲埋兮何車。過户牖之名鄉。乃曲逆之舊里。何分社之稱平。已宰國而有志。經計相之里中。思張蒼之善算。屈柱史以事秦。繄列侯而佐漢。宜二賢之靈祠。歷千古而輝焕。西望河流。經帶二邑。高岸山立。回灣箭急。蟻壤夏漏。衝決莫救。基根相扶。萬柳千榆。輿梢畚土。常設備禦。建營置卒。轉粟實庾。堅彼金隄。鑒乎前古。秋防夏扞。守以朝暮。冬計春修。役均編户。岸艤連航。兵屯兩渡。阻浩浩之波。扼憧憧之路。北棹謳晨。南帆落暮。唯姦是防。非利是務。右倚太行。横絶雲霧。夫雍阻二崤之險。洛憑九河之固。方之於是。彼若平路。過濮水之長渠。經封國之舊域。寥落兮桐牢之亭。湮没兮黄池之迹。何昔也明誓重重。諸侯於此以會同。今也京邑翼翼。四方於此以取則。涉長垣之塗。歷古衞之境。城有婦姑之名。人恭孝慈之行。嘉孔子之入蒲。先宰予以觀政。美大家之東征。復農田而發運。若乃南瞻潘里。北指蘭岡。樹新文於二碑。易美號於兩鄉。因東封之行幸。感瑞應之非常。忽有鳴唳。降於穹蒼。丹頂未辨於煙際。玉羽已穿於仗旁。九其數象。君道之體陽。再而降符。常運之重光。何德動於上天。而道盛於前王也如是哉。客既聞臣之説。而知漢以宫室壯麗威四夷。宋以畿甸風化正萬國。彼尚侈而務奢。此謳道而詠德。乃曰。使孟堅可作。平子再生。讀子之賦。不敢復談於漢京也。

呂祖謙宋文鑑七周邦彦汴都賦。臣邦彦頓首再拜曰。自古受命之君。多都於鎬京。或在洛邑。惟梁都於宣武。號爲東都。所謂汴州也。後周因之。乃名爲京。周之叔世。統微政缺。天命蕩杌。歸我有宋。民之戴宋。厥惟固哉。奉迎鑾輿。至汴而至。是爲東京。六聖傳繼。保世滋大。無内無外。涵養如一。含牙帶角。莫不得所。而此汴都。高顯宏麗。百美所具。億萬千世。承學之臣。弗能究宣。無以爲稱。伊彼三國。割據方隅。區區之霸。言餘事乏。而三都之賦。磊落可駭。人到于今稱之。矧皇居天府。而有遺美。可不愧哉。謹拜手稽首獻賦曰。發微子客遊四方。無所適從。既倦遊。迺崎嶇邅迴。造於中都。觀土木之妙。冠蓋之富。煒爗煥爛。心駴神悸。瞋瞞而不敢進。於是夷猶於通衢。彷徨不知所屆。適遭衍流先生。目而招之。執其袪。局局然歎曰。覩子之貌。神采不定。狀若失守。豈非蔽席隱茅。未遊乎廣廈。誅草鉏棘。未擷乎蘭蓀。披褐挾蘊。未曳乎綺縠。微邦陋邑。未覩乎雄藩大都者乎。發微子姡然有赧色曰。臣翱翔乎天下。東欲究扶桑。西欲窮虞淵。南欲盡反户。北欲徹幽都。所謂天子之都。則未嘗歷焉。今先生訊我。誠有是也。然觀先生類辯士。其言以能碎崑崙而結溟渤。鏤混沌而形罔象。試移此辯。原此汴都可乎。臣固不敏。謹願承教。先生笑曰。客知我哉。於是申喙據牀。虚徐而言曰。噫子獨不聞之歟。今天下混一。四海爲家。令走絶徼。地掩鬼區。惟是日月所會。陰陽之中。據要總殊。揭鍵制樞。拱衛環周。共安乘輿。而此汴都。禹畫爲豫。周封鄭地。觜觿臨而上直。實沈分以爲次。惟蓬澤之固境。昔合縻之所至。芒碭渙渦截其面。金隄玉渠累其脊。雷夏灉沮繞其脇。礨邱訾婁夾其胰。梁周帝據而麋沸。唐漢户統而寧一。故此王國。襲故不徙。恢圻甸域。尊崇天體。司徒制其畿疆。職方辨其土地。前千官而會朝。後百族而爲市。分疆十同。提封萬井。舟車之所輻輳。方物之所灌輸。宏基融而壯址植。九鼎立而四嶽位。仰營域而體極。立土圭而測晷。蜀險漢坌。荆惑閩鄙。推此中峙。不首不尾。限而不迫。華而不侈。環睎睋於郡縣。如岣嶁之迤邐。觀其高城萬雉。埤堄鱗接。缭如長雲之方舒。屹若崇山之礲硉。坤靈因贔屭而跼蹐土。怪畏榨壓而妥貼。胥靡不可縋而登。鼯鼠不可噣而穴。利過百二。嶮踰四塞。鄙秦人之踐華。陋荆州之却月。須捷步與超足。矧蹣跚與蹩躠。闞城爲門。二十有九。瓊扉塗丹。金鏞鏤獸。列兵連卒。呵夜警晝。異物不入。詭邪必究。城中則有東西之阡。南北之陌。其衢四達。其塗九軌。車不理轚互。人不争險易。劇驂崇期。蕩夷如砥。雨畢而除。糞夷茀穢。行者不馳而安步。遺者惡拾而恣棄。跨虹梁以除病涉。列佳木以安怵惕。殊異羊腸之詰曲。或踠蹏而折轊。顧中國之闤闠。叢貨幣而爲市。議輕重以奠賈。正行列而平肆。竭五都之瓌富。備九州之貨賄。何朝滿而夕除。蓋趨贏而去匱。萃駔儈於五均。擾販夫於百隧。次先後而置敍。遷有無而化滯。抑彊賈之乘時。摧素封之專利。售無詭物。陳無窳器。欲商賈之阜通。迺有廛而不稅。銷卓鄭猗陶之殖貨。禁乘堅策肥之擬貴。道無遊食。以無爲刓。敢婆娑而爲戲。其中則有安邑之棗。江陵之橘。陳夏之漆。齊魯之麻。薑桂藁穀。絲帛布縷。鮐鮆鯫鮑。釀鹽醯豉。或居肆以鼓鑪橐。或鼓刀以屠狗彘。又有醫無閭之珣玗。會稽之竹箭。華山之金石。梁山之犀象。霍山之珠玉。幽都之筋角。赤山之文皮。與夫沉沙棲陸。異域所至。殊形妙狀。目不給視。無所不有。不可殫紀。若夫帝居安麗。人所未聞。南有宣德。北有拱辰。延亙五里。百司雲屯。兩觀門峙而竦立。罘罳遐望而相吞。天河羣神之闕。紫微太一之宮。擬法象於穹昊。敞閶闔而居至尊。樸桷不斲。素題不枅。上圓下方。制爲明堂。告朔朝曆。頒宣憲章。謂之太廟。則其中可以敍昭穆。謂之靈臺。則其高可以觀氛祥。後宮則無非員無錄之女。佞倖滑稽之臣。陋甘泉與楚宮。繆延壽與阿房。信無益於治道。徒竭民而怠荒。故今上林仙籞不聞乎嗚蹕。瓴甋歲久而苔蒼。其西則有寶閣靈沼。巍峩泛灩。繚以重垣。防以回隄。雲屋連簃。瓊欄壓墀。池水則溶溶沄沄。洋洋湜湜。涵潤滉瀁。瀟瀃浩漾。微風過之。則瀾淚瀺灂。漫散洄淀。潏湇漣漪。大風過之則汨湧湁潗。瀶淙湢汖。掀鼓渼溢。不見津瀿。儛擱景以斷續。漾金碧而陸離。恍湡浯與方壺。帝令鬼鑿而神移。其草則有菰蒻萑蘆。菡萏蓮蕸。蕢蘋蔛莑。其魚則有鱣鯉鯊鮀。鮤鮅鰋鮧。魴鱒鰼鰝。鱖鯞王鮪。科斗魁陸。黿鼉鼈蜃。含漿巨螯。容與相羊。蔭藻衣蒲。其鳥則有鶤鵝鶘鶖。鶩鳧鷖鷞。鷫鳩鶺鴒。口鴂鵬鶴。鶬鶂楚雀。鸛鶂揮霍。䲨䲨雝雝。羣鴿沓啄。其木則有樅櫝栟櫚。梗楠栴樅。櫨櫺檳榔。檿柘桑楊。梓杞豫章。句科扶疏。蔽芾竦尋。集弱椅施。挐枝剌條。條幹蟠根。矯躩鱗皴。其下則有申葉蘭茝芸芝荃蓀。髮布絲勻。馥郁清芬。其氣襲人。上方欲與百姓同樂。大開苑囿。凡黃屋之所息。鸞輅之所駐。皆得窮觀而極賞。命有司無得彈劾也。於時則有絕世之巧。凝神之技。恍人耳目。使人忘疲。是故宮旋室浮。纏艦移也。蛟螭蜿蜒。千橈渡也。虓虎嚳轤。舟抵戲也。疊流電掣。弄丸而揮劍也。鸞悲鳳鳴。纖麗歌也。鴻驚燕居。綽約舞也。霆震霜動。鈞天作也。犇驫駉駿。羣馬鬪也。轔輷轆轣。萬車轍也。灑天翳日。揚埻壒也。杭山蕩海。歡聲同而和氣浹也。震委蚍而唬罔象。出鮫人而舞馮夷者。潛靈幽怪助喜樂也。若迺豐廩貫廥。既多且富。永豐萬盈。廣儲折中。順成富國。星列而棊布其中。則有元山之禾。清流之稻。中原之菽。利高之黍。利下之稌。有蘡有芑。有秠有秬。千箱所運。億廩所露。人既夥而委積。食不給而紅腐。如坻如京。如崗如阜。野無菜色。溝無捐瘠。攟拾狼戾。足以厭鰥夫與寡婦。備凶旱之乏絶。則有九年之預。又將敦本而勸稼。開帝籍之千畝。良農世業。異物不覩。播百穀而克敏。應三時而就緒。蹠鏄鎧閧。灌畷雨霔。孰任其力。候疆候以。千耦其耘。不怒自力。疏遬其理。狼莠不植。奄觀堅阜。與與薿薿。溝塍畹畦。亙萬里而連繹。醜惡不毛。磽陿荒瘠。化爲好時。轉名不易。惟彼汴水。貫城爲渠。並洛而趨。昔在隋葉。禩丁大業。欲爲流連之樂。行幸之遊。故鑿地導水。南抵乎揚州。生民力盡於畚鍤。膏血與水而争流。鳳艒徒見於載籍。玉骨已朽於高邱。顧資治世以爲利。迄今杭筏而浮舟。桃花候漲。竹箭比駛洶湧淈瀰。瀏洫沸潰。掏防巖岸。浩瀉迅邁。匪江匪海。而朝夕舞乎滂湃。掀萬石之巨艤。比坳堂之一芥。舵艣不時而相值。篙師齬拱而俟敗。智者不敢睥睨而興作。緜千祺而爲害。豈積患切病。待聖人而後除耶。厥有建議。導河通洛。引宜禾之清源。塞擘華之渾濁。甓廣堤而節暴。紆直行而殺虐。其流舒舒。經炎涼而靡涸。於是自淮而南。邦國之所仰。百姓之所輸。金穀財帛。歲時常調。舳艫相銜。千里不絶。越舲吳艚。官艘賈舶。閩謳楚語。風帆雨楫。聯翩方載。鉦鼓鏜鎝。人安以舒。國賦應節。若夫連營百將。帶甲萬伍。控弦貫石。動以千數。其營則龍衞神勇。飛山雄武。奉節拱聖。忠靖宣効。吐渾金吾。擲颷萬勝。渤海廣備。雲騎武肅。材能蹶張。力能挾輈。投石超距。索鐵伸鉤。水執黿鼉。陸拘羆貅。異黨之寇。大邦之讎。電鶩雷擊。莫不繫纍而爲囚。於是訓以鸛鵞魚麗之形。格敵擊刺之法。剖微中虱。貫牢徹札。樺鉈擲鏢。舉無虛發。人則便捷。器則犀利。金角丹漆。脂膠竹木。以時取之。遴棄惡弱。割蛟革以連函。劇兕觡以爲弭。剸魚服以懷鍔。百工備盡。鍟磨鍥削。其成鑒鋼而鋹鑣。植之霜凝而電爍。故有彊衡勁弩。雲梯轒車。脩鍛延鏦。銛戈兑殳。繁弱之弓。肅慎之矢。豁子之弩。夫差之甲。龜蛇之旐。鳥隼之旟。軍事蚤正。用戒不虞。其次則有文昌之府。分省爲三。列寺爲九。殊監爲五。左選爲文。右選爲武。曰三十房。二百餘案。二十四部。黜隋之陋。更唐之故。補弊完罅。剔朽焚蠹。人夥地溥。事若織組。滋廣莫治。亹亹成蠱。纖弱不除。將勝戕斧。雖離婁之明目。迷簿書而莫覩。豪胥倚文以鬻獄。庸吏瘝官而受侮。各懷苟且以逃責。孰肯長慮而卻顧。官有隱事。國有遺利。紛訟牘於庭阤。縶纍囚於囹圄。此浮彼沈。甲可乙否。操私議而軋沕。名矛盾而齟齬。於是合千司之離散。儼星羅於一宇。千梁負棟。萬楹鎮礎。誅喬松以爲煤。空奥山而劚楮。官有常員。取雄材偉器者以充其數。上維下制。前按後覆。譬如長虵。扶其脊膂而首尾皆赴。闔户而議。飛檄乎房闥。應答乎秦楚。披荒榛而成徑。繹緻緬而得緒。崇善廢醜。平險除穢。纖悉不遺乎一羽。於是宣其成式。變亂易守者。刑之所取。貽之後昆。永世作矩。至若儒宫千楹。首善四方。勾襟逢掖。褎衣博帶。盈仞乎其中。士之匿華鏟采者。莫不拂巾衽褐。彈冠結綬。空巖穴之幽邃。出郡國之遐陋。南金象齒。文旄羽翮。世所罕見者。皆傾囊鼓篋。羅列而願售。咸能湛泳乎道實。沛然攻堅而大叩。先斯時也。皇帝悼道術之沉鬱。患詁訓之荒繆。諸子騰躪而相角。羣言駘蕩而莫守。黨同伐異。此妍彼醜。挈俗學之蕪穢。詆淫辭而擊掊。滅奧窔之熒燭。仰天庭而覩晝。同源共貫。開天發蔀。於是俊髦並作。賢才自厲。造門闌而臻壼奥。騁辭源而馳辨囿。術藝之場。仁義之藪。温風扇和。儒林發秀。宸眷優渥。皇辭結糾。榮名之所作。慶賞之所誘。應感而格。駒行雉呴。磨鈍爲利。培薄爲厚。魁梧卓行。透鋒露穎。不驅而自就。復有珮玉之音。籩豆之容。絃歌之聲。盈耳而溢目。錯陳而交奏。焕爛乎唐虞之日。雍容乎洙泗之風。誇百聖而再講。曠千載而復覯。又有律學以議刑制。算學以窮九九。舞象以道幼稚。樂德樂語以教世胄。成材茂德。隨所取而咸有。若夫會聖之宫。是爲原廟。其制則般輸之所作。其材則匠石之所掄。萬指舉築。千夫運斤。揮汗霏霧。吁氣如雲。礬鼓弗勝。靡有諗勤。赫赫大宇。有若山踊而嶙峋。下盤黄壚。上赴北辰。蘂珠廣寒。黄帝之宫。榮光休氣。籠曨往來。蔥蔥鬱鬱而氤氲。其内則檐橑榱題。宲梁楹楯。閌栱闌闥。屏宇閎闍。聳張矯踞。龍征虎蹲。延樓跨空。甬道接陳。黝堊備昈。燦爛詭文。菱阿芙蕖之流漫。驚波迴連之瀷減。飛仙降真之縹緲。翔鷁鷞鷗之毰毸。地必出奇。土無藏珍。球琳琅玕。璠璵瑤琨。流黄丹沙。玳瑁翡翠。垂棘之璧。照夜之蠙。鵠象觜角。剒犀劖玉。鍥刻雕鏤。其妙無倫。焜煌焕赫。璀錯輝映。繁星有爛。彤霞互照。軒廡所繪。功臣碩輔。書太常而銘鼎彝者。環列而趨。造龍章鳳姿。瑰形瑋貌。文有伊周。武有方召。猶如蹇諤以立朝。圖寧社稷。指斥利害。踟躕四顧而不撓。其殿則有天元太始。皇武儷極。大定輝德。熙文衍慶。美成繼仁。治隆之名。重瞳隆準。天日炳明。皇帝步送。百僚拜迎。九卿三公。挾輈扶衡。儀仗衛士。塡郛溢城。于時黔首飈集。百作皆停。地震嶽移。波翻海傾。足不得旋。耳不得聽。神既安止。窮閭微巷。惟聞咨嗟歎異之聲。於是山罍房俎。犧樽竹簠。踐列於兩楹。瞽史陳詞。宰祝行牲。案芻豢之肥臛。視物色之犂觪。登降祼獻。百禮具成。至於天運載周。甲子新曆。受朝萬方。大慶新闢。于時再鼓聲絶。按稍收鏑。儼三衛與五仗。森戈矛與殳戟。探平明而傳點。趣校尉而唱籍。千官鶩列以就次。然後奏中嚴外辦也。撞黃鐘以啓樂。合羽扇以如翼。欣飛道駕以臨座。千牛環帝而屏息。爐煙既升。寶符奠瑞。聆乾安之妙音。仰天顏而可覿。羌彝束髮而蹈舞。象胥通隔而傳譯。宜表章以上聞。奏靈物之充斥。羣臣迺進萬年之觴。上南山之壽。太尉升奠。尚食酌酒。樂有嘉禾靈芝。和安慶雲。舞有天下大定。盛德升聞。飲食衎衎。燔炙芬芬。威儀孔攝而中度。笑語不譁而有文。故無族譚錯立之洞衆。躐廣布武之紛紜。蓋天子以四海爲宅。有百姓而善羣。廷內不灑掃而行禮。則天下雲擾而絲棼。故受玉而惰。知晉惠之將卒。執幣以傲。知若敖之不存。聞樂而走者。爲金奏之下作。雖美不食者。爲犧象之出門。賦湛露彤弓而武子不敢答。奏肆夏大明而穆子不敢聞。蓋禮樂之一缺。則示亂而昭昏。是以宣王享士會以殽烝而刑三晉之法。高祖因叔孫之制而知爲帝之尊。豈治朝之禮物。尚或展翳而沉湮。此所以舉墜典而定彝倫者也。其樂則有咸池承雲。九韶六英。采齊肆夏。簫韶九成。神農之瑟。伏羲之琴。倕氏之鍾。無句之磬。鏗鏗鍠鍠。和氣薰烝。于以致祖考之格。于以廣先王之聲。昔王道既弱。淳風變澆。樂器遭鄭衛而毀。矇瞽適秦楚而逃。朝廷慢金石之雅正。諸侯愛歌管之敖嘈。文侯聽淫聲而忘倦。桓公受齊樂而輟朝。季子始無譏於鄶。仲尼迺忘味於韶。故使制度無考。中聲浸消。非細則摦。非庳則高。惟今也求器得耕野之尺。吹律有聽鳳之簫。或灑或離。或鼖或鼛。或鏞或棧。或管或筊。衆器俱舉。八音孔調。鸑鷟離丹穴而來集。鳴嗈喈而舞翛翿。又有賓旅巴渝之舞。僸佅狄鞮之倡。遠人面內而進拔。踰山海而梯航。故納之廟者。周公所以廣魯觀之庭者。安帝所以喜其來王。若其四方之珍。以時修職。取竭天産。發窮人迹。砥其遠邇。陳之藝極。厥材竹木。厥貨龜貝。厥幣錦繡。厥服絺綌。斿貢羽毛。祀貢祭物。嬪貢絲枲。物貢所出。器貢金錫。礪砥砮丹。鉛松怪石。惟金三品。惟土五色。泗濱浮磬。羽畎夏翟。龍馬千里。神茅三脊。方箱隋棐。肆陳乎殿陛。豐苞廣匱。亟傳乎騎驛。連檣結軌。川咽塗塞。耶歙終歲而不息。至於羌氐僰翟。儋耳雕脚。獸居鳥語之國。皆望日而趨。累載而至。懷名琛。拽馴獸。以致於闕下者旁午。迺有帛氎罽㲮。蘭干細布。水精琉璃。軻蟲蚌珠。寶鑑洞膽。神犀照浦。山經所不記。齊國所不覩者。如糞如壤。軨積乎內府。或致白雉於越裳。或得巨獒於西旅。非威靈之遐暢。孰能出瑰奇於深阻。蓋徼外能率夾種來以修好。則中土當有聖人出而寧宇。然皇帝不寶遠物。不尚殊觀。抵金於巉巖之山。沉玉於五湖之川。洞㓷之劍。迺入騎士之鞘。齧䣙之馬。或服鼓車之轅。至於乾象表貺。坤維薦祉。靈物仍降。嘉生屢起。暈適背鐍。蚕蜺抱珥。鳴星隕石。怪飇變氣。垂白鮐背者不知有之。況能言端倪豈獨此而已也。復有穹龜負圖。龍馬載文。汾陽之鼎。函德之芝。肉角之獸。簫聲之禽。同穎之禾。旅生之穀。遊郊栖庭。充畦冒時。非煙非雲。簫索輪囷。映帶乎闕角。葱蔚乎城壘。鷟鳥不攫。猛獸不噬。應圖合諜。窮祥極瑞。史不絶書。歲有可紀。發微子於是言曰。國家之有若是歟。意者先生快意於吻舌而及此耶。先生曰。國家之盛。烏可究悉。雖有注河之辯。折角之口。終日危坐。抵掌而譚。猶不能既其萬一。此特汴都之治迹耳。子亦知夫所以守此汴都之術。古昔之所以興亡者乎。客曰。願聞之。先生曰。繄此寰宇。代狹代廣。更張更弛。黃帝都涿鹿而是爲幽州。少昊都窮桑迺今魯地。伏犧都陳。帝嚳都亳。堯都平陽。迺若昊天而授人時。舜都蒲阪。迺覲羣后而輯五瑞。公劉處豳而兆王業之所始。太王徙邠者以避狄人之所利。文王作酆方蒙難而稱仁。武王治鎬復戎衣而致乂。蓋周有天下三百餘年而刑措不用。及其衰也。亦三百餘年而五伯更起。星離豆割。各據轂兵以專列。彊侯脅帶於弱國。不領人君之經費。天下日蹙而日裂。中國所有者無幾。當時權謀爲上。雌雄相噬。孰有長距。孰有利觜。兵孰先選。糧孰夙峙。孰有翹關之卒。孰有憑軾之士。孰有素德。孰有彊倚。孰欲報惠。孰欲雪耻。或奉下邑以賂讎。或舉連城而易器。骸骨布野。介胄生蟣。肘血丹輪。馬鞍銷髀。勢成莫格。國墟人鬼。噫彼土宇。凡幾吞而幾奪。幾完而幾弛。秦中形勢之國。加兵諸侯。如高屋之建瓴水。神皋天邑。以先得者爲上計。其他或左據函谷。右界褒斜。號爲百二之都。東有成皋。西有崤澠。定爲王者之里。以至置春陵之俠客。興泗上之健吏。扼襟控咽。屏藩表裏。名城池爲金湯。役諸侯爲奴隸。拓境斥地。輮轢荒裔。東包蟠木。西卷流沙。北繞幽陵。南裹交趾。厥後席治滋永。泰心益侈。或慢守以啓戎。或朋淫而招宄。橫調無藝而垂竭。遊役不時而就斃。盧令日縱而不紲。鷺翿厭觀而常値。睚眦則覆尸而流血。愉悦則結纓而珮璲。粉墨雜糅。賢才逆曳。蹷微貐貆而竊肉食。賊臣迴穴而圖大器。郡國制節。侯伯方軌。或爲大尾而不掉。或爲重腽而屢踕。室有丹楹。城有百雉。朝廷無用於揚燎。冠冕不杌於執贄。天維披裂。地軸杌棿。羣生鱻顣而殄瘁。雖有城池。周以鄧林。縈以天漢。曳犨可以陟崇巇。設泭可以濟深水。故武侯浮西河而下。自哆其地而進戒於吴起。蓋秕政肆於廟堂之上。則敵國起於蕭牆之裏。奚問左孟門而右大行。左洞庭而右彭蠡。發微子曰。天命有德。主此四方。如輻之拱轂。如桷之會極。其碻犖者。天與之昌。其闒砢者。天與之亡。且非易之所能壞。亦非險之所能藏。非愚之所能弱。亦非賢之所能彊。故將吞楚也。白虵首斷於大澤。將繼劉也。雄雉先雊於南陽。龍漦出櫝而檿弧隱亡周之語。蓐收襲門而天帝貽刑虢之殃。人力地利。信不能偃植而支仆。而皆聽乎彼蒼。故鯨鯢劚解。決一死於吻血。兕虎闔闢。踐巍嶽爲平崗。蹂生靈如蹋塊。簸天上如揚糠。其敗也抉目而折骨。其成也頂冕而垂裳。由此觀之。土地足以均沛澤而施靈光而已。易險非所較賢否。亦未可議也。先生曰。以易險非所較者。固已乖矣。以賢否非議者。烏乎可哉。客不聞王公設險以守其國。有德則昌者乎。地欲得險。勢欲參德。迫隘卑陋則無以容萬乘之扈從。供百司之廩餼。據偏守隅則無以限四方之貢職。平道理之遠邇。膴原申區。割宅製里。走八極而奔走。正南面而負扆。舉天下於康逵。力士軆驍而不敢取。貪夫汗縮不敢睨者。恃德之險也。襟馮終南太華之固。背負清渭濁河之注。搤人之吭而拊人之脊。一日有變而萬卒立具。然而布衣可以窺隙而試勇。匹夫可以争衡而號呼。彼天府之衍沃。適爲人而保聚。此以地爲險者也。地嚴德暢。然後爲神造之域。天設之阻。大哉炎宋。帝眷所矚。而此汴都。百嘉所毓。前無湍激旋淵呂梁之絶流。後無太行石洞飛狐句望浚深之岩谷。豐樂和易。殊異四方之俗。兵甲士徒之須。好賜匪頒之用。廟郊社稷。百神之祀。天子奉養羣臣稍廩之費。以至五穀六牲。魚鼈鳥獸。闔國門而取足。甲不解纍。刃不離韣。秉鉞匈奴而單于奔幕。抗旌西僰而冉駹蹬伏。南彝散徒黨而入質。朝鮮畏菹醢而修睦。解編髮而頂文。弁削左衽而曳華服。逆節躑躅而取禍者。折箠呼之而就戮。耽耽帝居如森鍉利鏃之外向。死士逡巡而莫觸。仁風冒於海隅。頌聲溢乎家塾。伊昔天下怗危。王猷失度。皇綱解紐。嘷豺當路。帝懷寶曆。未知所付。可受方國。莫越藝祖。圖緯協期。謳謡扇穤。赤子雲望而風靡。英雄螽趯而蠅付。玉帛駿奔者萬國。冠冕充塞乎寰宇。絶塞稅鎧而免軸。障壘熄燧而摧櫓。拜檻神威。有此萬旅。奕世載德。蔑聞過舉。髮櫛禾耨。子攜稚哺。擊菓懋穗。拔惡鑒嫵。銚觚角之磣刻。剸攙搶而牧圉。爰暨皇帝粉飾朴質。稱量纖鉅。鍠鍠奏廟之金玉。璨璨夾楹之簠簋。訓典嚴密。財本豐阜。刑罰糾虔。布施優裕。田有願耕之農。市有願藏之賈。草竊還業而斂迹。大道四通而不敵。車續馬連。千百爲羣。肩輿稛載。前卻而後跙。搏壤歌謈者萬井。未聞歐嚘而告瘉。雖立壝爲界。其誰敢搊膞以批捭。況此汴都者乎。抑又有天下之壯。客未嘗覩其奧也。且宋之初營是都也。上睇天時。下度地制。中應人欲。測以聖智。建以皇極。基以賢傑。限以法士。垣以大師。屏以大邦。扞以公侯。城以宗子。以義爲路。以禮爲門。鍵鑰以柄。開闔以權。掃除以政。周裹以恩。迺立室家。以安吾君。有庭其桓。社稷臣也。有梴其桷。衆材會也。有闈孔張。通厥明也。有牖孔陽。達厥聰也。其檻如衡。前有憑也。其壁如削。後有據也。其陛則崇。上陵踐也。其極則隆。帝居中也。邑都既周。宮室既成。於是上意自足。迺駕六龍。乘德輿。光警蹕。由黃道。馳騁乎書林。下觀乎學海。百姓欣躍。莫不從屬車之塵而前邁。妙技皆作。見者膽碎。迺使力士提挈乎陰陽。嫥捖乎剛柔。應乎成器。方圓微碩。或粉或田。隨意所裁。上方咀嚼乎道味。斟酌乎聖澤。而意猶未快。又欲浮槎而上。窮日月之盈昃。尋天潰之流派。操執北斗之柄。按行二十八星之次。奪雷公之枹。收風伯之韝。一瞬之間而甘澤霶霈。因孛彗於幽獄。敷景雲而黯靄。統攝陰機與帝唯諾而無閡。如此淫樂者十有七年。疲而不止。諫而不改。吾不知天王之用心。但聞夫童子之歌曰。孰爲我已。孰鼇我載。茫茫九有。莫知其界。客迺覼覼然驚。拳拳然謝曰。非先生無以刮吾之矇。藥吾之瞶。臣不能究皇帝之盛德。謹再拜而退。

王明清玉照新志二。明清揮麈餘録載李元叔長民上廣汴都賦於祐陵。由此進用。近得全篇於其從孫中父直柔。今盡列於後。臣切惟皇宋藝祖受命。奠都於大梁。於今垂二百載。列聖相承。增飾崇麗。煌煌乎天子之宅。棟宇以來。未之有也。昔在元豐中。太學生周邦彥嘗草汴都賦。奉御神考。遂託國勢之重。傳播士林。然其所紀述。大率略而未備。若乃比歲以來。宮室輪奐之美。禮樂容與之華。則又有所未及。臣愚不才。出入都城。十年於兹矣。耳目所聞見。亦麤得其梗槩。輒鼓舞陰陽。以鳴國家之盛。因改前賦而推廣焉。始則本制作之盛者。分方維而第之。中以帝室皇居之奧。任賢使能之效。而終之以持守。冀備乙覽之末。爲賦曰。有博古先生自下國而遊上京。遇大梁公子於路。相與問答。傾蓋如故。因縱言至於都邑。先生乃援古而證之曰。我聞在昔。受命帝王。繼天而作。首定厥都。用植諸夏之根本。肇隆億載之規模。若乃賁飾恢宏之美。槩見於書。經營先後之次。備載於禮。宅中圖大則有姬公之明訓。權宜拓制則自蕭公而經始。余不敢高談羲皇。遠舉夏商。試即周而陳之。二華對峙。八川交注。褒斜隴右之依固。函谷二崤之並據。此宗周所都。或假山河之險固。漢高因之而啓帝祚焉。孟津後達。大谷前通。導以伊洛瀍澗之澤。控以成臯廣武之衝。此成周所都。適當天地之正中。光武因之而成帝功焉。畢昂之次。河冀之津。風俗漸乎虞夏。疆域連乎齊秦。魏都之爽塏。信無倫也。衡岳鎮野。龍川帝垌。列戈船於三江。儲戎車於石城。吴都之雄狀。信足稱也。接壤邛笮。通商滇僰。地蓄竹木之產。民厭稻魚之食。蜀都之富饒。信無敵也。凡茲都邑之盛。實儷美而爭雄。旁覩而論。雖辨若炙輠。繼日而莫能窮。公子聞之。始若眄眙。已而哂曰。先生於古誠博矣。孰若我目覩汴都之偉觀乎。顧其所以設險。則道德之藩。仁義之垣。豈獨依於山川。所以建中。則皇極在上。九疇咸若。豈必宅於河雒。其爽塏也有如上帝清都。神人五城。軼人寰之埃壒。極天下之高明。其雄壯也有如鈎陳羽林。天兵四拱。威震則萬物伏。怒刑則四裔竦。其富饒也有如海涵地負。深厚莫測。追魚麗之盛多。邁騶虞之蕃殖。彼兩漢之雜伯。雖仍乎周家之舊墟。三國之鼎峙。雖臨乎一方之都會。舉而論之於今日。正猶拳石涓水。欲與五嶽四瀆之比擬。所謂談何容易。先生曰。余生長太平和氣中。亦既有日。而處於蓬茨之下。無有遊觀廣覽之益。驟來神州。恍然似失。目雖駭乎闕庭樓觀之麗。而未悉其制作之意耳。雖熟乎聲明文物之英。而未究其禮樂之情。子年在英妙。博聞強記。幸爲我絫言之。公子曰。僕實不敏。切聞先進有言。昔自唐室不競。王綱浸圮。陵夷五季。紛綸四紀。上帝憫斯民之塗炭。眷求一德。作之君師。肆我藝祖。應天順人。出御昌期。若時衆大之居。實古大梁之域。在漢則郡以陳留而命名。在唐則軍以宣武而分額。考其地望。雖卓犖乎諸夏。而川流休氣。猶盤礴而鬱積。時乎有待。世孰能測。洎梁祖之有作。始建都而畫圻。匪梁人之能謀。天實啓之。匪天私于有梁。實兆宋基。觀天文分野之次舍。則房心騰其輝。實沉寄其耀。仰星躔之有赫。直皇居而久照。察夫土脈之豐衍。則高者磊砢。下者墳壚。廓坡陀之愷澤。極灌溉之膏腴。語地形之高兮。則自泗而西。涉周之。歷睢陽。遂東至於道津。岡阜隱轔。煙雲飛屯。其上鬱律。勢與天連。語汴渠之駛兮。則自鞏而東。達時門。抵宣澤。障洪河之濁流。導温洛之和液。中貫都城。偃若雲霓。泝湍悍而不窮。上接雲漢之無倪。語雉堞之固。則倬拔金墉。繚以湯池。仰憲太微之象。屹臨赤縣之畿。語郊闉之壯。則密拱中宸。高映四野。揭華牓以干霄。謹嚴更而警夜。維是都之建也。雖自於梁。逮藝祖而始興。至太宗而浸昌。列聖相承。洎於今日。當國家之閒暇。肆乘時而增緝。遂跨三都。越兩京。擬二周而抗衡。數其南則神霄之府。上膺南極。偉殊祥之創見。恍微妙之難測。歲在丁酉。大闡真機。用端命於玉帝。而彰信於羣黎。爰設定命之符。妙以蟲魚之篆。繼乾元之用九。參八寶而垂範。乃嚴像設。祇奉茲宮。儼一殿以居上。總諸天而位中。靈妃上嬪列於西。仙伯天輔列於東。諤諤郡卿。峩冠景從。往往名在丹臺。而身爲世輔。像圖孔肖。後先攸序。闢金堂。啓玉室。駭寶輪之飛動。森鸞仗之盻飾。其側乃有元命之殿。實總會乎衆福。本始載叶。藏禮惟穆。磬華封請祝之誠。效天保無疆之卜。若其陽德之建。咸秩火神。於赫熒惑。厥位惟尊。次曰大火。時謂大辰。配曰閼伯。以序而陳。原夫帝業之創自宋地。蓋乘是德而王天下。飾之靈鉟。赤文婀娜。舉以示衆。遂定區夏。豈必赤伏合信於鄗南之亭。神母告符於豐西之夜。主上承紀。奉祀致嚴。審辰出戌入之度。有視慈禮明之占。遂維五帝之象夏。體重離而面南。諸祉聲於樂府。驗朱草於靈篇。火得其性。景貺昭然。瞻彼煌煌。位在南端。歷太微以受制。避心星而載還。相我昌運。于千萬年。出南薰。望泰壇。隱若天高。渾若天圓。欽柴于茲。僉曰稱焉。先是有司循國舊貫。明宮齋廬。悉取繒縵。後洎紹聖。端誠攸建。精意孔昭。禮文彌粲。主上改元之初載。辛巳長至。始親郊見。逮至癸巳之歲。蓋四舉茲禮矣。申勅春官。益嚴祀事。於是規法三代。祭器肇新。躬秉元圭。天道是循。百官顯相。齋戒惟寅。帝登玉輅。皇衢載遵。已而日景晏温。天真降臨。衣冠幢節之輝暎。彩仗輦輅之參差。豈徒若見於渭陽。而接拜於交門。仰重瞳之四矚。聳羣目而動心。乃闢琳館。揭號迎真。用伸昭報。以福斯民。渡玉津。抵天田。王者之籍。厥畝維千。上春展事。務崇吉蠲。于時農祥辰正。東作是先。載冀耜於玉輅。敞雲幄於紺壇。葱犗馴服於廣阼之側。青旗晻靄於黃麾之間。帝御思文。飭躬禱。專屈帝尊以秉耒。勤天步而降軒。三推告畢。貴賤以班。遂播青箱之嘉種。以成高廩之豐年。然後獲之秷秷。瑞禾是導。郊廟明堂之大享。親奉粢盛以致告。豈惟率天下之農而敦本。蓋將勸天下之養而教孝。岧嶤上切昭回。厥基孔固。下鎮地維。儀象一新。於焉具設。上下互暎。俯仰並察。天體斯著。辰曜斯列。雲罏上承。金虬四匝。璿璣玉衡之制。兼馮相保章之法。陋靈臺銅渾之規。斥周髀宣夜之說。于以觀星。則進退伏見。不失其正。于以觀雲。則分至啓閉。各得其應。以候鍾律。則清濁之均協。以候晷景。則長短之度稱。遂與天地合其德。日月合其明。休徵既効。叢祥並膺。至若祕書之建。典籍是藏。法西崑之玉府。萃東璧之靈光。凡微言大義之淵源。祕籙幽經之浩博。貫九流。包七略。四部星分。萬卷綺錯。犀軸牙籤。輝耀有爍。金匱石室。載嚴封鑰。或資討論。則分隸於三館。或備奏御。則會粹於祕閣。以至字畫所傳。則妙極六書。巧窮八體。有龜文鳥跡之象。有鳳翥龍騰之勢。真僞既辨。衆美斯備。圖畫所載。則三祖餘範。七聖妙蹟。睹名馬於曹韓。覽古松於韋畢。緊絕藝之入神。駭衆觀而動色。肇建古文。宏璉豐敞。擇一時之英髦。命於焉而涵養。天下歆豔。不啻登瀛洲而隱藏室。名公鉅卿。由此塗出。若夫龍津所在。大闢賢關。作庇寒士。今踰百年。勒豐碑以正文字之訛。建華構以藏載籍之傳。其中則鼎新大成之庭。寅奉宣聖之祀。象肖尼山。制侔闕里。其配享也惟顏淵之亞聖。其從祀也則多鄒魯之儒士。儼威儀之若存。肅冠裳之有偉。至於庠序學校之教也。首善於京。自熙豐始。乃詳備講說。謹課誦。規繩以勵其行。舍選以作其氣。發揮詩書之奧。頓革聲律之弊。爾乃采芑新田。育莪中沚。人材於是乎輩出。聖道因之而不墜。其西則因建原廟。近倣元豐。倂圖程度。罔或不同。朱甍相望而特起。縹垣對峙而比崇。界以馳道之廣。臨乎魏闕之雄。祥烟瑞靄。焕爛蒙籠。大明以奉神考。重光以奉哲宗。父子之親彌篤。兄弟之義彌隆。届四孟之改律。感節序於春冬。愴衣冠之出遊。軫龔牆於帝衷。既進祠於東宮之七殿。御潔誠以致恭。想睟容之如在。備享獻而肅雝。參以時王之禮。肆浸盛乎威容。飭茲惟謹。稽首拜顒。牙盤或薦。玉饌惟充。有飶其香。齋誠默通。顧靈心之嚮答。宜福祚之延洪。乃若中臺所寄。衆務泉藪。象應乎文昌。運侔乎北斗。四方利害。於是乎上達。三省政令。於是乎下究。爰卽西南伉爽之所。度宏基而易舊。太社爲之嚮。西掖直其後。形勝潭潭。不侈不陋。列屋前分。是爲六部。自吏洎刑位於左。自户洎工位於右。公庭肅若。百吏輻輳。於是糾以虞舜黜陟之公。輔以周公訓迪之悉。黠胥不能措其奸。慢吏不能逃其責。秩秩乎天地四時之聯。各率屬而分職。有倫有要。有典有則。効臂指之相應。總紀綱而並飭。至如天府之雄。統以京尹。民物浩穰於三輔之虛。聚邑列布於千里之軫。風俗樞機。教化原本。當府庭之既徙。肇分曹而務謹。職業斯勵。名實斯允。爰擇撥煩之才。俾長治於爾寮。南司之俗。坐革循沿之積弊。原廟之近。人無箠楚之喧囂。遭承平之日久。匪彈壓之是務。皇仁如天。萬物覆露。矧茲輦轂之下。日薰陶而饜飫。不得已而用刑。每哀矜於菶梏。日無滯訟。歲無留獄。貫索之象既虛。圜扉之草斯鞠。巍巍乎帝王之極功。頌聲作而民和睦。爾乃背宜秋。出城阿。神池靈沼。相直匪睽。伊苑囿之非一。聚衆芳而駢羅。神木千歲而不凋。仙卉四時而常花。宗生族茂。厥類實多。當青鳥之司開扉。正條風之暄暖。命嗇夫而啓禁籞。縱都人而遊覽。我皇踐祚之五載。六飛始御於苑門。蓋將順民心之所樂。達餘陽於暮春。指金門而駐蹕。覩曼衍之星陳。蘭橈飛動。綵仗繽紛。帝曰斯樂。予何敢專。遂踐瓊林。宴寶津。零湛露於九重。均禊飲於羣臣。修先朝之故事。張大侯以示民。于以戒不虞於平世。勵武志而彌勤。其北則營壇再成。亶爲方丘。竚柔祇之期饗。故神輿之是俟。考一代合祭之失。實千載循襲之尤。敦牂比至。曠典聿修。帝躬臨於澤中。卽陰位而類求。配以烈祖之尊。侑以岳瀆之儔。乃奠黃琮。震於神休。乃奏函中。格彼至幽。澄宿氛而不雨。暢和氣以橫流。顧瞻空際。密邇靈斿。有持弋者。有執戟者。有質若獸者。有喙若鳥者。地之百靈祕怪。感帝德而來遊。景光爲之燭曜。祥雲爲之飛浮。侍衞駭愕。莫測其由。褒時之對。上軌成周。豈若漢祠后皇。徒歌乎物發冀州。至其棣萼之庭建。蓋示優於同氣。主上欽承永泰之基。益隆則友之義。兢兢業業。欲偕追述之志。永紹裕陵。垂法萬世。載因心以撫存。肆匹休於棠棣。爵以真王之封。陟以上公之位。褒以四鎮之節。厚以三接之賜。俾遂安其居宇。咸克保乎富貴。何愧建初歲入之豐也。每當歲時之衎樂。儼雁齒而密侍。和樂且湛。靡拘堂陛。笑言之適無間。勸侑之勤有繼。飲酒之飫。既翕既醉。何愧花萼之盛也。乙未之春。龍翔効瑞。鶺鴒來集。數以萬計。嘉首尾之胥應。感弟昆之是類。灑宸翰以體物。用闡明乎至意。若乃帝假有家。明内齋外。自天中命。本支昌熾。考祥熊之應夢。演慶源而毓粹。藹螽斯蟄蟄之衆。假樂皇皇之懿。受祉而施于子。既侔於周王。多男而授之職。又合乎堯帝。肇正元嗣於春宮。申眷後王而加惠。冠禮荐行。三加攸次。詔以成人之道。載隆出閤之制。卜吉壤以圖居。惟宮隅之是邇。標蕃衍之美名。彰皇家之盛事。顧啓處之獲寧。信皇慈之曲被。於此賓師友。簡僚吏。習禮節。講儒藝。日奉朝著。克勤無怠。拳拳乎上承忠孝之訓。而臣子之義備。至若宗正著録。枝派實繁。上及曾高。下逮曾玄。分宅廣睦。恩義兩敦。第族屬之疏戚。班禄秩以維均。遠則褒崇藝祖之胄。近則加厚濮邸之孫。配天其澤。同姓悉霑。歌湛露。詠行葦。戒杕杜。鄙葛藟。考親親於伐木。繼振振於麟趾。於赫帝命。屬籍是典。皇宗取則。率遵繩檢。歲月薰陶。朝夕漸染。藹藹賓興之才。擢儒科而登仕版。時則有清静如辟彊。精忠如更生。文若東阿。勇若任城。莫不激昂自奮。騰實飛聲。於是參親疏而兩用。翼羽儀於王國。遂壯周家之藩屏。固漢宗之磐石。若夫由朱雀以縱觀。下天漢而兆望。千門萬户。將將有伉。言觀其陽。則仍宣德之舊稱。定五門而改瑕。其始也憲陬訾摹。大壯揆吉。日命大匠。庶民子來。則靡煩於鼛鼓。瓌材山積。則又疑於神睨。其上則藻色麗乎方井。雲氣萃乎修楣。躍水波於柏棟。列繡文於蘭楯。罔不隨色異象。因木生姿。窮極奇巧。豈人能爲。若有鬼神異物。陰來相之。其旁則簷牙高張。欄楯周布。往往雕鸞刻鳳。盤獸伏虎。或連拳欲立。或猛據若怒。或奮翼東廂。或圈首西序。殊形詭制。見者内怖。于以自中夏而布德。總八方而爲極。披路三條。則椌柢森以相連。立觀兩隅。則甍棟儼以並飾。善頌落成。上下用懌。言觀其陰。則嶤嶤北闕。時謂景隆。於焉採民謡。於焉觀民風。閲夫闤闠。則九市之富。百廛之雄。越商海賈。朝盈夕充。乃有犀象貝玉之珍。刀布泉貨之通。冠帶衣履之巧。魚鹽果蓏之豐。懋遷化居。射利無窮。覽夫康衢。則四通五達。連騎方軌。青槐夏蔭。紅塵晝起。乃有天姬之館。后戚之里。公卿大臣之府。王侯將相之第。扶宮夾道。若北辰之藩衛。太平既久。民俗熙熙。殆逮夫仙倡効技。倀童逞材。或尋橦走索。舞豹戲羆。則觀者爲之目衒。或鏗金擊石。吹竹彈絲。則聽者爲之意迷。亦有蜀中清醥。洛下黄醅。葡萄泛觴。竹葉傾罍。羌既醉而飽德。謂帝力何有於我哉。瞻彼艮維。肇崇琳闕。始真天祥。昈分彪列。妙道由是聿興。至教於是旁達。辛卯之夢既符。壬辰之運斯協。外則立仁濟輔正之亭。行玉笥考召之法。博施於民。俾絶夭閼。神符一出。羣邪四讋。馘毒治病。功深効捷。内則艮岳屹以神秀。介亭聳以巀巘。天人交際之夕。清供於此備設。俄而玉斝自傾。寶劍如掣。駭震霆之轟轟。靈圉下兮雜遝。逮夫應鍾紀律。里社開祥。凡預臣子之列。欲傾頌禱之觴。卽兹宮以効報。期萬壽之無疆。於時演大梵希夷之音。諷太元空洞之經。遂頒祕籙。八百聯名。猗彼乾維。龍德是營。地直天奧。上鬱化精。有崗連嶺屬之勢。有龍盤虎踞之形。儲休發祥。繄我聖明。惟崇飾之彌麗。正土木之夸矜。蓋示不忘其所自。爲萬世之式程。彼漢之代邸。既璅璅焉。唐之興廢。又奚足稱。爰有瑤池波湛。翠水淵渟。峩方壺。起蓬瀛。大君戾止。廣殿歡騰。九奏備。八佾成。凡左右侍宴者。恍若躡神山而遊紫清。戊戌之冬。大乙次於黄祕之庭。其位在西北則臨乎是宫之地。於辰爲掩茂。適契乎元命之晶。詔鳩工以基迹。用揭虔而妥靈。千神載别。五福來寧。至於端闈之内。大慶耽耽。路寢斯在。有大符貺於是乎躬受。有大祭祀於此而齋戒。日精東承。月華西對。重軒三階。翕集動彩。左戚右干。相與暎帶。睨靈光猶培塿。晞景福之叢芮。春工三朝。履端匪懈。庭燎有光。禁漏斯大。供張既盛。法物咸萃。乃建招摇以環合。蒲牢發乎輕蓋。正宁當陽。天極是配。九賓星拱。垂紳委珮。樂奏乾安。間以韐韎。上公薦壽。捧觴跪拜。天子兆民。萬世永賴。其左則合宫之制。高出百王。上圓下方。法象乎天地。九筵五室。經緯乎陰陽。旋四序之和於四阿。達八風之氣於八窗。淵衷默定。聖畫允藏。重屋告成。光我家邦。於以饗帝而享親。則日卜上辛。時丁肅霜。樂調圜鍾。享維牛羊。爰熙太室。恭薦馨香。肆推尊於神考。用嚴配於上蒼。于以視朔而布政。則春朝青陽。秋覲總章。冬遇平朔。夏宗明堂。玉册以極其變。内經以考其常。欽授於人。遂正天綱。其右則徽調之閣。嚴凝密靚。神鼎内藏。天所保定。侔郟鄏之永固。笑甘泉之匪稱。其始鑄也。窮制作之妙於繫表。得隱逸之士於草茅。一鑄而就。光應孔昭。其始定也。夜出九成。不吴不敖。龍變光潤。氣明煙消。維鼎鼐之重。作鎮神皐。數極九變。象該六爻。屹然中峙。增崇廟朝。曰蒼曰彤。以奠齊楚之域。曰晶曰寶。以奠秦趙之郊。有位東南。有位西南者。有位東北。有位西北者。分方命祭。罔或不調。宜乎卜世卜年。過於周曆。永保兹器。與天無極。至其内朝則祥曦延和。清穆顧問。親臣列侍。禁衛彌慶。治朝則紫宸垂拱。丹青有煥。一日萬幾。此焉聽斷。厥或進拜將相。號令華彝。爰卽文德。播告惟宜。燕樂羣臣。詳延多士。乃御集英。以時藏事。又有龍圖天章。寶文顯謨。以洎徽猷。五閣渠渠。奉祖宗之彝訓。示子孫之楷模。言追盤誥。道契圖書。繄祕藏之靡怠。抑聖孝之如初。次則東西分臺。政事所會。始揆而議。則可否有蓍龜之決。既審而行。則出納擅喉舌之寄。以斡旋鈞軸。輔成至治。其在西樞。掌武之庭。則有將印之重。軍符之嚴。爾乃運籌帷幄之中。折衝樽俎之間。爰戢五兵。坐鎮百鑾。其在翰苑摛文之地。則惟密旨是承。德意是導。爾乃覃恩潤色。追風渾浩。遂繼東里之才。允符內相之號。乃若天子燕息之所也。宣和祕殿。翬飛跂翼。憲睿思之始謀。因紹聖之故跡。凝芳瓊蘭。重熙環碧。輪焉奐焉。光動兩側。聽政之暇。來遊來息。搜古制於鼎彝。縱多能於翰墨。致一凝神。優入聖域。爰命邇臣。於焉寓直。啓罄沃之丹誠。庶密効於裨益。申紹紀元。昭示萬億。視彼元狩元鼎。神爵五鳳之號。詎能專美於史册。至如親蠶之所也。延福邃深。有嚴金鋪。當春日之載陽。率六宮而與俱。懿箱既飾。柔桑既敷。鞠衣東鄉。三采躊躇。風戾川浴。地温氣舒。然後龍精報貺。瑞蠒紛如。五色之絲。允侔乎東海。八蠶之綿。富倍於吴都。獻於天子。祭服所須。由此率先天下。則無斁之化。斯並美於關雎。以至掖門曲榭之奥。周廬徼道之肅。長廊廣廡之連延。珍臺祕館之重複。倬然在列。璇題輝暎。雖使廣延墨客。衆集畫史。曷足以紀兹區宇之盛。先生聞而稱贊曰。汴都之美。其若是乎。抑何修何飾而臻此乎。公子曰。主上以神明資才。受天眷命。爲天下君。其所以圖回宰制。獨運蠖濩之中者。愚不得而測也。切仰廟堂之所先務者。任賢使能而已。試爲子陳之。若夫十室之邑。必有忠信。天下至廣。豈曰乏才。觀夫燕代趙潁之英。勾吴平越之秀。兩蜀文雅。三齊質厚。以至關東舊相之家。山西名將之胄。感會風雲。雜然入彀。矧兹神聖之都。是爲英俊之鑪。元精於此回復。間氣於此蜿蜒。以言乎儒風。則長者之稱。自漢而著。以言乎世族。則文士之盛。自晉而傳。隱逸有夷門之操。交章出睢涣之間。帝賚岳降。運符半千。商弼周翰。接武差肩。陋七相五公之紱冕。邁杜陵韋曲之衣冠。譬猶俶儻權奇。素多於冀野。璠璵結緑。自富於荆山。上乃以道觀能。兼收並取。明明在公。濟濟列布。同寅協恭。相與修輔。故得朝廷清明。紀綱振舉。威武紛紜。聲教布護。北漸鴨緑。南泊銅柱。深極沙漠。遠踰羌鹵。陸讋水懷。奔走來慕。雕題交趾。左衽辮髮之俗。顧襲於華風。金華玉璞。犀株象齒之貢。願獻於御府。於斯時也。治定而五禮具焉。則採周官之儀物。稽曲臺之典故。考吉禮嘉禮之義。正婚禮冠之序。車輿旂常。衣冠服製。職在太常。各有攸敍。功成而六樂舉焉。則詔后夔辨舞行。命伶倫定律吕。法太始五運之先。諧中正五均之度。笙鏞鞉磬。琴瑟柷敔。職在太晟。各有攸部。衆制備。羣音叶。天地應。神人悦。修貢効珍。應圖合牒。上則膏露降。德星明。祥風至。甘露零。下則嘉禾興。朱草生。醴泉流。濁河清。一角五趾之獸。爲時而出。殊本連理之木。感氣而榮。嘉林六眼之龜。來游於沼。芝田千歲之鶴。下集於庭。期應紹至不可殫形。是宜登太山。躡梁父。泥金檢玉。誕揚丕矩。奏功皇天。登三咸五。上猶謙挹而未俞也。於是親事法宮之中。齋心大庭之館。思所持盈守成。垂萬世之彝憲。躬執道樞。卓然獨斷。仰以順天時。俯以從人願。規模則惟寧人之指是循。政事則惟元豐所行是纘。其在官也。絕僥倖之路。汰冗濫之員。奉詔者戒於倚法。治民者戒於爲姦。其在士也。納讜言於羣試。復科舉於四遠。保桑梓者。遂孝養之心。在流寓者。獲游學之便。其在民也。除苛嬈之科。蠲不急之務。農人服田以効力穡之勤。父老扶杖以聽詔書之布。稱使四海之內。返朴還淳。皆敦本而棄末。皞皞乎太古之風。各安而樂業。先生聞之。歎美不暇。乃謂公子曰。今日治效如此。正臣子歌功頌德之秋也。顧惟疏遠之蹤。名不通於朝籍。雖欲抽思騁詞。作爲聲詩。少述區區之志。君門九重。勢難自達。則乙夜之覽何敢冀哉。因擊節而歌曰。麗哉神聖位九重。仁天普被四海同。擴然丕變還淳風。金革不用囹圄空。千齡亨運今適逢。下七制。卑三宗。微臣鼓腹康衢中。日逐兒童歌帝功。歌畢振衣而去。公子遂述其事而理之治。以總一賦之義焉。理曰。赫赫皇宋乘火德兮。奠都大梁作民極兮。一祖六宗世增飾兮。光明神麗觀萬國兮。穆穆大君天所予兮。粵自叢霄履帝位兮。體道用神妙莫名兮。立政造事亶有成兮。金鼎奠邦神姦讋兮。武鎮定命垂奕葉兮。天地並應符瑞著兮。應圖合牒千百祼兮。坐以受之開明堂兮。三靈悅豫頌聲興兮。元臣碩輔侍帝旁兮。相與弼亮守太平兮。運丁壬辰化道行兮。己酉復元寶歷昌兮。天子萬年躬在宥兮。斯民永賴躋仁壽兮。

〔二〕城門

周城宋東京考一。新城周迴五十里一百六十五步。大中祥符九年增築。元豐元年重修。政和六年詔有司度國之南。展築京城。移置官司軍營。新城創於周。其城四十八里二百二十三步。十三門。周世宗顯德三年以其土鹻。取鄭州虎牢關土築之。俗呼爲卧牛城。南三門。中曰南薰。東曰宣化。卽陳州。西曰安上。卽戴樓。東二門。南曰朝陽。卽新宋。北曰含暉。卽新曹。太平興國四年改寅賓。後復。　西二門。南曰順天。卽新鄭。北曰金暉。卽固子。　北四門。中曰通天。卽封邱。天聖初改寧德。後復。東曰長景。卽陳橋。次東曰永泰。卽新酸棗。西曰安肅。卽衞州門。以上初皆因周舊名。至太平興國四年改今名。　汴河上水門。南曰大通。太平興國四年賜名。天聖初改順濟。後復。　北曰宣澤。舊南北水門皆曰大通。熙寧十年始分名之。　汴河下水門。南曰上善。北曰通津。天聖初改廣津。熙寧十年復。　惠民河水門。上曰普濟。下曰廣利。　廣濟河水門。上曰咸豐。下曰善利。舊名咸通。熙寧十年改。　上南門曰永順。熙寧十年賜名。後復於金輝門南置開遠門。即萬勝門。舊名通遠。以上皆太平興國四年賜名。天聖初改今名。惟含暉、通天、大通、通津等門。雖改而又復舊名也。　城濠曰護龍河。闊十餘丈。濠内外皆植楊柳。粉牆朱户。禁人往來。城門皆甕城三層。屈曲開門。惟南薰、朝陽、順天、通天四正門皆直門兩重。以通御路也。　又同卷引和維愚見紀忘。汴之外城門名。各有意義。如云鄭門。以其通往鄭州也。酸棗門以其通往延津。即舊酸棗縣也。其固子門未知其義。近閲宣和遺事内載上清寶籙宫成。浚濠水深三丈。東則景龍門橋。西則天波門橋。二橋之下叠石爲固。引舟相通。而橋上人物往來不覺。又郡城沿革云。西面門從南曰順天門。俗名新鄭門。次曰利澤水門。汴河自此入城。次北曰開遠門。又名萬勝門。次北曰金輝門。俗名固子門。歐陽公歸田録亦云飲于固子橋。然則以叠石爲固而名其橋。因以名其門也。

〔三〕**新城**

趙德麟侯鯖録三。本朝東京宫城周迴二十里一百五十五步。即汴州城。唐建中二年。節度使李勉重築。國初號曰闕城。亦曰裏城。新城乃周世宗顯德二年四月。詔别築新城。周迴四十八里二百三十三步。號曰外城。又曰羅城。亦曰新城。元豐中。裕陵命内侍宋用臣董之。

岳珂桯史一。開寶戊辰。藝祖初修汴京。大其城址。曲而宛如蚓詘焉。耆老相傳。謂趙中令鳩工奏圖。初取方直。四面皆有門。坊市經緯其間。井井繩列。上覽而怒。自取筆塗之。命以幅紙作大圈。紆曲縱斜。旁注云。依此修築。故城即當時遺迹也。時人咸罔測。多病其不宜於觀美。熙寧乙卯。神宗在位。遂欲改作。鑒苑中牧豚及内作坊之事。卒不敢更。第增陴而已。及政和間。蔡京擅國。亟奏廣其規。以便宫室苑囿之奉。命宦侍董其役。凡周旋數十里。一撤而方之如矩。墉堞樓櫓雖甚藻飾。而蕩然無曩時之堅樸矣。一時迄功。第賞侈其時。至以表記兩命詞科之題。概可想見其張皇也。靖康胡馬南牧。粘罕斡离不揚鞭城下。有得色曰。是易攻下。令植砲四隅。隨方而擊之。城既引直。一砲所望。一壁皆不可立。竟以此失守。沉幾遠睹。至是始驗。宸筆所定圖。承平時藏秘閣。今不復存。

宋會要輯稿方域一之一。新城周回四十八里二百三十三步。周顯德三年。令彰信節度韓通董役興築。國朝以來。號曰國城。亦曰外城。又曰羅城。南五門。中曰南薫。周曰景風。太平興國四年九月改。次東曰普濟。惠民河水門。太平興國四年九月賜名。次東曰宣化。周曰朱明。太平興國四年九月改。次西曰廣利。惠民河水門。太平興國四年九月賜名。次西曰安上。周曰畏景。太平興國四年九月改。東五門。南曰上善。汴河東水門。太平興國四年九月賜名。次北曰通津。汴河東水門。太平興國四年九月賜名通津。天聖初改廣津。後復今名。次北曰朝陽。周曰延春。太平興國四年九月改。次北曰含輝。周曰含煇。太平興國四年九月改寅賓。後復今名。次北曰善利。廣濟河水門。太平興國四年九月賜名咸通。天聖初改。西六門。南曰順天。周曰迎秋。太平興國四年九月改。次北曰大通。汴河南水門。太平興國四年九月賜名大通。天聖初改順濟。後復今名。次北曰宣澤。汴河北門。熙寧十年賜名。次北曰開遠。太平興國四年賜名通遠。天聖初改。次北曰金耀。周曰肅政。太平興國四年九月改。次北曰咸豐。廣濟河西水門。太平興國四年九月賜名。北五門。中曰通天。周曰玄德。太平興國四年九月改曰通天。天聖初改寧德。後復今名。次東曰景陽。周曰長景。太平興國四年九月賜名。次東曰永泰。周曰愛景。太平興國四年九月改。次西曰安肅。國初號衞州門。太平興國四年九月賜名。次西曰永順。廣濟河南水門。熙寧十年賜名。

〔四〕**南薫門**

洪邁夷堅乙志四。殯宫餅條。靖康元年春。京師受圍。監察御史姚舜明之子宏。欲歸。越出南薫門買舟。

〔五〕**陳州門**

百歲寓翁楓窗小牘上。余汴城故居近陳州門內。蔡河東畔。居後有圃。喬林深竹。映帶城隅。中有來鶴亭。王大父時有野鶴來棲。遂馴狎不去。蘇子瞻有詩云。鴻漸偏宜丹鳳南。冠霞披月羽毵毵。酒酣亭上來看舞。有客新名喚作耽。每誦此詩。未嘗不淚滿青衫也。

〔六〕**戴樓門**

洪邁夷堅丁志七。戴樓門宅條。顯謨閣直學士林邵。年二十歲時。赴省試入京師。僦居戴樓門内。

〔七〕**東水門**

張知甫張氏可書。道君既遜位。乘輕輿出東水門。自稅舟。得一草籠回脚糧船。與舟人約價登舟。見賣蒸餅者。於篋中取金錢十文市一枚以食。少頃。童貫蔡攸者數人。單騎俱至。道君曰。卿等尚來相逐何耶。攸等奏云。臣等受陛下重恩。死亦不離陛下。

〔八〕**新鄭門**

百歲寓翁楓窗小牘下。宣和三年二月。新鄭門官夫淘溝。從助產朱婆婆牆外溝底。得一銅器如壺。兩旁有環。腹上有線。其色翡翠間之以綠。其文曰。綏和元年。供三昌爲湯。宜造三十鍊銅黃塗。壺容二斗。重十二斤八兩。塗工乳護紋級樣臨主守在。亟同守令寶省。第重六斤耳。漢權雖減。不宜如許。權知開封府王革。上之内府。

〔九〕**西水門**

江休復江隣幾雜誌。京師西門外。立尉專決鬭競事。城裏外悉府尹主之。每三大節。他官皆有休假。唯府事愈多。節日清明尤甚。鬭競日數百件。

〔一〇〕**馬面戰棚**

沈括夢溪筆談十一。延州故豐林縣城。赫連勃勃所築。至今謂之赫連城。 其城不甚厚。但馬面極長且密。予使人步之。馬面皆長四丈。相去六七丈。以爲馬面密則城不須太厚。人力亦難攻也。予曾親見攻城。若馬面長。則可反射城下攻者。兼密則矢石相及。敵人至城下。則四面矢石臨之。須使敵人不能到城下乃爲良法。今邊城雖厚。而馬面極短且疎。若敵人可到城下。則城雖厚。終爲危道。

〔一〕京城所
　案宋史兵志。廣固隸修治京城所。知京城所是簡稱。

舊京城

舊京城〔一〕方圓約二十里許。南壁其門有三。正南曰朱雀門。〔二〕左曰保康門。右曰新門。東壁其門有三。從南汴河南岸角門子。河北岸曰舊宋門。次曰舊曹門。西壁其門有三。從南曰舊鄭門。次汴河北岸角門子。次曰梁門。北壁其門有三。從東曰舊封丘門。次曰景龍門。乃大内城角實籙宮前也。〔案〕夾注實籙宮。實爲寶之譌字。次曰金水門。

〔一〕舊京城
　宋會要輯稿方域一之一。東京唐之汴州。梁建爲東都。後唐罷之。晉復爲東京。國朝因其名。舊城周回二十里一百五十五步。卽唐汴州城。建中初。節度使李勉築。國朝以來號曰闕城。亦曰裏城。南三門。中曰朱雀。梁曰高明。晉曰薰風。太平興國四年九月改。東曰保康。大中祥符五年賜名。西曰崇明。周曰興禮。太平興國四年九月改。東二門。南曰麗景。梁曰觀化。晉曰仁和。太平興國四年九月改。北曰望春。梁曰建陽。晉曰迎初。國初曰和政。太平興國四年九月改。西二門。南曰宜秋。梁曰開明。晉曰金義。太平興國四年九月改。北曰閶闔。梁曰乾象。晉曰乾明。國初曰千秋。太平興國四年九月改。北三門。中曰景龍。梁曰興和。晉曰玄化。太平興國四年改。東曰安遠。梁曰含輝。晉曰宣陽。太平興國四年九月改。西曰天波。梁曰大安。太平興國四年九月改。

〔二〕朱雀門
　文瑩湘山野録中。太祖皇帝將展外城。幸朱雀門。親自規畫。獨趙韓王普時從幸。上指門額問普曰。何不秖書朱雀門。

須著之字安用。普對曰。語助。太祖笑曰。之乎者也助得甚事。案邵伯温河南邵氏聞見録。紀此事。謂是明德門。

河道

穿城河道有四。南壁曰蔡河。〔一〕自陳蔡由西南戴樓門入京城遼繞。自東南陳州門出。河上有橋十一。〔案〕十一應作十三橋數如此。自陳州門裏曰觀橋。在五岳觀後門。從北次曰宣泰橋。次曰雲騎橋。次曰横橋子。在彭婆婆宅前。次曰高橋。次曰西保康門橋。次曰龍津橋。正對内前。次曰新橋。次曰太平橋。高殿前宅前。次曰糶麥橋。次曰第一座橋。次曰宜男橋。出戴樓門外曰四里橋。中曰汴河。〔二〕自西京洛口分水入京城。東去至泗州入淮。運東南之糧。凡東南方物。自此入京城。公私仰給焉。自東水門外七里。至西水門外。河上有橋十三。從東水門外七里。曰虹橋。其橋無柱。皆以巨木虛架。飾以丹雘。宛如飛虹。其上下土橋亦如之。次曰順成倉橋。入水門裏曰便橋。次曰下土橋。次曰上土橋。投西角子門曰相國寺橋。次曰州橋。正名天漢橋。正對於大内御街。其橋與相國寺橋。皆低平不通舟船。唯西河平船可過。其柱皆青石爲之。石梁石笋楯欄。近橋兩岸。皆石壁雕鐫海馬水獸飛雲之狀。橋下密排石柱。蓋車駕御路也。州橋之北岸御路。東西兩闕。樓觀對聳。橋之西有方淺船二隻。頭置巨幹鐵鎗數條。岸上有鐵索三條。遇夜絞上水面。蓋防遺火舟船矣。西去曰浚儀橋。次曰興國寺橋。亦名馬軍衙橋。次曰太師府橋。蔡相宅前。次曰金梁橋。次曰西浮橋。舊以船爲之橋。今皆用木石造矣。次曰西水門便橋。

門外曰横橋。東北曰五丈河。來自濟鄆。般挽京東路糧斛入京城。自新曹門北入京。河上有橋五。東去曰小横橋。次曰廣備橋。次曰蔡市橋。次曰青暉橋。染院橋。西北曰金水河。自京城西南分京索河水築堤。從汴河上用木槽架過。從西北水門入京城。夾牆遮擁。入大内灌後苑池浦矣。河上有橋三。曰白虎橋。横橋。五王宫橋之類。又曹門小河子橋曰念佛橋。〔三〕蓋内諸司輦官。親事官之類。軍營皆在曹門。侵晨上直。有瞽者在橋上念經求化。得其名矣。

〔一〕蔡河

沈括夢溪筆談九。石曼卿居蔡河下曲。

〔二〕汴河

王鞏聞見近録。汴河舊底有石板石人。以記其地里。每歲興夫開導至石板石人以爲則。歲有常役。民未嘗病之。而水行地中。京師内外有八水口。泄水入汴。故京師雖大雨無復水害。昔人之畫善矣。

魏泰東軒筆録七。汴渠舊例。十月閉口則舟檝不行。王荆公當國。欲通冬運。遂不令閉口。水既淺澁。舟不可行。而流冰頗損舟檝。於是以脚船數十。前設巨碓。以搗流冰。而役夫苦寒。死者甚衆。京師有諺語曰：昔有磨。去磨平欒水。今見碓。搗冬凌。

蔡絛鐵圍山叢談六。汴口所積舟。不問官私舟柁與士大夫家所座船七百隻。舉自相撞擊。俱碎。死數十百人。

王明清揮麈後録七。汴水湍急。失足者隨流而下。不可復活。舊有短垣以限往來。久而傾圮。民佃以爲浮屋。元祐中。方達源爲御史。建言乞重脩短垣。護其堤岸。疏入。報可。遂免渰溺之患。

沈括夢溪筆談二十五。熙寧中。議改疏洛水入汴。予嘗因出使按行汴渠。自京師上善門量至泗州淮口。凡八百四十里一百三十步。

蔡絛鐵圍山叢談五。政和丙申。汴渠運舟火。因順流直下。犯通津門者號東水門也。通津既焚而火勢猛甚。旁接宮觀。

王明清揮麈後録一。靖康元年正月戊辰。金賊犯濬州。徽考微服出通津門御小舟。將次雍丘。命宦官鄧善詢召縣令至津亭計事。阮閲詩話總龜二十九。世人語虛僞者爲河樓。似汎濫之名。其實不然。國初京師有何家樓。其下所賣物皆行濫者。故人以此目之。樓已廢。語尚在也。俳優人言河市樂人。說者謂石駙馬在南都。其家樂甚盛。詆誚南河市中樂人故得此名。

魏泰東軒筆録十五。禮部引試舉人常在正月末。及試經學已在二月中旬。京師適淘渠矣。舊省前乃大渠。有三禮生就試。誤墮渠中。舉體沾濕。仲春尚寒。晨興尤甚。三禮者不勝其苦。遂於簾前白知舉石内翰中立。乞給少火炙乾衣服。石公素喜詼浪。遽告曰不用炙。當自安樂。同列訝而詰之。石曰。何不聞世傳欲得安。三禮莫教乾乎。

陸游老學庵筆記六。京師溝渠極深廣。亡命多匿其中。自名爲無憂洞。甚者盜匿婦人。又謂之鬼樊樓。國初至兵興常有之。雖才尹不能絶也。

百歲寓翁楓窗小牘上。汴京河渠凡四。曰蔡河。自陳蔡由西南戴樓門入京城。繚繞向東南陳州門出。曰汴河。自西京洛口分水。從東水門入京城。繞州橋御路水西門出。曰五丈河。表自濟鄆。自新曹門入。通汴河。曰金水河。自京城西南分京索河築隄。從汴河上用水槽架過。從西北水門入京城。夾牆遮擁入大内。灌後苑池浦。先是詔析金水河透槽回水入汴。北引洛水入禁中。賜名天源河。然舟至即啟槽。頗妨行舟。乃自城西超宇坊引洛。由咸豐門立隄。凡三千三十步。水遂入禁而槽廢。

[三]念佛橋

王明清揮麈前録二。李文定本甄城人。既徙京師。都人呼爲濮州李家。李文和居永寧坊。有園亭之勝。築高樓臨道邊。呼爲看樓李家。李邯鄲宅並念佛橋。以橋名目之。陳文惠居近金水門。以門名目之。王文貞手植三槐于廷。都人以三槐表之。王文正本北海人。以青州王氏别之。王景彝居太子巷。以巷名目之。王審琦太師九子。以九院呼之。張榮僖以位顯名。以侍中家目之。賈文元居廂後。宋宣獻居宣明坊。亦以巷名目之。宋元獻兄弟安陸人。以安州表之。洪邁夷堅丁志九。張顔承節條。宣和間。京師天漢橋有官人。自脫冠巾。引頭觸欄柱不已。周密癸辛雜識續集上。汴京天津橋有奇石大片。有自然華夷圖。山青水緑。河黄路白。粲然如畫。真異物也。今聞移置汴京文廟中作拜石。　案如夢録州橋。常茂徠注云。今湮没。仍舊名。下卽汴河。其橋脚北過縣脚。南至小紙坊街口。又名天漢橋。橋上東頭有金龍四大王廟。西頭有勅建石碑並碑樓。橋高水深。舟過皆不去桅。最宜月夜。汴梁八景之一。所謂州橋明月也。如夢所言誤矣。夢華録明言其橋與相國寺橋皆低平不通舟楫。何得言橋高水深耶。又于少保祠西是馬軍橋。又名蔡太師橋。又鄢陵王府西是寺橋。常茂徠注云。在相國寺東角卽馬道街南口。舊名相國寺橋。今無。又大梁門外白眉神廟南金梁橋。橋西是宋孟元老故宅。

宋會要輯稿方域十三之十九。真宗景德二年四月改修新城外橋。並增高之。欲通外濠舟楫使人故也。大中祥符元年五月。詔在新舊城裏汴河橋八座。令開封府除七座放過重車外。並平橋只得座車子往來。

宋會要輯稿方域十三之二十一。仁宗天聖三年正月。巡護惠民河田承説言。河橋上多是開鋪販鬻。妨礙會亶。及人馬車乘往來。兼壞損橋道。望令禁止。違者重寘其罪。從之。是月。詔在京諸河橋上。不得百姓搭蓋鋪占欄。有妨車馬過往。

大内

大内〔一〕正門宣德樓列五門。門皆金釘朱漆。壁皆甎石間甃鐫鏤龍鳳飛雲之狀。莫非雕甍畫棟。峻桷層榱。覆以琉璃瓦。曲尺朶樓。朱欄彩檻。下列兩闕亭相對。悉用朱紅杈子。〔二〕入宣德樓正門。乃大慶殿。庭設兩樓。如寺院鍾樓。上有太史局保章正〔三〕測驗刻漏。逐時刻執牙牌奏。每遇大禮。車駕齋宿。及正朔朝會於此殿。殿外左右横門曰左右長慶門。内城南壁有門三座。係大朝會趨朝路。宣德樓左曰左掖門。右曰右掖門。左掖門裏乃明堂。右掖門裏西去乃天章寶文等閣。〔四〕宫城至北廊約百餘丈。入門東去街北廊乃樞密院。〔五〕次中書省。〔六〕次都堂。宰相朝退治事於此。次門下省。〔七〕次大慶殿外廊横門。北去百餘步。又一横門。每日宰執趨朝。此處下馬。餘侍從臺諫於第一横門下馬。行至文德殿。入第二横門。東廊大慶殿東偏門西廊。中書門下後省。次修國史院。〔八〕次南向小角門。正對文德殿。常朝殿也。殿前東西大街。東出東華門。西出西華門。近裏又兩門相對。左右嘉肅門也。南去左右銀臺門。自東華門裏皇太子宫入嘉肅門。街南大慶殿後門。東西上閤門。〔九〕街北。宣祐門。南北大街西廊面東曰凝暉殿。乃通會通門入禁中矣。殿相對東廊門樓。乃殿中省六尚局御廚。〔一〇〕殿上常列禁衛兩重。時刻提警。出入甚嚴。近裏皆近侍中貴。殿之外皆知省。御藥。〔一一〕幕次。快行。〔一二〕親從官。〔一三〕輦官。〔一四〕車子院。黄院子。〔一五〕内諸司兵士。祗候宣唤。及宫禁買賣進貢。皆由此入。唯此浩穰。諸司人自賣飲食珍奇之物。市井之間未有也。每遇早晚進膳。自殿中省對凝暉殿。禁衛成列。約欄不得過往。省門上有一人呼喝。謂之撥食家。次有紫衣裹脚子向後曲折幞頭者。謂之院子家。托一合用黄繡龍合衣籠罩。左手携一紅羅繡手巾。進入於此。約十餘合。繼托金瓜合二十餘面進入。非時取唤。謂之泛索。〔一六〕宣祐門外西去紫宸殿。正朔受朝於此。次曰文德殿。〔一七〕常朝所御。次曰垂拱殿。次曰皇儀殿。次曰集英殿。御宴及試舉人於此。後殿曰崇政殿。〔一八〕保和殿。内書閣曰睿思殿。後門曰拱辰門。東華門外市井最盛。蓋禁中買賣在此。凡飲食時新花果。魚鰕鱉〔案〕鱉應作鼈。蟹。鶉兔脯腊。金玉珍玩衣着。無非天下之奇。其品味若數十分。客要一二十味下酒。隨索目下便有之。其歲時果瓜蔬茹新上。市並茄瓠之類新出。每對可直三五十千。諸閣分〔一九〕争以貴價取之。

〔一〕大内

宋會要輯稿方域一之二。大内據闕城之西北。宫城周回五里。即唐宣武軍節度使治所。梁以爲建昌宫。後唐復爲宣武軍治。晉爲大寧宫。國朝建隆三年五月詔廣城。命有司畫洛陽宫殿。按圖以修之。

邵伯温河南邵氏聞見録一。東京唐汴州。梁太祖因宣武府置建昌宫。晉改曰大寧宫。周世宗雖加營繕。猶未如王者之制。太祖皇帝受天命之初。即遣使圖西京大内。按以改作。既成。帝坐萬歲殿。洞開諸門。端直如引繩則。歎曰。此如吾心。小有邪曲。人皆見矣。

宋敏求春明退朝録上。邇英閣講讀之所也。閣後有隆儒殿在叢竹中。制度特小。王原叔久在講筵。而身品短。同列戲之曰。宜爲隆儒殿學士。

郭若虚圖畫見聞誌六。治平甲辰歲。於景靈宫建孝嚴殿。奉安仁宗神御。乃鳩集畫手。畫諸屏扆牆壁。先是三聖神御殿兩廊。圖畫創業戡定之功及朝廷所行大禮。次畫講肄文武之事。遊豫宴饗之儀。至是又兼畫應仁宗朝。輔臣吕文靖已下至節鉞凡七十二人。時張龍圖燾主其事。乃奏請於逐人家取影貌寫之。鴛行序列。歷歷可識其面。於是觀者莫不歎其盛美。

王鞏隨手雜録。仁宗一日召致仕晁迥對延和殿。

張邦基墨莊漫録四。王禹玉爲翰苑。治平三年二月十五日召對蕋珠殿時。賜紫花衣墩。令坐踰數刻方罷。

百歲寓翁楓窗小牘上。汴京故宫。躡雲蔽日。常在夢寐。稍能記憶。條載于此。宮城本五代周舊都。宋因之。建隆三年廣皇城東北隅。命有司畫洛陽宮殿。按圖修之。周圍五里。南三門。中曰乾元。東曰左掖。西曰右掖。東西面門曰東華、西華。北一門曰拱宸。乾元門內正南門曰大慶。東西橫門曰左右升龍。左右北門內各一門。曰左右銀臺。東華門內一門曰左承天。西華門內一門曰右承天。左承天內道北門曰宣祐。正南門內正殿曰大慶。東西門曰左右太和。正衙殿曰文德。兩掖門曰東西上閤。東西門曰左右嘉福。大慶殿北有紫宸殿。視朝之前殿也。西有垂拱殿。常日視朝之所也。次西有皇儀殿。又次西有集英殿。宴殿也。殿後有需雲殿。東有升平樓。宮中觀宴之所也。宮後有崇政殿。閱事之所也。殿後有景福殿。殿西有殿北向曰延和。便坐殿。凡殿有門者皆隨殿名。宮中有延慶、安福、觀文、清景、慶雲、王京等殿。壽寧堂、延春閣。福寧殿東西有門曰左右昭慶。觀文殿西門曰延真。其東真君殿。積慶前建感真閣。又有龍圖閣。下有資政、崇和、宣德、述古四殿。天章閣下有羣玉、蘂珠二殿。有寶文閣。閣東西有嘉德、延康二殿。前有景輝門。後苑東門曰寧陽。苑內有崇聖殿、太清樓。其西又有宜聖、化成、金華、西涼、清心等殿。翔鸞儀鳳二閣。華景、翠芳、瑤津三亭。延福宮有穆清殿、延慶殿。北有柔儀殿、崇徽殿。北有欽明殿。延福宮北有廣聖宮。內有太清、玉清、冲和、集福、會祥五殿。建流盃殿于後苑。又有慈德殿、觀稼殿、延曦閣、邇英殿、隆儒閣、慈壽殿、慶壽宮、保慈宮、玉華殿、基春殿、睿思殿、承極殿、崇慶隆祐二宮、睿成宮、宜和殿、聖瑞宮、顯謨閣、玉虛殿、玉華閣、親蠶宮、燕寧殿。延福宮致和三年春作新宮。始南向。殿因宮名曰延福。次曰蕋珠。有亭曰碧琅玕。其東門曰晨暉。其西門曰麗澤。宮左復列二位。其殿有穆清、成平、會寧、睿謨、凝和、崑玉、羣玉。其東閣則有蕙馥、報瓊、蟠桃、春錦、疊瓊、芬芳、麗玉、寒香、拂雲、偃蓋、翠葆、鉛英、雲錦、蘭薰、摘金。其西閣有繁英、雪香、披芳、鉛華、瓊華、文綺、絳萼、穠華、綠綺、瑤碧、清陰、秋香、叢玉、扶玉、絳雲。會寧之北疊石爲山。山上有殿曰翠微。旁爲二亭。曰雲巋。曰層巘。凝和之次閣曰明春。其高踰一百一十尺。閣之側爲殿二。曰玉英。曰玉潤。其輩附城。築土植杏。名杏岡。覆茅爲亭。修竹萬竿。引流其下。宮之右爲位二。閣曰晏春。廣十有二丈。舞臺四列。山亭三峙。鑿圜池爲海。跨海爲亭。架石梁以升山。亭曰飛華。横度之四百尺有畸。縱數之二百六十有七尺。又流泉爲湖。湖中作隄以接亭。隄中作梁以通湖。梁之上又爲茅亭。鶴莊鹿砦孔翠諸栅。蹄尾動數千。嘉花名木。類聚區別。幽勝宛若生成。西抵麗澤。不類塵境。其東直景龍門。西抵天波門。宮東西二横門皆視禁門。法所謂晨暉麗澤者也。而晨暉門出入最多。其後又跨舊城。修築號延福第六位跨城之外。浚豪深者水三尺。東景龍門橋西天波門橋。二橋之下。疊石爲固。引舟相通。而橋上人物外自通行不覺也。名曰景龍江。其後又闢之。東過景龍門至封丘門。此特大槩耳。其雄勝不能盡也。

蘇天爵元文類二十七楊奐汴故宫記。己亥春三月。按部至於汴。汴長吏宴於廢宮之長生殿。懼後世無以考。爲纂其大概云。皇城南外門曰南薰。南薰之北。新城門曰豐宜。橋曰龍津。橋北曰丹鳳。而其門三。丹鳳北曰州橋。橋少北曰文武樓。遵御路而北。横街也。東曰太廟。西曰郊社。正北曰承天門。而其門五。雙闕前引。東曰登聞檢院。西曰登聞鼓院。檢院之東曰左掖門。門之南曰待漏院。鼓院之西曰右掖門。門之南曰都堂。承天之北曰大慶門。而日精門左昇平門居其東。月華門右昇平門居其西。正殿曰大慶。殿東廡曰嘉福樓。西廡曰嘉瑞樓。大慶之後曰德儀殿。德儀之東曰左昇龍門。西曰右昇龍門。正門曰隆德。曰蕭牆。曰丹墀。曰隆德殿。隆德之左曰東上閤門。右曰西上閤門。皆南嚮。東西二樓。鐘鼓之所在。鼓在東。鐘在西。隆德之次曰仁安門。仁安殿。東則内侍局。内侍之東曰近侍局。近侍之東。曰嚴祗門。宮中則曰撒合門。少南曰東樓。卽授除樓也。西曰西樓。仁安之次曰純和殿。正寢也。純和西曰雪香亭。雪香之北。后妃位也。有樓。樓西曰瓊香亭。亭西曰涼位。有樓。樓北少西曰玉清殿。純和之次曰寧福殿。寧福之後曰苑門。由苑門而北曰仁智殿。有二大石。左曰敷錫神運萬歲峰。右曰玉京獨秀太平巖。殿曰山莊。莊之西南曰翠微閣。苑門東曰僊韶院。院北曰湧翠峰。峰之洞曰大滌湧翠。東連長生殿。殿東曰湧金殿。湧金之東曰蓬萊殿。長生西曰浮玉殿。浮玉之西曰瀛洲殿。長生之南曰閲武殿。閲武南曰内藏庫。由嚴祗門東曰尚食局。尚食東曰宣徽院。宣徽北曰御藥院。御藥北曰右藏庫。右藏之東曰左藏。宣徽東曰點檢司。點檢北曰祕書監。祕書北曰學士院。學士之北曰諫院。諫院之北曰武器署。點檢之南曰儀鸞局。儀鸞之南曰尚輦局。宣徽之南曰拱衛司。拱衛之南曰尚衣局。尚衣之南曰繁禧門。繁禧南曰安泰門。安泰西與左昇龍門直。東則壽聖宮。兩宮太后位。本明俊殿。試進士之所。宮北曰徽音殿。徽音之北曰燕壽殿。燕壽殿垣少西。曰震肅衛司。東曰中衛尉司。儀鸞之東曰小東華門。更漏在焉。中衛尉司東曰祗肅門。祗肅門東少南。曰將軍司。徽音、壽聖之東曰太后苑。苑之殿曰慶春。慶春與燕壽並。小東華與正東華對。東華門內正北尚廐局。尚廐西北曰臨武殿。左掖門正北尚食局。局南曰宮苑司。宮苑司西北曰尚醞局、湯藥局、侍儀局。少西曰符寶局、器物局。西則撒合門。嘉瑞樓西曰三廟。正殿曰德昌。東曰文昭殿。西曰光興殿。並南嚮。德昌之後宣宗廟也。宮西門曰西華。與東華直。其北門曰安貞。二大石外。凡花石臺榭池亭之細。並不録。觀其制度簡素。比土堦茅茨則過矣。視漢之所謂千門萬户。珠璧華麗之飾。則無有也。然後之人。因其制度而損益之。以求其稱。斯可矣。　案此爲金故宮。然其中猶存宋制。靖康之變。延福艮嶽。夷爲平地。未嘗毁及宮闕。金亮南遷。稍有增益。觀之亦可知其變遷。明以爲周王府。清爲貢院。餘仍爲民居也。

〔二〕杈子

程大昌演繁露一。晉魏以後官至貴品。其門得施行馬。行馬者一木横中。兩木互穿以成。四角施之於門。以爲約禁也。周禮爲之陛枑。今官府前叉子是也。

阮葵生茶餘客話十八。今衙門列木于衢。俗名攩衆。卽古之陛楯也。唐詩郎君官貴施行馬。三餘贅筆稱爲鹿角。謂鹿性警。羣居則環其角。圓圍如陣以防。故軍中塞栅外向。亦名鹿角。清文曰蝦䣺。

〔三〕太史局保章正

宋史一百六十四職官四。太史局掌測驗天文。考定曆法。　其官有令。有正。有春官夏官中官秋官正。有丞。有直長。有靈臺郎。有保章正。　其別局有天文院。測驗渾儀刻漏所。

高承事物紀原一。引梁刻漏經曰肇于軒轅之日。宣乎夏商之代。又黄帝刻漏水制器以分晝夜。周禮有挈壺氏掌之。以百刻分晝夜。

曾敏行獨醒雜志二。豫章晷漏乃曾南仲所造。南仲自少年通天文之學。宣和初登進士第。授南昌縣尉。時龍圖孫公爲帥。深加愛重。南仲因請更定晷漏。帥大喜。命南仲召匠制之。遂範金爲壺。刻木爲箭。壺後置四盆一斛。壺之水資於盆。

盆之水資於斛。其注水則爲銅虯。張口而吐之。箭之旁爲二木偶。左者晝司刻夜司點。其前設鐵板。每一刻一點則擊板以告。右者晝司辰夜司更。其前設銅鉦。每一辰一更則鳴鉦以告。

沈括夢溪筆談七。古今言刻漏者數十家。悉皆疏繆。曆家言晷漏者。自顓帝曆至今見於世謂之大曆者。凡二十五家。其步漏之術。皆未合天度。予占天候景。以至驗於儀象。考數下漏。凡十餘年。方粗見真數。成書四卷。謂之熙寧晷漏。皆非襲蹈前人之跡。其間二事尤微。一者。下漏家常患冬月水澁。夏月水利。以爲水性如此。又疑冰澌所壅。萬方理之。終不應法。予以理求之。冬至日行速。天運已朞。而日已過表。故百刻而有餘。夏至日行遲。天運未朞。而日已至表。故不及百刻。既得此數。然後覆求晷景漏刻。莫不脗合。此古人之所未知也。二者日之盈縮。其消長以漸。無一日頓殊之理。曆法皆以一日之氣短長之中者。播爲刻分。累損益。氣初日衰。每日消長常同。至交一氣。則頓易刻衰。故黃道有觚而不圜。縱有强爲數以步之者。亦非乘理用算。而多形數相詭。大凡物有定形。形有真數。方圜端斜定形也。乘除相盪。無所附益。泯然冥會者真數也。其術可以心得。不可以言喻。黃道環天正圜。圜之爲體。循之則其妥至均。不均不能中規衡。絶之則有舒有數。無舒數則不能成妥。以圜法相盪而得衰。則衰無不均。以妥法相盪而得差。則差有疏數。相因以求從。相消以求負。從負相入。會一術以御日行。以言其變。則秒刻之間消長未嘗同。以言其齊。則止用一衰。循環無端。終始如貫。不能議其隙。此圜法之微。古之言算者有所未至也。以日衰生日積。及生日衰。終始相求。迭爲賓主。順循之以索日變。衡別之求去極之度。合散無跡。泯如運規。非深知造算之理者。不能與其微也。其詳具予奏議。藏在史官。及予所著熙寧晷漏四卷之中。

〔四〕天章、寶文等閣

周城宋東京考二。龍圖閣。大中祥符中建。在會慶殿西偏。北連禁中。閣東曰資政殿。西曰述古殿。閣上奉太宗御書、御製文集及典籍圖畫寶瑞之物。宗正寺所進屬籍世譜。有學士、直學士、待制、直閣學士。並赴內殿起居。　天章閣。天禧四年建。在會慶殿之西。龍圖閣之北。明年仁宗卽位。奉安真宗御製並圖籍符瑞寶玩之物。國史宗正寺所進屬籍。祖宗御容。潛邸旌節亦安奉焉。東曰羣玉殿。西曰蘂珠殿。北曰壽昌殿。南曰延康殿。內以桃花文石爲流盃之所。以在位受天書祥符。名曰天章。取爲章於天之義。天聖八年置待制。慶曆七年又置學士、直學士。　寶文閣在天章閣之東西序。羣玉、蘂珠殿之北。卽天禧初所建壽昌閣也。慶曆初改曰寶文。嘉祐八年。英宗卽位。詔以仁宗御書御集藏於寶文閣。命王珪撰記立石。治平四年。神宗卽位。始置學士、直學士、待制。恩賜如龍圖。英宗御書附於閣。　顯謨閣。元符元年曾布、鄧洵仁各申請建閣。詔翰林學士、中書舍人撰閣名五以聞。續建閣藏神宗御集。以顯謨爲名。徽宗建中靖國元年。詔以顯謨閣爲熙明閣。置學士、直學士、待制。續奉旨仍以顯謨爲額。　徽猷閣。大觀二年建。藏哲宗御集。詔曰君子有徽猷。是爲詢德之美。觀道之成。於是乎在。置學士、直學士、待制。　敷文閣。藏徽宗御製。置學士、直學士、待制。

〔五〕樞密院

周城宋東京考五。按樞密院在闕門之西南。中書省之北。稱西府焉。與中書省對持文武二柄。號爲二府。東府掌文事。參政佐之。西府掌武事。副使佐之。印有東院西院之文。而共爲一院。但行東院印。元豐改官制。徙建於中書省之西。議者欲廢樞密院歸兵部。神宗曰。祖宗不以兵柄付有司。故專命官統之。互相維制。何可廢也。遂止。然以密院聯職輔弼。非出使之名。乃定置知院、同知院二人。餘悉置職事。亦多所釐正。細務分隸六曹。專以邊機軍政爲職。而契丹國信民兵牧馬猶總領焉。

〔六〕中書省

徐自明宋宰輔編年録八。(元豐五年)十二月。上稽古董正治官。既復尚書二十四司職事。剏作新省。其規模區處。詳密曲折。皆出旨裁定。壯麗雄盛。近世未有也。又以舊中書東西廳爲門下中書省。都臺爲三省都堂。徙建樞密院於中書省之西。以故樞密宣徽學士院地爲中書門下後省列左右常侍至正言廳事直兩省之後都承旨司直樞密院之後。由是三省樞密院位著官儀。焕然一新矣。

朱彧萍洲可談一。三省俱在禁中、元豐間移尚書省於大內西。切近西角樓。人呼爲新省。崇寧間又移於大內西南。其地遂號舊省。以建左右班直。或云舊省不利宰相。自創省。廢蔡確、王珪、吕公著、司馬光、吕大防、劉摯、蘇頌、章惇、曾布。更九相。惟子容居位日淺。亦謫罷。餘不以存没。或投竄廣南。或貶削散官。

李濂汴京遺蹟志二。宋中書省在左掖門之東。宰相之所涖。稱東府焉。掌進擬庶務。宣奉命令。行臺諫章疏。羣臣奏請興創改革。及中外無法式事。應取旨事。凡除省臺寺監長貳以下。及侍從職事官。外任監司節鎮。知州軍。通判。武臣遥郡横行。以上除授皆掌之。

〔七〕門下省

周城宋東京考五。按門下省初在嚴祇門外學士院北。明道元年。改爲諫院。而徙舊省於右掖門西。掌受天下之成事。審命令。駁正違失。受發通進奏狀。進請寶印。凡中書省畫黄録黄。樞密院録白畫旨。則留爲底。及尚書省六曹所上有法式事。皆奏覆審駁之。凡文書自内降者著之籍。章奏至則受而通進。俟頒降分送所隸官司。宋初循舊制以中書門下平章事爲宰相之職。復用兩制官一員判門下省事。官制行。始釐正焉。

〔八〕修國史院

馬端臨文獻通考五一職官考五。宋制監修國史一人以宰相爲之。修撰直館檢討無常員。修撰以朝官充。直館檢討以京官以上充。掌修日曆及典司圖籍之事。凡國史別置院。以宣徽北院之東以藏之。謂之編修院。東京記云。編修俗呼爲史院。天聖修真宗史。欲重其任。降敕宰相爲提舉。參知政事樞密副使爲修史。其同修史則以殿閣學士以上爲之。編修官以三館祕閣校理以上及京官。史畢卽停。元豐改官制。日曆隸國史。案每修前朝國史實録。則別置國史實録院。以首相提舉。翰林學士以上爲修國史。餘侍從官爲同修國史。庶官爲編修官。實録院提舉官如國史。從官爲修撰。除官爲檢討。元祐復置國史院。隸門下省。明年又置國史院修撰兼知院事。紹聖復以國史院歸祕書省。

〔九〕東西上閤門

蔡絛鐵圍山叢談一。閤門官者有東上西上閤門使。號横行班。後改左右武大夫。然任上閤之職者。則自稱知東上閤門知西上閤門事。又舊有通事舍人。主贊唱。後改宣贊舍人。而閤門宣赦書白麻。舊制則皆爲吟哦之聲。政和間詔除去。但直道勿吟焉。至今遵用之。

王明清揮麈後録二。舊制京官造朝。不許步行。每自外任代還朝參日。步軍司即差兵士三人。馬一疋。隨從得差遣朝辭畢。所屬徑關排岸司應副回綱船乘座以歸。如在蘇杭間居止。即差浙西綱船。選人改官授告有日。閤門關步軍司差人馬。如五人改官。即五騎十五人。伺候内前授告了各乘馬。以故一時戲語云。宜徐行照管踏了選人。

〔一〇〕御厨

宋會要輯稿方域四之一。御厨在内東門外之東廊。掌供御之膳羞。及給内外饔餼割烹煎和之事。勾當官四人。以京朝官諸司使副及内侍充。食手兵校共千六十九人。

〔一一〕御藥

潘永因宋稗類鈔八。大觀間。京師和劑局。一日請得内帑藥犀百數。中一株大絶常犀。因不敢用。復納上朝廷。命工解以爲帶。工覩之極駭。歎以爲聖德感召所致。蓋倒透中反成正透。面猶黄蠟。中有異雲一朵。雲中天矯一金龍。飛盤拏空。角爪俱全。遂爲御府第一。號瑞雲盤龍御帶。一云。犀工董進善别犀。一日御藥郝隨呼至其第。出數犀示之。董於内指一犀曰。此犀大異。餘常物也。郝語之曰。汝先名其中物狀爲何。董曰。不知此犀曾經衆工審定否。郝曰。衆工已皆具名狀供證。獨留以驗汝精識耳。即盡出衆工所供。凡三十餘狀。董閲畢。内推一工所供云是正透牙魚者。且言不意此人目力至此。以進觀之。乃一翔龍。所恨左角微短耳。郝未試其言。亦大異之。即令具軍令狀。云若果不謬。輙當奏賞。既刳視。悉如所言。有詔製爲帶。成以進御。錫賚有加。

〔一二〕快行

案夢粱録快行隨駕出執衣服器物。石林燕語記宰執每歲有内侍省例賜新火冰之類。將命者曰快行家。揮麈録記徽宗遣快行家以小轎召蘇叔黨入宮畫壁。則平日以之供奔走使令之役。宋史兵志謂中興始置者非。

〔一三〕親從官

案宋史兵志。皇城親從官。太平興國四年分親事官之有材勇者爲之。給諸殿洒掃及契勘巡察之事。指揮三。政和五年創置第五。以七百人爲額。

〔一四〕輦官

案夢梁録。内諸司有皇城輦官營。

〔一五〕黄院子

案宋史兵志。入内院子。天聖元年揀親事官年高者爲之。九年選輦官六十以上者充。治平二年詔以五百人爲額。夢梁録禁中諸閤分等位。宫娥早晚令黄院子收買食品下飯。又内諸司有黄院子營。皁院子營。

〔一六〕泛索

宋會要輯稿職官三六之二八。内東門司掌受機密。實對奏牘及取索庫務寶貨之名物。貢獻之品數。市易之件直。以納于内中。并給皇親賜衣節料之物。内中修造筵宴之事。舊止名内東門取索司。景德三年二月改今名。勾當官二人。以入内内侍充。後或增差。踰舊制也。

高承事物紀原六。内東門。宋朝會要曰。舊名内東門取索司。景德三年二月改爲内東門司。三月鑄内東門司印給之。東京記曰。掌宣索庫務寶貨及貢獻納於内中修造宴設事。興國中置内庫門取索司。景德中改也。

〔一七〕文德殿

趙昇朝野類要一。本朝殿名最多。如常朝則文德殿。五日一次起居則垂拱殿。遇忌前假及祠祭日分則御後殿。正旦冬至聖節稱賀。大禮奏請致齋則皆大慶殿。賀祥瑞聖壽賜晏則紫宸殿。晏對蕃使則長春殿。試進士則崇政殿。若賜宴則集英殿。郊祀稱賀則端誠殿。諸班直堆垜子則射殿之類。又有内殿如萬歲、復古、邇英、蘂珠、凝華、福寧、睿思等殿。及北宫後宫之殿又不一也。

司馬光温公詩話。文德殿百官常朝之所也。宰相奏事畢。乃來押班。常至日旰。守堂吏卒好以厚朴湯飲朝士。朝士久無差遣者。厭苦常朝。戲爲詩曰。立殘階下梧桐影。喫盡街頭厚朴湯。亦朝中之實事也。

〔一八〕崇政殿

王從謹清虚雜著補闕。張文定自陳徙宋。召入覲。既見神宗御崇政殿。將引。詔明日前殿引。及見。卽召對賜坐啜茶。上喻曰。卿宿德。前殿始御靴袍。所以昨日輟崇政引見。退而喻閤門。今後前執政官見日。不以班次引前殿。著于命。

〔一九〕諸閤分

邵博邵氏聞見後録一。仁皇帝内宴。十閤分各進饌。有新蟹一品。二十八枚。帝曰。吾尚未嘗枚直幾錢。左右對直一千。帝不悦曰。數戒汝輩無侈靡。一下筯爲錢二十八千。吾不忍也。置不食。　案宋代后妃皇子女所居皆曰閤。言十者舉大數也。陳師道後山叢談亦記此事。以爲蛤蜊。蓋一事兩傳。故不録。

内諸司

内諸司〔一〕皆在禁中。如學士院。〔二〕皇城司。〔三〕四方館。客省。東西上閤門。通進司。内弓劍鎗甲軍器等庫。〔四〕翰林司。茶酒局也。内侍省。〔五〕入内内侍省。内藏庫。〔六〕奉宸庫。〔七〕景福殿庫。延福宮。〔八〕殿中省。六尚局。尚藥尚食尚輦尚醖尚舍尚依。〔案〕尚依應作尚衣。諸閤分内香藥庫。後苑作。翰林書藝局。醫官局。天章等閣。明堂頒朔布政府。

〔一〕内諸司

周城宋東京考三。按内諸司皆在禁中。如皇城司舊名武德司。太平興國中詔改今名。掌禁庭出入。　引進司四方館。掌文武官正謝辭國忌賜香。諸道月旦正至表章。郊祀朝蕃官、貢舉人。進奉使、京官致仕官、道釋父老陪位之事。　内客省。掌四方進奉及四夷朝貢。牧伯朝覲。酒饌餋餼。宰相近臣禁衛將校節儀。諸州進奉賜物回詔之事。　東西上閤門。凡取稟旨命。供奉乘輿。朝會遊宴及贊導三公羣臣蕃國朝見辭謝。糾彈失儀之事。使副專之。舍人以下但通班贊名而已。　供備庫。太平興國内弓箭庫。南外庫。軍器衣甲庫。軍器弓槍庫。軍器弩劍箭庫。掌藏兵仗器械甲冑。以備軍國之用。　供備庫。太平興國二年改爲内物料庫。掌内外膳羞米麪飴蜜棗豆百品之料。　軍器什物庫。宣德什物庫。掌收貯什物。給用則按籍而頒之。　翰林司即茶酒司也。　内侍省。國初有内班院。淳化五年八月改内班爲黄門。九月改黄門爲内侍省。　入内内侍省。國初有内中高品班院。淳化五年改入内内侍班院。景德三年改入内内侍省。以諸司隸之。與内侍省號爲前後省。而入内省比前省尤爲親近。通侍禁中。役服褻近者隸入内内侍省。供侍殿中。備灑掃之職。役使雜品者隸内侍省。職略云。入内内侍省號北司。内侍省號南班。　内東門司。掌宮禁人物出入。周知其名數而譏察之。　合同憑由司。掌禁中宣索之物。給其要驗。凡特旨賜予。皆具名數。憑由付有司准給。　御醫院。掌按驗方書修合藥劑。以待進御及供奉禁中之用。　管勾往來國信所。掌契丹使介交聘之事。　内藏庫。掌受歲計之餘積。以待非常之用。　奉宸庫。掌内廷金玉珠寶。　景福殿使。延福宮使。殿中省。掌郊祀元日冬至天子御殿。及禘祫后廟神主赴太廟。供其繖扇。　六尚局。曰尚食掌膳羞之事。　尚藥掌和劑診候之事。　尚醞掌酒醴之事。　尚衣掌衣服冠冕之事。　尚舍掌次舍幄帟之事。　尚輦掌輿之事。　諸内閣分。内香藥庫。後苑掌苑囿池沼臺殿種藝雜飾。以備遊幸。　造作所。掌天子器玩。后妃服飾。雕文錯彩工巧之事。　翰林院總天文、書藝、圖畫、醫官等局。凡執伎以事上者皆在焉。　龍圖、天章、寶文等閣。掌藏祖宗文章圖籍及符瑞寶玩之物。而安像設以崇奉之。　明堂頒朔布政府。

洪邁夷堅三志己七。范元卿題扇條。魏南夫與范元卿充殿試官。同一幕。范好書大字。於是内諸司祗應者。皆以扇乞題詩。范各爲采杜公兩句。或行或草。隨其職分付之。仍爲解釋其旨。無不歡喜而退。儀鸞司云。曉隨天仗入。暮惹御香歸。翰林司云。春酒杯濃琥珀薄。冰漿盌碧碼碯寒。御龍直云。竹批雙耳駿。風入四蹄輕。衞士云。雨抛金鎖甲。苔卧緑沈鎗。鈞容部云。銀甲彈箏用。金魚換酒來。御厨云。紫駝之峯出翠釜。水晶之盤行素鱗。惟司圊者別日亦致。仍致請魏公曰。正恐杜詩無此句。范執筆沈吟久。云端臣思得之矣。遂書雨洗娟娟淨。風吹細細香。相與一笑。内侍傳觀。亦皆啟齒。案此條蓋合内外諸司言之。

〔二〕**學士院**

沈括夢溪筆談一。學士院玉堂。太宗皇帝曾親幸。至今唯學士上日許正坐。他日皆不敢獨坐。故事堂中設草臺。每草制。則具衣冠據臺而坐。今不復如此。但存空臺而已。玉堂東承旨閣子窗格上有火燃處。太宗嘗夜幸玉堂。蘇易簡爲學士。已寢。遽起。無燭具衣冠。宫嬪自窗格引燭入照之。至今不欲更易。以爲玉堂一盛事。

李濂汴京遺蹟志三。宋學士院在樞密宣徽院之北。表其深嚴宥密。又謂之北扉。在浴堂之南。便於應詔也。至和三年。詔學士院從官兩員。掌管勾編録國朝以來所撰制詔文字。承旨不常置。以學士久次者爲之。

沈括夢溪筆談一。學士院第三廳學士閤子。當前有一巨槐。素號槐廳。舊傳居此閤者。多至入相。學士争槐廳。至有抵徹前人行李而强據之者。予爲學士時。目觀此事。

〔三〕**皇城司**

高承事物紀原六。皇城司。東京記曰。掌皇城管鑰木契。及命婦朝參顯承殿。内取索事。

丁晉公談録。皇城使劉承規在太祖朝爲黄門小底。宫内呼爲劉七。每令與諸小底數真珠。内夫人潛覘之。未嘗竊一顆。餘皆竊置衣帶間。

〔四〕**内弓劍鎗甲軍器等庫**

董弅閒燕常談。京城既陷。虜遣使籍帑藏。至軍器庫點閱兵仗。時莫壽明以内相爲館伴。因白自念兩朝和好。當戢干戈。載櫜弓矢。虜使應聲曰。我曹脚轉後。不請云。左屬櫜鞬。右執鞭弭。與君周旋。

〔五〕**内侍省**

王明清揮麈後録一。政和四年六月戊寅。御筆取會到入内内侍省所轄苑東門藥庫。見置庫在皇城内北隅拱宸門東。

所藏鴆鳥、蛇頭、葫蔓藤、鈎吻草、毒汗之類。品數尚多。皆屬川廣所貢。典掌官吏三十餘人。契勘元無支遣。顯屬虚設。蓋自五季亂離。紀綱頽靡。多用此物以勳不臣者。沿襲至于本朝。自藝祖以來。好生之德。洽于人心。若干憲綱。莫不明置典刑。誅殛市朝。何嘗用此。自今可悉罷貢額。並行停進。仍廢此庫。放散官吏。比附安排。應毒藥並盛貯器皿。並交付軍器所。仰於新城門外曠闊迥野處焚棄。其灰燼於官地理瘞。分明封堠標識。無使人畜近犯。疾速措置施行。

趙昇朝野類要三。自内侍省以下。在禁中置局。並應屬内司子局者皆是也。

〔六〕**内藏庫**

王闢之澠水燕談録一。太祖討平諸國。收其府藏貯之別府。曰封樁庫。每歲國用之餘皆入焉。嘗語近臣曰。石晉割幽燕諸郡以歸契丹。朕憫八州之民。久陷夷虜。俟所蓄滿五百萬緡。遣使北虜。以贖山後諸郡。如不我從。即散府財募戰士。以圖攻取。會上卽位。乃寢。後改曰左藏庫。今爲内藏庫。

〔七〕**奉宸庫**

朱弁曲洧舊聞一。祖宗平僭亂。凡諸國瑰寶珍奇之物。皆藏於奉宸庫。自建隆以來。有司歲時檢點之而已。未嘗敢用也。至章獻明肅皇后垂簾日。仁宗入近習之言。欲一往觀。后以帝春秋鼎盛。此非所以示之也。乃詔擇日開庫。設香案而拜。具言祖宗混一四海。創業艱難。此皆諸國失德不能有。故歸我帑藏。今日觀之。正可爲鑒戒。若取以爲玩好。或以供服用。則是蹈覆車之故轍。非祖宗垂訓之意也。詞色嚴厲。中官皆恐懼流汗。

蔡絛鐵圍山叢談五。奉宸庫者祖宗之珍藏也。政和四年。太上始自攬權綱。不欲付諸臣下。因踵藝祖故事。檢察内諸司。於是乘輿御馬而從以杖直手焉。大内中諸司局大駭懼。凡數日而止。因是併奉宸俱入内藏庫。時於奉宸中得龍涎香二琉璃缶。玻瓈母二大篚。玻瓈母者。若今之鐵滓。然塊大小猶兒拳。人莫知其方。

潘永因宋稗類鈔八。政和四年。太上於奉宸庫中得龍涎香二琉璃缶。多分錫大臣近侍。其形製最大。而外視無甚佳。每以一豆許爇之。輒作異花氣芬郁滿座。終日略不歇。於是太上始奇之。命籍被賜者。隨數多寡復收歸禁中。因號曰古龍涎。諸大璫争取。一餅可直百緡。金玉爲穴。而以青絲貫之。佩於頸。時於衣領間摩挲相示。以爲誇炫。

潘永因宋稗類鈔八。龍涎出大食國近海傍。有雲氣罩山間。卽知有龍睡其下。或半載或二三載。土人更相守視。俟雲散則審龍已去。往視必得龍涎。涎遺石上。爲太陽所爍。則結聚成片。隨守視人多寡均給之。或不平更相讐殺。

張世南游宦紀聞七。諸香中龍涎最貴重。廣州市直每兩不下百千。次等亦五六十千。係蕃中禁榷之物。出大食國近海傍。常有雲氣罩山間。卽知有龍睡其下。或半載或二三載。土人更相守視。俟雲散則知龍已去。往觀必得龍涎。或五七兩。或十餘兩。視所守人多寡均給之。或不平更相讐殺。或云龍多蟠於洋中大石。卧而吐涎。魚聚而嗜之。土人見則没而取得。又一説大洋海中有渦旋處。龍在下湧出。其涎爲太陽所爍。則成片。爲風飄至岸。人則取之納官。予嘗扣泉廣合香人。云龍涎入香能收斂腦麝氣。雖經數十年。香味仍在。嶺外雜記所載龍涎出大食。西海多龍。枕石一睡。涎沫浮水。積而能堅。鮫人採之。以爲至寶。新者色白。稍久則紫。甚久則黑。又一説云。白者如百藥煎而膩理。黑者亞之。如五靈脂而光澤。其氣近於臊。似浮石而輕。或云異香。或云氣腥。能發衆香氣。皆非也。於香本無損益。但能聚烟耳。和香而用。真龍涎焚之則翠烟浮空。結而不散。坐客可用一剪以分烟縷。所以然者。蜃氣樓臺之餘烈也。又一説云。龍出没於海上。吐來涎沫有三品。一曰汎水。二曰滲沙。三曰魚食。汎水輕浮水面。善水者伺龍出没。隨而取之。滲沙乃被濤浪飄泊洲嶼。凝積多年。風雨浸淫。氣味盡滲於沙土中。魚食乃因龍吐涎。魚競食之。復化作糞。散於沙磧。其氣腥穢。惟汎水者可入香用。餘二者不堪。曲江鄧灝以爲就三説較之。後説頗是。諸家之論。未知孰當。以愚見第一説稍近。

潘永因宋稗類鈔八。宣和中。宮中重異香。廣南所進篤耨、龍涎、亞悉、金顔、雪香、褐香、軟香之類。篤耨有黑白二種。黑者每貢數十觔。白者止三觔。以瓠壺盛之。香性薰漬。破之可燒。號瓠香。白者每兩直八十千。黑亦三十千。外庭得之。以爲珍異。

〔八〕延福宮

洪邁夷堅乙志七。西内骨灰獄條。政和四年有旨修西内。凡宮城廣袤十六里。創立御廊四百四十間。

洪邁容齋三筆十三。國朝祥符中。姦臣導諛爲玉清、昭應、會靈、祥源諸宮。議者固以崇侈勞費爲戒。然未有若政和蔡京所爲也。京既固位竊國政。招大璫童貫、楊戩、賈詳、藍從熙、何訢五人。分任其事。於是始作延福宮。有穆清、成平、會寧、睿謨、凝和、崑玉、羣玉七殿。東邊有蕙馥、報瓊、蟠桃、春錦、疊瓊、芬芳、麗玉、寒香、拂雲、偃蓋、翠葆、鉛英、雲錦、蘭薰、摘金十五閣。西邊有繁英、雪香、披芳、鉛華、瓊華、文綺、絳蕚、穠華、緑綺、瑶碧、清音、秋香、叢玉、扶玉、絳雲亦十五閣。又疊石爲山。建明春閣。其高十一丈。宴春閣廣十二丈。鑿圓池爲海。横四百尺。縦二百六十七尺。鶴莊、鹿砦、孔翠諸柵。蹄尾以數千計。五人者各自爲制度。不相沿襲。争以華靡相誇勝。故名延福五位。其後復營萬歲山艮嶽。山周十餘里。最高一峯九十尺。亭堂樓館不可殫記。徽宗初亦喜之。已而悟其過。有厭惡語。由是力役稍息。靖康遭變。詔取山禽水鳥十餘萬。投諸汴渠。拆屋爲薪。鑿石爲砲。伐竹爲笓籬。大鹿數千頭。悉殺之以啗衛士。　案此所記與楓窗小牘互有詳略。故并存之。

外諸司

外諸司〔一〕左右金吾街仗司。法酒庫。内酒坊。〔二〕牛羊司。乳酪院。儀鸞司。〔三〕帳設局也。車輅院。供奉庫。雜物庫。雜賣務。東西作坊。萬全。〔四〕造軍器所。修内司。文思院〔五〕上下界。綾錦院。文繡院。軍器所。上下竹木務。箔場。車營致遠務。騾務。駞坊。象院。作坊物料庫。東西窑務内外物庫。油醋庫。京城守具所。〔六〕鞍轡庫。養馬曰左右騏驥院。天駟十監。河南北十炭場。〔七〕〔案〕十炭場。宋史職官志十作石。四熟藥局。〔八〕内外柴炭庫。軍頭引見司。〔九〕架子營。樓店務店宅務。榷貨務。都茶場。大宗正司。庄〔案〕庄應作左。藏。大觀。元豐。宣和等庫。編估局。打套所。諸米麥等。自州東虹橋元豐倉。順成倉。東水門裏廣濟。裏河折中。外河折中。富國。廣盈。萬盈。永豐。濟遠等倉。陳州門裏麥倉。子州北夷門山五丈河諸倉。約共有五十餘所。日有支納下卸。卽有下卸指揮兵士。支遣卽有袋家。每人肩兩石布袋。遇有支遣。倉前成市。近新城有草場二十餘所。每遇冬月。諸鄉納粟稈草牛車。闐塞道路。車尾相啣。〔案〕啣本作銜。數千萬量〔案〕量應作輛。不絶。場内堆積如山。諸軍打請營在州北。卽往州南倉。不許雇人般擔。並要親自肩來。祖宗之法也。

〔一〕外諸司

周城宋東京考三。按外諸司。左右金吾衞仗司。六軍儀仗司。掌清道徼巡。排列奉引儀仗。以肅禁衞。凡儀物以時修飾。選募人兵。而校其遷補之事。　法酒庫掌造供衞及祠祭。凡祭祀五齊三酒以實尊罍。周太祖平河中。得酒工王思。善造法酒麯。因立法酒庫。置之。　内酒坊掌造法糯酒。常料之三等酒。以供拜國之用。　牛羊司掌大中小祀之牲牷。　乳酪院掌供尚食乳餅酥酪之事。　藥蜜庫掌受糖蜜藥物。以供馬醫之用。　都麯院掌造麯。以給内酒坊之用。　儀鸞司卽帳設局也。掌供幕帟供帳之事。　車輅院掌乘輅法物輦。　供奉庫。雜物庫。雜買務。舊曰市買司。太平興國中改今名。掌貨市百物。凡宮禁官物所需。以時供納。　雜賣場。市易上界。掌斂市不售貨滯於民用者。貿易平價。　市易下界掌飛錢給券。以通官糴。　都提舉市易司掌提點貿易貨物。　東西作坊掌造兵器。旗幟戎帳之事。　修内司掌宮城太廟繕修之事。　文思上下界。上界造作金銀珠玉。下界造作銅鐵竹木雜料。　綾錦院掌織紝錦繡。以供乘輿及凡服飾之用。初。平蜀得錦工百人。始置院。　染院掌染絲枲幣帛。　裁造院掌裁造服飾。　文繡院掌纂繡。以供乘輿服御及賓客祭祀之用。　軍器所掌造兵器、旗幟、戎帳之政令。　東西八作司掌京城内外繕修之事。　上下竹木務掌受諸路水運材租。抽算商販竹木。以經營造。　箔場掌抽算竹木。以供簾箔之用。　事材場掌計度材物。前期撲斲。以經營造。　麥麪場掌受京畿諸縣夏租麹。以給圬墁。　丹粉所掌燒變丹粉。以供繪飾。　退材場掌受京城內外退棄材木。掄其長短曲直之中度者。以給營造及薪爨。　皮剥所掌割剥馬牛諸畜之死者。　皮角場掌收皮革筋骨。以供作坊之用。　上下監掌治療馬病。估馬司掌閲諸州所市馬。平其直。　車營致遠務掌養飼驢牛。以駕車。　騾務馳坊掌牧養駱駝。　象院掌養馴象。一名養象所。　作坊物料庫掌收鐵錫羽箭油漆之類。以備給用。　東西窑務掌陶土爲甎瓦。以給營繕及瓶缶之用。　外物料庫掌給皇城外諸宮院油鹽米麪之品。　油醋庫掌造油醯截。以供邦國膳羞內外之用。　京城守具所。　鞍轡庫掌御馬鞍轡及給賜臣下。　左右騏驥院。左右天駟監。掌養國馬。以供乘輿及頒賜王公羣臣蕃夷國信給騎軍廐之用。　左右天廐坊。河南北石炭場。掌管出納石炭。　四熟藥局。和劑局。惠民局。掌合藥出賣。以濟民疾苦。　內外柴炭庫。　軍頭引見司。掌供奉便殿禁衛諸軍入見之事。及馬步兩直軍員之名。　架子營。樓店務。掌州縣房廊課利。　店宅務掌管官房屋邸店。榷貨務掌折博斛斗金帛之屬。　都茶場掌給賣茶之引。　審計司掌受給之數。驅磨當否。　商稅務掌收京城商稅。　汴河上下鎖。蔡河上下鎖。掌收舟船木筏之徵。　交引庫掌給出納交引錢鈔之事。　抵當所掌以官錢聽民質取。濟其緩急。糧料院掌以法式。批交諸司諸軍之廩祿。　大宗正司掌敦睦皇族。　教導宗子。受其陳請辨訟之事。及糾過失而達之朝廷。　祗候庫掌受錢帛雜物。以備傳詔頒給賜予。　左藏東西庫。南北兩庫。掌受四方財賦之入。以待經費。　布庫。茶庫。雜物庫。大觀元豐宣和等庫。編估局。打套局二局。係揀選市舶香藥雜物。

趙德麟侯鯖録四。東坡云。諸葛氏筆。譬如內庫法酒北苑茶。他處縱有嘉者。殆難得其彷彿。余續之曰。上閤衙香。儀鸞司椽燭。京師婦人梳妝與脚。天下所不及。公大笑。　案宋沿唐末五代之制。以內外諸司使綰契丹國信。民兵牧馬造作製器。稅課借貸之事。遍布州郡。總以樞密使。號爲內朝官。盡奪部寺之權爲一代特制。熙豐釐訂官制。改隸卿寺。然事權不變。其人率皆勳戚右列。與宦寺表裏。恣爲奸利。宰相不能過問。最爲政治之蠹云。

〔二〕**內酒坊**

龐元英文昌雜録一。九月一日。法酒庫內酒坊。詣內東門進新酒。遂以頒近臣有差。

趙德麟侯鯖録四。内庫酒法。自柴世宗破河中。李守正得匠人至汴。迄今用其法。

〔三〕儀鸞司

蔡絛鐵圍山叢談二。崇寧間。九重一夕。有偷兒入内中。繇寢殿北過後而西南。歷諸嬪御閤。又南直崇恩太后宫而出。殆曉覺之。有司罔測。時魯公當國。曰可捕治搭材士。儀鸞司有逃逸者乎。有司曰。是夕儀鸞司獨單和者逃。魯公曰亟捕單和來。凡三日得於雍丘。自肩至踵皆金器也。鞫得其繇。蓋和善飛梯。爲儀鸞司第一手。常經入禁闥供奉。頗知曲折。是夕用繩繫横木。號軟梯。

〔四〕萬全

案宋史但言東西作坊造軍器。而不及萬全。此録真可以當拾補耳。

〔五〕文思院

邵博邵氏聞見後録一。文思院奉上之私。無物不集。宣仁后同聽政九年。不取一物。

趙昇朝野類要二。提轄左藏庫。文思院。榷貨務。雜買場。謂之四轄。亦爲儲材之地。

〔六〕京城守具所

案京城守具所。疑卽京城修治所。或稱京城所。李綱傳信録云。内傳領京城所陳永錫。自内殿出。奏曰。京城樓櫓創修。百未一二。又城東樊家岡一帶。濠河窄狹。決難保守。據此知京城所是以宦者領之。又云。修樓櫓。挂氈幕。安砲座。設弩牀。運磚石。施燎炬。垂擂木。備火油。凡防禦之具。無不畢備。據此知守具所爲祖宗百年之儲。故李綱能以二日之功。畢戰守之具。

〔七〕河南北十炭場

宋史一百六十五職官五。石炭場。掌受納出賣石炭。　案十炭爲石炭之訛。

高承事物紀原一。宋朝會要曰。大中祥符五年十二月六日。帝謂王旦曰。民間乏炭。秤二百文。令三司出炭四十萬。減價鬻與貧民。非惟抑高價。且濟人民。六年。遂置以備濟民。

朱弁曲洧舊聞四。石炭不知何時始。熙寧間初到京師。東坡作石炭行一首。言以冶鐵作兵器甚精。亦不云始於何時也。予觀前漢地里志。豫章郡出石可燃爲薪。隋王邵論火事。其中有石炭二字。則知石炭用於世久矣。然今西北處處有之。其爲利甚博。而豫章郡不復説也。

朱翌猗覺寮雜記上。石炭自本朝河北山東陝西方出。遂及京師。陳堯叟佐漕河東時。始除其稅。

〔八〕**四熟藥局**

宋史一百六十五職官五。和劑局。惠民局。掌修合良藥出賣。以濟民疾。

〔九〕**軍頭引見司**

王鞏甲申雜記。祖宗舊制。後殿引公事。則軍頭引見司、皇城司、殿前司三司祗應殿前統制諸班皇城統制親事官引見。統制馬直步直兩指揮。人料錢五百文。熙寧中。併馬直入雲騎。步直入虎翼。引見司遂廢矣。

高承事物紀原六。軍頭司。宋朝會要曰。國初但曰軍頭引見司。後加御前忠佐之名。又曰。端拱二年改軍頭司曰御前忠佐軍頭司。引見司曰御前忠佐引見司。

洪邁夷堅乙志四。張津夢條。二人遂同班引見。津次當第三。聿班在四。而軍頭司誤易之。及詣殿下。聿立於津上。

幽蘭居士東京夢華録卷之二

御街

坊巷御街。自宣德樓一直南去。約闊二百餘步。兩邊乃御廊。舊許市人買賣於其間。自政和間官司禁止。各安立黑漆杈子。路心又按朱漆杈子兩行。中心御道。不得人馬行往。行人皆在廊下朱杈子之外。杈子裏有磚石甃砌御溝水兩道。宣和間盡植蓮荷。近岸植桃李梨杏。雜花〔一〕相間。春夏之間。望之如繡。

〔一〕**雜花**

洪邁夷堅志補十九。劉幻接花條。宣和初。京師大興園圃。蜀道進一接花人曰劉幻。言其術與常人異。徽宗召赴御苑。居數月。中使詣苑檢校。則花木枝幹十已截去七八。驚詰之。劉所爲也。呼而詰責。將加杖。笑曰。官無憂。今十一月矣。少須正月。奇花當盛開。苟不然。甘當極典。中使入奏。上曰。遠方伎藝。必有過人者。姑少待之。至正月十二日。劉白中使請觀花。則已半開。枝蕚晶熒。品色迥絶。酴醿一本五色。芍藥牡丹變態百種。一叢數品花。一花數品色。池冰未消。而金蓮重臺。繁香芬郁。光景粲絢。不可勝述。事聞。詔用上元節張燈花下。召戚里宗王。連夕宴賞。嘆其人術奪造化。厚賜而遣之。

宣德樓前省府宮宇

宣德樓前。左南廊對左掖門。爲明堂頒朔布政府。祕書省。〔一〕右廊南對右掖門。近東則兩府八位。〔二〕西則尚書省。〔三〕御街大内前南去。左則景靈東宮。〔四〕右則西宮。近南大晟府。〔五〕次曰太常寺。〔六〕州橋曲轉大街面南曰左藏庫。近東鄭太宰宅。青魚市内行。景靈東宮南門大街以東。南則唐家金銀鋪。温州漆器什物鋪。大相國寺。直至十三間樓。〔七〕舊宋門。自大内西廊南去。卽景靈西宮。南曲對卽報慈寺街。〔八〕都進奏院。〔九〕百鍾圓藥〔案〕百鍾圓藥。百鍾應作百種。圓藥卽丸藥。避欽宗嫌名改。或作元子。黄丕烈板本名家。乃謂此本不避宋諱何也。鋪。至浚儀橋大街。西宮南皆御廊杈子。至州橋投西大街。乃果子行。街北都亭驛。大遼人使驛也。相對梁家珠子鋪。餘皆賣時行紙畫。花果鋪席。至浚儀橋之西。卽開封府。〔一〇〕御街一直南去。過州橋兩邊皆居民。街東車家炭。張家酒店。次則王樓山洞梅花包子。李家香鋪。曹婆婆肉餅。李四分茶。至朱雀門街西。過橋卽投西大街。謂之麯院街。街南遇仙正店。前有樓子後有臺。都人謂之臺上。此一店最是酒店上户。銀餅酒七十二文一角。羊羔酒八十一文一角。街北薛家分茶。羊飯。熟羊肉鋪。向西去皆妓館舍。都人謂之院街。御廊西卽鹿家包子。餘皆羹店。分茶。酒店。香藥鋪。居民。

〔一〕**祕書省**

沈括夢溪筆談二十四。內諸司舍屋。唯祕閣最宏壯。閣下穹隆高敞。相傳謂之本天。

陸游老學庵筆記四。祕書新省成。徽廟臨幸。孫叔詣參政作賀表云。蓬萊道山。一新羣玉之搆。勾陳羽衛。共仰六飛之臨。同時無能及者。

百歲寓翁楓窗小牘下。崇寧二年五月。祕閣書寫成二千八十二部。未寫者一千二百十三部。及闕卷二百八十九。立程限繕録。政和七年十一月十四日戊戌。校書郎孫覿奏四庫書尚循崇文舊目。頃訪求遺書。總目之外凡數百家幾萬餘卷。請譔次增入總目。合爲一卷。詔覿等譔次。名曰祕書總目。及汴京不守。悉爲金虜輦去。

〔二〕兩府八位

葉夢得石林詩話中。京師職事官。舊皆無公廨。雖宰相執政亦僦舍而居。每遇出省。或有中批外奏急速文字。則省吏徧持於私第呈押。既稽緩又多漏泄。元豐初。始建東西府於右掖門之前。每府相對爲四位。俗謂之八位。

〔三〕尚書省

周城宋東京考五。按文獻通考。五代時。尚書都省在興國坊。今梁太祖舊第。太平興國中。徙於利仁坊孟昶舊第。頗爲宏麗。中設都堂、左右司、左右丞、郎中、員外郎廳。東西廊分設尚書、侍郎廳事二。郎中、員外廳事六。掌施行判命。舉省內綱紀程式。受付六曹文書。聽內外辭訴。奏御史失職。攷百官府之治。以昭廢置賞罰。曰吏部。曰户部。曰禮部。曰兵部。曰刑部。曰工部皆隸焉。凡天下之務。六曹所不能與奪者。總而決之。

龐元英文昌雜録三。元豐五年七月。始命皇城使慶州團練使宋用臣。建尚書新省。在大內之西廢殿前等三班。以其地興造。凡三千一百餘間。都省在前。總五百四十二間。中曰令廳一百五十九間。東曰左僕射廳九十六間。次左丞廳五十五間。次左司郎中廳二十間。次員外郎廳二十間。西曰右僕射廳九十六間。次右丞廳五十五間。次右司郎中廳二十間。次員外郎廳二十間。其後分列六曹。每曹四百二十間。東南曰吏部尚書廳在中六十四間。次侍郎廳四十間。其東曰郎中廳四十九間。次員外郎廳三十四間。後曰司勳郎中廳三十四間。次員外郎廳三十四間。其西曰司封郎中廳四十九間。次員外郎廳三十四間。後曰考功郎中廳三十四間。次員外郎廳三十四間。其北曰户部。度支金部倉部在焉。又其北曰禮部。祠部主客膳部在焉。西南曰兵部。職方駕部庫部在焉。其北曰刑部。都官比部司門在焉。又其北曰工部。屯田虞部水部在焉。並如吏部之制。廚在都省之南。東西一百間。華麗壯觀。蓋國朝官府未有如此之比也。

王明清揮麈後録三。元豐三年。廢殿前廨宇二千四百六十間。造尚書省。分六曹。設二十四司。以總天下機務。落成之日。車駕親幸。命有司立法。諸門牆窗壁。輒增修改易者徒貳年。京惡白虎地不利宰相。盡命毁坼。收置禁中。

陸游老學庵筆記五。元豐間。建尚書省于皇城之西。鑄三省印。

葉夢得石林燕語四。元豐既新官制。建尚書省於外。而中書門下省。樞密學士院設於禁中。規模極雄麗。其照壁屏下。悉用重布。不糊紙。尚書省及六曹皆書周官。兩省及後省樞密學士院。皆郭熙一手畫。中間甚有傑然可觀者。而學士院畫春江曉景爲尤工。

周密浩然齋雅談上。宣和間。尚書新省成。車駕臨幸。時宰命一時朝士能文者各擬謝表。獨林子中者擅場。其一聯云。北辰居極。外環象斗之宫。黄道初經。旁及積星之位。

〔四〕**景靈東宫**

高承事物紀原七。引宋朝會要曰。大中祥符五年十一月。詔以聖祖臨降。令擇地建宫。遂以錫慶院建。約唐太清宫制度。仍上新宫名曰景靈。神宗元豐中。又廣其制。盡奉諸帝后御容也。

周城宋東京攷十二。景靈宫有二。在城内端禮街之東西。大中祥符五年十一月建。奉藝祖以下御容。元豐五年詔。歲以四孟月朝。

阮閲詩話總龜十七。太后幸景靈宫。駕前露面雙童女。詩曰。平明綵仗幸靈宫。紫府仙童下九重。整頓瓏璁時住馬。畫工闇地貌真容。

〔五〕**大晟府**

宋會要稿職官二二之二五。國朝禮樂掌於奉常。崇寧初。置局議大樂。樂成。置府建官以司之。禮樂始分爲二。府在宣德門外天街之東。隸禮部。序列與寺監同。在太常寺之次。以大司樂典樂爲長貳。

馬端臨文獻通考一百四十六。樂考一九。政和三年。詔以大晟樂播之教坊。頒行天下。尚書省言大晟燕樂已撥歸教坊。所有習學之人。元隸大晟府教習。今當並令就教坊習學。從之。

王灼碧雞漫志二。崇寧間。建大晟樂府。周美成作提舉官。而製撰官又有七。万俟詠雅言、元祐詩賦科老手也。三舍法行。不復進取。放意歌酒。自稱大梁詞隱。每出一章。信宿喧傳都下。政和初。召試補官。寘大晟樂府製撰之職。新廣八十四調患譜弗傳。雅言請以盛德大業及祥瑞事迹。制詞實譜。有旨依月用律。月進一曲。自此新譜稍傳。時田爲不伐亦供職大樂。衆謂樂府得人云。

曾敏行獨醒雜志四。政和間寘大晟樂府。建立長屬。時晁沖之叔用作梅詞。以見蔡攸。攸持以白其父曰。今日於樂府中得一人。元長覽之。即陳大晟丞。詞中云。無情燕子怕春寒。常失佳期。惟有南來塞鴈。年年長占開時。以爲燕鴈與梅不相關而挽入。故見筆力。

姚桐壽樂郊私語。大晟樂國初東平嚴氏。一承宋舊者也。當宋徽廟時。有魏漢津者。以一蜀黥卒爲造此樂。且以帝皇制樂。實自其身得之。請以徽廟中指三節三寸。定黄鐘之律。蔡京亦慫恿其説。即使范金裁石。用之郊廟。至頒其樂于天下。然徽廟指寸視人加長。而樂律遂高。漢津亦私謂其弟子任宗堯曰。律高則聲過哀而國亂無日矣。當今聖人其身出而身遭之乎。未幾。遂有靖康之禍。　案靖康之難。李綱置城守司于此。

〔六〕太常寺

李濂汴京遺蹟志三。按退朝録。太常寺舊在興國坊。今三班院是也。景祐初。燕侍郎肅判寺。廳事畫寒林屏風。時稱絶筆。其後爲判寺好事者竊取之。嘉祐八年。徙寺於福善坊。其地本開封府納税所。英宗在藩邸。判宗正寺建爲廨舍。既成。而已立爲皇子。遂爲太常所請焉。

〔七〕十三間樓

王闢之澠水燕談録九。周顯德中。許京城民居起樓閣。大將軍周景威。先於宋門內臨汴水建樓十三間。世宗嘉之。以手詔獎諭景威。雖奉詔實所以規利也。今所謂十三間樓子者是也。

〔八〕報慈寺街

李濂汴京遺蹟志十。報慈寺在鐘樓東北後巷。燬於金兵。

洪邁夷堅支景六。李綬祝火條。觀察使李綬。雖生戚里。而律身甚嚴。不妄語笑。交游間稱爲法度士。所居在東京報慈寺西。

〔九〕都進奏院

高承事物紀原六。宋朝會要曰。唐藩鎮皆置邸京師。謂之上都留侯院。大曆十二年改上都知進奏院。五代支郡聽自置邸。國初緣舊制。各置進奏院。太平興國八年十月。詔於大內近置都進奏官。人兼三四州也。

盛如梓庶齋老學叢談中之上。景祐三年五月。詔中外臣僚許以家書附遞。明告中外下進奏院。後以爲法。放翁得子虡濠上書詩云。日暮坐柴門。懷抱方煩紆。鈴聲從西來。忽得濠州書。　案清代商賈通信有信局。官吏則多附摺差。取其較迅也。觀此乃知其來已久。

〔一〇〕開封府

周城宋東京考九。按開封府治。在京城內浚儀街西北。卽唐舊汴州也。

李濂汴京遺蹟志十八楊億開封府上梁文。受三靈之眷命。開百世之丕基。居中土以制四方。坐明堂而朝萬國。上觀玄象。設路寢而闢應門。下鑒黃圖。定神州而分赤縣。玉帛駿奔而薦至。舟車輻湊以交馳。居民最處於浩穰。寰宇共瞻於表式。伏遇皇帝陛下。道光上聖。仁洽普天。性堯舜之聰明。體禹湯之勤儉。垂衣裳而布政。懸法象以授時。旰食視朝。但精求於理本。臨軒遣使。常散採於民謡。物情而煦育如春。王道而坦平若砥。故得五兵不試。邊陲無金革之聲。四序由康。

隴畝起倉箱之詠。敦淳反朴黎民盡致於可封。獻賮輸琛。異域曾無於後至。混車書而一統。頒正朔於四夷。卜年遠過於成周。拓土更逾於彊漢。乃眷京畿之千里。旁逮魏闕之九重。包括諸華。儀刑列郡。彊理既推於廣斥。閭閻最號於便蕃。豈惟俠少之場。所謂帝王之宅。爰求控壓。實在元良。皇太子道契黄離。位隆蒼震。問安視膳。素彰周寢之勤。主鬯承祧。爰踐漢儲之貴。自春宮而育德。鎮天邑以分憂。誕揚慈惠之風。廣布神明之政。緑林屏息。絶吠犬以堪驚。玉燭均調。無喘牛而可問。於是決斷簿書之暇。經營土木之功。廣棟宇之新規。集班輸之絶藝。揮斤者成市。荷鍤者如雲。度梗柟杞梓之材。召丹雘圬墁之匠。百堵皆作。不日而成。梁横螮蝀以蜿蜒。瓦疊鴛鴦而迤邐。堂皇有煒。廳事斯嚴。廊回合以四周。庭清虚而中敞。制度迭彰於壯麗。形容備極於巍峨。足以明東朝副貳之尊。表南府鎮臨之盛。今茲吉日。將畢奇功。爰自拋梁。式申犒勞。散金錢而滿地。堆餅餌以如山。卮酒彘肩。盈樽滿案。極量而飲。應不羡於單醪。實腹而飡。固如塡於巨壑。既醉以飽。式舞且歌。同承涣汗之恩。共樂昇平之化。　拋梁東。四方百粤慕華風。毛車遠涉浮天浪。歡呼鼓舞未央宫。　拋梁西。雪嶺金河路不迷。萬里玉關皆我土。葡萄苜蓿徧高低。　拋梁南。跕鳶浪泊聖恩覃。大貝明珠盈帑藏。崔嵬銅柱拂煙嵐。拋梁北。匈奴逃遁空沙磧。茫茫絶漠淨無塵。待上陰山重刻石。　拋梁上。非煙灝氣何蕭爽。歷歷天邊種白榆。亭亭雲際峩僊掌。　拋梁下。萬井繁華堪大詫。家家樓閣倚晴空。處處絃歌樂皇化。　伏願拋梁之後。風調雨順。時和年豐。聖壽靈長。與大椿而難老。邦家鞏固。將磐石以無窮。少海長浮於厚載。前星永耀於玄穹。濟濟宫庭之僚屬。森森天府之賓從。盡預商山之羽翼。咸依儉幕之芙蓉。將吏奔趨而有幸。軍民撫育以皆同。悉傾心而奉上。並竭節以向公。路絶寇攘。夜户而從茲不閉。人無争訟。圜扉而自此常空。百姓咸躋於壽域。八方悉被於仁風。然後我皇帝千秋萬歲。長端拱以居中。

案如夢録。包孝肅公祠。祠内有宋開封府題名碑。起建隆元年督居潤。訖崇寧四年李孝壽。共一百八十三名。又有開封尹題名碑並記。起崇寧四年李孝壽。訖上官悟。共四十八名。末附金韓仲適一名。（碑在今府署東南隅包公祠内。）

說郛二十一康與之昨夢録。開封尹李倫。號李鐵面。命官有犯法當追究者。巧結形勢。竟不肯出。李憤之。以術羅致之。至又不遜。李大怒。真決之。數日後李方決府事。有展牓以見者。廳吏遽下取以呈。其榜曰臺院承差人某。方閱視。二人遽升廳。懷中出一櫝云。臺院奉聖旨推勘公事一項。數内一項要開封尹李倫一名。前來照鑑云云。李卽呼司廳以職事付少尹。遂索馬。顧二人曰。有少私事得至家與室人言乎。對曰無害。李未入中門。覺有尾其後者。回顧則二人也。李不復入。但呼細君告之曰。予平生違條礙法事。惟決某命官之失。汝等勿憂也。開封府南向。御史臺北向。相去密邇。倫上馬。二人前導。乃宛轉繚繞由別路。自辰巳至申酉方至臺前。二人曰請索笏。李秉笏。又大喝云從人散。呵殿皆去。二人乃呼閽者云。我勾人至矣。以牘示閽吏。吏曰請大尹入。時臺門已半掩。地設重限。李于是搢笏攀緣以入。足跌顛於限下。閽吏導李至第二重。閽吏相付授如前。既入。則曰請大尹赴臺院。自此東行小門樓是也。時已昏黑矣。李入門無人問焉。見燈數炬。不置之楣梁間。而置之柱礎廊之第一間。則紫公裳被五木。捩其面向庭中。自是數門或緑公裳者。皆如之。李既見。歎曰。設使吾有謀反大逆事。見此境界。皆不待加箠楚而自伏矣。李方怪無公吏輩。有聲喏于庭下者。李遽還揖之。問之卽承行吏人也。白李請行吏前導。盤繞曲屈。不知幾許。至土庫側。有小洞門自地高無五尺。去幞頭。匍匐以入。李亦如之。李又自歎。入門可得出否。既入。則供帳床榻。裀褥甚都。有幞頭紫衫腰金者出揖。吏曰。臺官恐大尹岑寂。此特以伴大尹也。後問之。乃監守李獄卒耳。吏告去。于是捶楚冤痛之聲四起。所不忍聞。既久。忽一卒持片紙書云。臺院問李某因何到院。李答以故。去又甚久。又一卒持片紙如前。問李出身以來有何公私過犯。李答並無過犯。惟前真決命官是爲罪犯。去又甚久。再問李真決命官依得祖宗是何條法。李答祖宗卽無真決命官條制。時已五鼓矣。承勘吏至云。大尹亦無苦事。莫飢否。李謂自辰巳至是夜五鼓不食。平生未嘗如是忍飢。于是腰金者相對飲酒五杯。食亦如之。食畢。天欲明。捶楚之聲乃止。腰金者與吏請李歸。送至洞門曰。不敢遠送。請大尹徐步勿遽。二人閤洞門。寂不見一人。李乃默記昨夕經由之所。至院門。又至中門。及出大門。則從人皆在。上馬呵殿以歸。後數日。李放罷。

朱雀門外街巷

出朱雀門東壁亦人家。東去大街麥稍〔案〕稍應作稭。巷。狀元樓。餘皆妓館。至保康門街。其御街東朱雀門外。西通新門瓦子。以南殺猪巷亦妓館。以南東西兩教坊。餘皆居民。或茶坊。〔一〕街心市井。至夜尤盛。過龍津橋南去。路心又設朱漆杈子如内前。東劉廉訪宅。以南太學〔二〕國子監。〔三〕過太學又有横街。乃太學南門。街南熟藥惠民南局。〔四〕以南五里許皆民居。又東去横大街。乃五嶽觀〔五〕後門。大街約半里許。乃看街亭。尋常車駕行幸。登亭觀馬騎於此。東至貢院。〔六〕什物庫。禮部貢院。〔七〕車營務。草場街。南葆真宮。直至蔡河雲騎橋。御街至南薰門裏。街西五嶽觀。最爲雄壯。自西門東去觀橋。宣泰橋。柳陰牙道。約五里許。内有中太一宮。〔八〕佑神觀〔九〕〔案〕佑神俗稱。本作佑聖。聖。天子也。若神何須佑乎。街南明麗殿。奉靈園。九成宮。内安頓九鼎〔一〇〕近東卽迎祥池〔一一〕〔案〕迎祥俗稱。本作凝祥。夾岸垂楊菰蒲蓮荷。鳧雁遊泳其間。橋亭臺榭。棊布相峙。唯每歲清明日。放萬姓燒香遊觀一日。龍津橋南西壁鄧樞密宅。以南武學巷内曲子張宅。武成王廟。〔一二〕以南張家油餅。明節皇后宅。西去大街曰大巷口。又西曰清風樓酒店。都人夏月多乘涼於此。以西老鵶〔案〕鵶卽鴉之俗字。巷口軍器所。直接第一座橋。自大巷口南去。延真觀延接四方道民於此。以南西去小巷口三學院。西去直抵宜男橋小巷。南去卽南薰門。其門尋常士庶殯葬車輿皆不得經由此門而出。謂正與大内相對。唯民間所宰猪。須從此入京。每日至晚。每羣萬數。止數十人驅逐。無有亂行者。

〔一〕**茶坊**

洪邁夷堅志補八。京師浴堂條。宣和初有人參選。將詣吏部陳狀。而起時太早。道上行人尚希。省門未開。姑往茶邸少憩。邸之中則浴堂也。厮役兩三人。見其來失期。度其必村野官員乍游京華者。時方冬月。此客着褐裘。容體肥腯。遂設計圖之。密擲皮條套其項。曳之入簾裏。頓于地。氣息垂絶。羣惡誇指曰。休論衣服。只這身肉直幾文錢。以去曉尚遥。未即殺。少定。客以皮縛稍緩頓蘇。欲竄恐致迷路。遲疑間忽聞大尹傳呼。乃急趨而出。連稱殺人。羣惡出其不意。殊荒窘。然猶矯情自若曰。官人害心風耶。俄而大尹至。訴于馬前。立遣賊曹收執。且悉發浴室之板驗視。得三尸猶未冷。蓋昨夕所戕者。於是盡捕一家。置於法。其膾人之肉。皆惡少年買去云。

〔二〕**太學**

周城宋東京考九。按太學在南宫城之蔡河灣。建隆中立。後爲國子監。真宗以書庫迫隘。易其隣吴越王錢俶所居禮賢宅中隙地十步以廣之。設齋二十。每齋各有爐亭。元豐三年。增置八十齋。崇寧元年。命將作少監李誠。即宫城南門外營建外學。賜名辟雍。外圓内方。爲屋千八百七十二楹。太學專處上舍内舍生。而外學則處外舍生。士初貢至。皆入外學。經試補入上舍内舍。始得進處太學。太學外舍。亦令出居外學。

〔三〕**國子監**

周煇清波雜志十。章子厚在相位。一日國子長貳堂白三經義已鏤板攽行。王荆公字説亦合攽行。合取相公鈞旨。子厚曰。某所不曉。此事請白右丞。右丞蔡元度也。

〔四〕**惠民南局**

蔡絛鐵圍山叢談六。都邑惠民多增五局。貨藥濟四方甚盛舉也。歲出入得息錢四十萬緡。入户部助經費。然往時議者甚大不然矣。時上每飭和劑局。凡藥材告闕。俾時上請焉。大觀間和劑局官。一日請内帑授藥犀百數。歸解之。

〔五〕**五嶽觀**

王鞏甲申雜記。范彝叟爲右丞。時五嶽觀灾。或曰可速脩之。其像甚靈。昨奉安時數十人舉一像。昨夕數道士能舉之。

范曰。果靈何不休焚之。上笑而已。時以聽直言斯盛德也。

〔六〕**貢院**

案宋制州試亦有貢院。與禮部貢院皆就僧寺試之。

〔七〕**禮部貢院**

沈括夢溪筆談一。禮部貢院試進士日。設香案於階前。主司與舉人對拜。此唐故事也。所坐設位供張甚盛。有司具茶湯飲漿。至試經生。則悉徹帳幕氊席之類。亦無茶湯。渴則飲硯水。人人皆黔其吻。非故欲困之。乃防氊幕及供應人私傳所試經義。蓋嘗有敗者。故事爲之防。歐文忠有詩。焚香禮進士。徹幕待經生。以爲禮數重輕如此。其實自有謂也。

王銍默記中。楊康國爲先子言。治平中。彭汝礪諒陰榜赴省試。時以汴河上舊省爲試院。既聞榜出。與同試數人自往探榜。既出門。則報牓者紛然。天漢橋忽有一肥舉人。跨蹇自河東路來者。問報榜者曰。狀元何人。對曰彭汝礪也。跨蹇者聞之。卽時回。更不至省前。康國追問隨行小童。曰此雍丘許秀才名安世也。康國駭之。次舉。聞安世第一人及第也。

龐元英文昌雜録五。開寶寺試國學進士。景德寺又爲別試所。既開院。以車營務驢車數十量。載試卷赴禮部架閣。數日方畢。所落人數可知也。

龐元英文昌雜録六。開寶寺爲禮部貢院。二月十八日火。凡本部貢牋與夫所考試卷。須臾灰燼。略無遺者。自正月九日鏁院。方定二十八日奏號。至是火。詔以太學爲貢院。再令引試。前此未有也。

蔡絛鐵圍山叢談三。元豐末叔父文正知貢舉時。以開寶寺爲試場。方考。一夕寺火大發。魯公以待制爲天府尹。夜率有司趨拯焉。寺屋皆雄壯。而人力有不能施。穴寺廡大牆而後。文正始得出。試官與執事者多焚而死。

〔八〕**中太一宮**

沈括夢溪筆談三。十神太一。一曰太一。次曰五福太一。三曰天一太一。四曰地一太一。五曰君基太一。六曰臣基太一。七曰民基太一。八曰大遊太一。九曰九氣太一。十曰十神太一。唯太一最尊。更無別名。止謂之太一。三年一移。後人以其别無名。遂對大遊而謂之小遊太一。此出於後人誤加之。京師東西太一宮。正殿祠五福。而太一乃在廊廡。甚爲失序。熙寧中。初營中太一宮。下太史考定神位。予時領太史。預其議論。今前殿祠五福。而太一别爲後殿。各全其尊。深爲得禮。然君基、臣基、民基避唐明帝諱。改爲綦。至今仍襲舊名。未曾改正。

宋敏求春明退朝録中。太宗時建東太一宮於蘇邸。遂列十殿。而五福、君綦、二太一、處前殿。冠通天冠。服絳紗袍。餘皆道服霓衣。天聖中。建西太一宮。前殿處五福、君綦、大遊、三太一。亦用通天絳紗之制。餘亦道冠霓衣。熙寧五年。建中太一宮。内侍主塑像。乃請下禮院議十太一冠服。禮院乃具兩狀。一如東西二宮之制。一請盡服通天絳紗。會有言亳州太清宮有唐太一塑像。上遣中使視之。乃盡服王者衣冠。遂詔如亳州之制。

葉夢得石林燕語三。太平興國中。司天言。太一式有五福、大游、小游、四神、天一、地一、真符、君綦、民綦、臣綦凡十神。皆天之貴神。而五福所臨無兵疫。凡行五宮。四十五年一易。今自甲申歲入黄室巽宮。當吴分。請卽蘇州建宮祠之。已而復有言。今京城東南有蘇村。可應姑蘇之兆。乃改築於蘇村。京師建太一宮自此始。

周城宋東京考十二。太一宮有四。一在城東南蘇村。爲東太一宮。太平興國中建。一在城西南八角鎮。爲西太一宮。天聖六年建。一卽五嶽觀舊址。爲中太一宮。熙寧初建。一政和間改龍德宮爲北太一宮。俱廢久矣。

高承事物紀原七。神宗熙寧初。卽五岳觀舊址營中太一宮。蓋自仁宗天聖六年。至熙寧五年壬子。四十五年。五福太一行綦自黄庭宮移入貢室之中。下臨京都之中故也。

洪邁夷堅丙志十二。河北道士條。宣和七年正月望夜。京師太一宮張燈。

〔九〕佑神觀

李濂汴京遺蹟志十。佑聖觀有二。一在城内西南隅馬軍衙之西。觀前有積水。夙著靈異。正德初改爲大道宮。一在陳州門裏普濟水門西北。金季兵燬。

〔一〇〕九鼎

李濂汴京遺蹟志八。九成宮。崇寧元年。方士魏漢津請備百物之像。鑄九鼎。四年三月。九鼎成。詔於中太一宮之南爲殿以安。各周以垣。上施睥睨。墁以方色之土。外築垣環之。名曰九成宮。中央曰帝鼎。其色黄。祭以土王日爲大祠。幣用黄。樂用宫架。北方曰寶鼎。其色白。祭以冬至。幣用皁。東方曰牡鼎。其色白。祭以立春。幣用皁。東北曰蒼鼎。其色碧。祭以春分。幣用青。東南曰岡鼎。其色緑。祭以立夏。幣用緋。南方曰彤鼎。其色紫。祭以夏至。幣用緋。西南曰阜鼎。其色黑。祭以立秋。幣用白。西方曰晶鼎。其色赤。祭以秋分。幣用白。西北曰魁鼎。其色白。祭以立冬。幣用皁。八鼎皆爲中祠。樂用登歌。享用素饌。復於帝鼎之宫立大角鼎星之祠。

蔡絛鐵圍山叢談一。崇寧甲申。議作九鼎。有司卽南郊爲治。用中夜。時上爲致肅不寐。至是於寢望之。焚香而再拜焉。及既就寢。已仿四鼓矣。忽有神光達禁中。政燭福寧殿。紅赤異常。宫殿於是盡明如晝。殆曉始熄。鼎一鑄而成。迺取佑神觀旁地。立九成宫。隨其方爲室。成九室。以奠鼎命。

朱彧萍洲可談三。崇寧鑄九鼎。帝鼐居中。八鼎各鎮一隅。是時行當十錢。蘇州無賴弟子冒法盜鑄。會浙中大水。伶人對御作俳。今歲東南大水。乞遣彤鼎往鎮蘇州。或作鼎神附奏云。不願前去。恐一例鑄作當十錢。朝廷因治章綖之獄。

吴曾能改齋漫録十二。玉仙觀在京城東南。宣化門外七八里陳州門是也。仁宗時有陳道士。修葺亭臺。栽種花木甚盛。呂氏家塾記云。一日學院諸生偕往。見石一截黄色。用木牌標記曰。萬年松化石。僉曰如何對得。晉之叔曰三日雨爲霖。呂氏所記松化石。乃西川物耳。徽宗崇寧四年歲次乙酉。製造九鼎。按置造官魏漢律狀云。承内降鑄造鼎鼐。内帝座鼐如天之正畢之數外有六圍。若易之六爻之象。中疊五重。以應九五之龍。惟上九虚之。其五重謹按師旨。合用萬年松化石并龍牙石。各一尺二寸爲一重。用松石周圍。第二圍用龍牙石一塊。亦用寶器捧。第三圍第四圍各用松石一塊。亦高一尺二寸。第五圍用龍牙石一塊。如乾之六爻上九之爻。所有合用龍牙石併萬年松化石。聞自皇祐間西川取到祗備造鼎。今見在城東南玉仙觀内有此石五段。松石三。龍牙石二。並堪充今律鼎中五圍使用。伏望詳酌。特賜指揮下所屬取索前來應副。然則崇寧所用松化石五段。乃呂氏所記之石也。據魏漢律狀稱皇祐間西川取到祗備造鼎。乃知仁宗朝已嘗議造九鼎矣。

〔一二〕**迎祥池**

阮閲詩話總龜二十七。京師芡實最盛於會靈觀之凝祥池。故文忠詩曰。凝祥池鎖會靈園。僕射荒村安可比。而東坡又云。忽憶嘗新會靈觀。滯留江海得加飡。僕射坡在鄭州。世亦稱其芡實也。

張邦基墨莊漫録四。京師五嶽觀後凝祥池。有黄色蓮花甚奇。他處少見本也。

洪邁夷堅乙志六。齊先生條。宣和五年。向元伯爲開封令。蔡魯公已致仕。嘗設醮于城外凝祥宮。向往謁之。蔡留宿。明旦見其子攸、孫衡等十餘人來問安。皆腰金施狨。且多張蓋者。向退省其舅何志同尚書。歎詫其盛。坐客有京畿轉運使曾徽言與蔡不合。以言鄙薄。既而悔之。何曰毋多談。齊先生適在此。太師所敬也。可見之。乃邀與同席。齊生曰。吾素受蔡公異顧。今館于後圃。待我甚至。不當談其短。偶聞運使之語。是將然矣。徽言諱前説。齊生曰。無傷也。蔡公與我語不問其身。但詢其子孫。吾應之曰好。然常以妄言自愧也。諸公見其高門華屋。上干霄漢。三年之後。無一瓦蓋頭矣。金勒狨鞍。赫奕照市。三年之後。雖蹇驢亦無有矣。人言秋風落葉。此真是也。哀哉。時諸蔡方盛。皆不敢出聲。三歲而蔡氏敗。齊先生淄州人。

〔一三〕**武成王廟**

周城宋東京考十五。武成王廟在雷家橋西南。金季展城毁廢。

州橋夜市

出朱雀門。直至龍津橋。自州橋南去。當街水飯。〔一〕爊〔案〕爊。或作熝燠。皆俗字。今作熬。肉。乾脯。玉樓〔案〕玉樓應從説郛作王樓。前貛兒野狐肉。脯雞。梅家鹿家鵝鴨雞兔。肚肺鱔魚。包子雞皮。腰腎雞〔案〕雞應作雜。碎。每箇不過十五文。曹家從食。至朱雀門。旋煎羊白腸。鮓脯。爊凍魚頭。薑豉。㓸子。抹臟。紅絲。批切羊頭。辣脚子姜。辣蘿蔔。夏月麻腐。雞皮麻飲。細粉素簽。沙糖冰雪冷元子。〔案〕元卽丸。避桓嫌名。水晶皂兒。生淹水木瓜。藥木瓜。雞頭穰。沙糖菉豆甘草冰雪凉水。荔枝膏。廣芥瓜兒。 醎菜。杏片。梅子薑。萵苣。笋。芥。辣瓜兒。細料餶飿兒。香糖果子。間道糖荔枝。越梅。鋸刀紫蘇膏。金絲黨梅。香棖〔案〕棖俗字。本作橙。元。皆用梅紅匣兒盛貯。冬月盤兔。旋炙猪皮肉。野鴨肉。滴酥水晶鱠。煎夾子。猪臟之類。直至龍津橋須腦子肉止。謂之雜嚼。直至三更。

〔一〕**水飯**

王闢之澠水燕談録九。士大夫筵饌。率以餺飥或在水飯之前。予近預河中府蒲左丞會。初坐卽食罨生餺飥。予驚問之。蒲笑曰。世謂餺飥爲頭食。宜爲羣品之先可知矣。意其唐末五代亂離之際。失其次第。久抑下列。頗鬱輿論牽復。坐客皆大笑。

洪邁夷堅三志巳七。善謔詩詞條。滑稽取笑。加釀嘲辭。合於詩所謂善戲謔不爲虐之義。陳曄日華編集成帙以示予。因采其可書并舊聞可傳者。倂紀於此。王季明給事舉饞客席上粉詞云。妙手庖人。搓得細如麻綫。面兒白。心下黑。身長行短。驀地下來後。嚇出一身冷汗。這一場歡會。早危如累卵。便做羊肉燥子。勃推飣椀。終不似引盤美滿。舞萬遍。無心看。愁聽絃管。收盤盞。寸腸暗斷。以俗稱粉爲斷腸羹。故用爲尾句。水飯詞云。水飯惡冤家。些小薑瓜。尊前正欲飲流霞。却被伊來剛打住。好悶人。那不免着匙爬。一似吞沙。主人若也要人誇。莫惜更攙三五盞。錦上添花。 都城富春坊皆諸倡之居。一夕遭火。黎明燒盡。有詩云。火星飛入富春坊。莫道天公不四行。只恐夜深花睡去。高燒銀燭照紅妝。

東角樓街巷

自宣德東去。東角樓乃皇城東南角也。十字街南去。薑行。高頭街北去。從紗行至東華門街。晨暉門。寶籙宮。〔一〕直至舊酸棗門。最是鋪席要鬧。宣和間展夾城牙道矣。東去乃潘樓街。街南曰鷹店。只下販鷹鶻客。餘皆真珠疋帛。香藥鋪席。南通一巷。謂之界身。並是金銀綵帛交易之所。屋宇雄壯。門面廣闊。望之森然。每一交易。動即千萬。駭人聞見。以東街北曰潘樓酒店。其下每日自五更市合。買賣衣物書畫。珍玩犀玉。至平明羊頭。肚肺。赤白腰子。妳房。肚胘。鶉兔鳩鴿野味。螃蟹蛤蜊之類訖。方有諸手作人上市。買賣零碎作料。飯後飲食上市。如酥蜜食。棗䭅。澄砂團子。香糖果子。蜜煎雕花之類。向晚。賣何婁〔案〕何婁疑誤。頭面。冠梳。〔二〕領袜。〔案〕袜應作抹。珍玩。動使之類。東去則徐家瓠羹店。街南桑家瓦子。〔三〕近北則中瓦。次裏瓦。其中大小勾欄五十餘座。內中瓦子蓮花棚。牡丹棚。裏瓦子夜叉棚。象棚最大。可容數千人。自丁先現。〔四〕王團子。張七聖輩。後來可有人於此作場。瓦中多有貨藥。賣卦。〔五〕喝故衣。探搏飲食。剃剪紙〔六〕畫令曲之類。終日居此。不覺抵暮。

〔一〕**寶籙宮**

周城宋東京考十三。上清寶籙宮在景龍門東。與晨暉門相對。政和五年建。

張端義貴耳集上。徽考寶籙宮設醮。一日嘗親臨之。其道士伏章。久而方起。上問其故。對曰。適至帝所。值奎宿奏事方畢始達。上問曰。奎宿何神。答曰卽本朝蘇軾也。上大驚。因是使忌能之臣譖言不入。雖道流之言。出於惝恍。然不爲無補也。

孔偶宣靖妖化録。寶籙宮之建也。極土木之盛。燦金碧之輝。巍殿傑閣。瑶室修廊。爲諸宮之魁。宣和末。忽有題數行於瑶仙殿左扉云。家中木蛀盡。南方火不明。吉人歸塞漠。亘木又摧傾。始不可辨。後方知金賊之變。家中木宋也。南方火乃火德。吉人亘木乃二帝御名。

〔二〕**冠梳**

周煇清波雜志八。先是宮中尚白角冠。人争效之。號内様冠。名曰垂肩等肩。至有長三尺者。登車檐皆側首而入。

〔三〕**瓦子**

吴自牧夢粱録十九。瓦舍者謂其來時瓦合。去時瓦解之義。易聚易散也。不知起於何時。頃者京師甚爲士庶放蕩不羈之所。亦爲子弟流連破壞之門。

〔四〕**丁仙現**

耐得翁都城紀勝。教坊大使。在京師時有孟角毬。曾撰雜劇本子。又有葛守成。撰四十大曲詞。又有丁仙現。捷才知音。

彭乘續墨客揮犀五。熙寧九年。太皇生辰。教坊例有獻香雜劇。時判都水監侯叔獻新卒。伶人丁仙現。假爲一道士善出神。一僧善出神。一僧善入定。或詰其出神何所見。道士云。近曾出神至大羅。見玉皇殿上有一人披金紫。熟視之。乃本朝韓侍中也。手捧一物。竊問旁立者。曰韓侍中獻國家金枝玉葉萬世不絶圖。僧曰。近入定到地獄。見閻羅殿側有一人。衣緋垂魚。細視之。乃判都水監侯工部也。手中亦擎一物。竊問左右。云爲奈何水淺獻圖。欲別開河道耳。時叔獻興水利以圖恩賞。百姓苦之。故伶人有此語。

邵伯温聞見前録三。元豐中神宗倣漢原廟之制。增築景靈宮。先于寺觀迎諸帝后御容。奉安禁中。涓日以次備法駕羽衞前導赴宮。觀者夾路。鼓吹振作。教坊使丁仙現舞望仁宗御像。引袖障面若揮淚者。都人父老皆泣下。

王國維優語録引蔡絛鐵圍山叢談。熙寧初。王丞相介甫既當軸處中。而神廟方赫然一切委聽。號令驟出。但於人情適有所離合。於是故臣名士。力争其不可。且多被黜降。後來者乃寖結其舌矣。當是時以君相之威權。而不能有所帖服者。獨一教坊使丁仙現耳。丁仙現人但呼之曰丁使。丁使遇介甫法制適行。必因燕設。于戲場中迺更作爲嘲諢。肆其誚難。輒爲人笑傳。介甫不堪。然無如何也。因觸王怒。必欲斬之。神宗乃密詔二王取丁仙現匿諸王所。二王者神廟之兩愛弟也。故一時諺語。有臺官不如伶官。　案此則不載鐵圍山叢談。俟考。

范公偁過庭録。元祐間。伶人丁線見教坊長。以諧俳稱。宰相新拜。教坊長副庭參。即事打一俳戲之語。賜絹五匹。蓋故事也。元祐年吕汲公忠宣拜相。日以任重爲憂。容色愁厲。未嘗少解。丁生及副丁石參謝忠宣。丁線見言曰。餓殺樂人也相公。丁石曰。今時和歲豐。朝野歡樂。爾何餓爲。線見指忠宣而言曰。是他着這幾個好打閧趁浪。我輩衣食何患。忠宣亦爲一嗤。

李廌師友談記。東坡先生近令門人作人不易物賦。或戲作一聯曰。伏其几而襲其裳。豈爲孔子。學其書而戴其帽。未是蘇公。廌因言之。公笑曰。近扈從醴泉觀。優人以相與自夸文章爲戲者。一優丁仙現曰。吾之文章汝輩不可及也。衆優曰何也。曰汝不見吾頭上子瞻乎。上爲解顔。顧公久之。

葉夢得石林避暑録一。崇寧初。大樂闕徵調。有獻議請補者。併以命教坊燕樂同爲之。大使丁仙現言音已久亡。非樂工所能爲。不可以意妄增。徒爲後人笑。蔡魯公亦不喜。蹇授之嘗語予云。見元長屢使度曲。皆辭不能。遂使以次樂工爲之。踰旬獻數曲。即今黄河清之類。而聲終不諧。末音寄殺他調。魯公本不通聲律。但果于必爲。大喜。亟召衆工按試尚書省庭。使仙現在旁聽之。樂闋有得色。問仙現何如。仙現徐前環顧坐中曰。曲甚好。只是落韻。坐客不覺大笑。

葉夢得石林避暑録話四。丁仙現自言及見前朝老樂工。間有優諢及人所不敢言者。不徒爲諧謔。往往因以達下情。故仙現亦時時效之。非爲優戲。則容貌儼然如士大夫。紹聖初。修天津橋。以右司員外郎賈種民董役。種民時以朝服坐道旁。持撾親指揮工役。見者多非笑。一日橋成。尚未通行。仙現適至。素識種民。即訶止之曰。吾橋成未有敢過者。能打一善諢。當使先衆人。仙現應聲曰。好橋好橋。即上馬急趨過。種民以爲非諢。使人亟追之已不及。久方悟其譏己也。

蔡絛鐵圍山叢談一。有老吏常主睿思殿文字外殿庫事。能言偶得見泰陵時舊文簿注一條曰。紹聖三年八月十五日奉聖旨。教坊使丁仙現祗應有勞。特賜銀錢一文。

朱彧萍洲可談三。伶人丁先現者。在教坊數十年。每對御作俳。頗議正時事。嘗在朝門與士大夫語曰。先現衰老。無補朝廷也。聞者哂之。

〔五〕賣卦

洪邁夷堅甲志十三。狄偁卦影條。狄武襄之孫偁。得費孝先分定書。賣卜於都市。薌林向伯共子諲自致仕起貳版曹。偁爲寫卦影。作乘巨舟泛澄江。舟中載歌舞婦女。上列旗幟。導從之屬甚盛。岸側一長竿。竿首幡脚獵獵從風靡。詩云水畔幡竿險。分符得異恩。潮迴波似鏡。聊以寄君身。向讀之甚喜。自以必復得謝。浮家泛宅而歸。但未盡曉。一日上殿占對頗久。中書舍人潘子賤良貴攝記注。侍立前呼曰。日晏恐勤聖聽。向子諲退。而天語未終。向不爲止。潘還就班。少焉復出。其言如前。向乃趨下。明日各待罪。上兩平之。已而各丐外。向章再上。以學士知平江府。到官三月餘。力請謝事。優詔進秩以歸。始盡悟卦意水畔幡竿指潘公也。而出守輔郡。上眷益厚。所謂分符得異恩也。潮迴者言自朝廷還。波似鏡者平江也。聊以寄君身。謂姑寓郡齋。終當歸休耳。

沈括夢溪筆談二十二。京師賣卜者。唯利舉場時。舉人占得失。取之各有術。有求目下之利者。凡有人問。皆曰必得。士人樂得所欲。競往問之。有邀以後之利者。凡有人問。悉曰不得。下第者嘗過十分之七。皆以爲術精而言直。後舉倍獲。有因此著名。終身饗利者。

〔六〕剃剪紙

周密志雅堂雜鈔七。向舊都天街。有剪諸色花樣者。極精妙。隨所欲而成。又中瓦有俞敬之者。每剪諸家書字皆專門。

其後忽有少年。能袖中剪字及花朵之類。更精于二人。于是獨擅一時之譽。今亦不復有此矣。

潘樓東街巷

潘樓東去十字街。謂之土市子。又謂之竹竿市。又東十字大街。曰從行裹角茶坊。每五更點燈博易買賣衣物圖畫花環領抹之類。至曉卽散。謂之鬼市子。以東街北趙十萬宅。街南中山正店。東榆林巷。西榆林巷。北鄭皇后宅。東曲首向北牆畔單將軍廟。乃單雄信墓也。上有棗樹。世傳乃棗槊發芽。生長成樹。又謂之棗冢子巷。又投東則舊曹門街。北山子茶坊。內有仙洞仙橋。仕女往往夜遊喫茶於彼。又李生菜小兒藥鋪。仇防禦藥鋪。出舊曹門朱家橋瓦子。下橋南斜街。北斜街。內有泰山廟。兩街有妓館。橋頭人煙市井。不下州南。以東牛行街。下馬劉家藥鋪。〔一〕看牛樓酒店。亦有妓館。一直抵新城。自土市子南去。鐵屑樓酒店。皇建院街。得勝橋鄭家油餅店。動二十餘爐。直南抵太廟街。高陽正店。夜市尤盛。土市北去乃馬行街〔二〕也。人煙浩鬧。先至十字街。曰鷯兒市。〔案〕鷯兒市。鷯應從說郛作鵪。向東曰東雞兒巷。向西曰西雞兒巷。皆妓館所居。近北街曰楊樓街。東曰莊樓。〔三〕今改作和樂樓。樓下乃賣馬市也。近北曰任店。今改作欣樂樓。對門馬鐺家羹店。

〔一〕**劉家藥鋪**

洪邁夷堅丙志十四。綦叔厚條。翁不見井子劉家藥肆乎。高門赫然。正面大屋七間。吾雖不善騎。必不至單馬撞入。誤觸器物也。惡少皆大笑稱善。翁亦羞沮。以俚語謂綦曰。也得也得。遂釋之。井子者。劉氏所居京師大藥肆也。故綦用以爲答。

〔二〕**馬行街**

蔡條鐵圍山叢談四。天下苦蚊蚋。都城獨馬行街無之。馬行街者。都城之夜市酒樓極繁盛處也。蚊蚋惡油。而馬行街人物嘈雜。燈火照天。每至四鼓罷。故永絕蚊蚋。上元五夜。馬行南北幾十里。夾道藥肆。蓋多國醫。咸巨富。聲伎非常。燒燈尤壯觀。故詩人亦多道馬行街燈火。

〔三〕**莊樓**

洪邁夷堅甲志十八。李舒長僕條。越數日。又遇于馬行市中。邀飲于莊樓。

酒樓

凡京師酒店門首。皆縛綵樓歡門。唯任店入其門。一直主廊約百餘步。南北天井兩廊皆小閤子。向晚燈燭熒煌。上下相照。濃粧妓女數百。聚於主廊槏〔案〕槏應作檐。面上。以待酒客呼喚。望之宛若神仙。北去楊樓以北穿馬行街。東西兩巷謂之大小貨行。皆工作伎巧所居。小貨行通雞兒巷妓館。大貨行通牋紙店。白礬樓。〔一〕後改爲豐樂樓。宣和間更修三層相高。五樓相向。各用飛橋欄檻。明暗相通。珠簾綉額。燈燭晃耀。初開數日。每先到者。賞金旗。過一兩夜則已。元夜則每一瓦隴中。皆置蓮燈一盞。内西樓後來禁人登眺。以第一層下視禁中。大抵諸酒肆瓦市。不以風雨寒暑。白晝通夜。駢闐如此。州東宋門外仁和店。〔二〕姜店。州西宜城樓藥張四店。班樓。金梁橋下劉樓。曹門蠻王家。乳酪張家。州北八仙樓。戴樓門張八家園宅正店。鄭門河王家。李七家正店。景靈宮東牆長慶樓。在京正店七十二户。此外不能遍數。其餘皆謂之脚店。賣貴細下酒。迎接中貴飲食。則第一白厨。州西安州巷張秀。以次保康門李慶家。東雞兒巷郭厨。鄭皇后宅後宋厨。〔案〕宋厨宋應從説郛作宋。曹門塼筒李家。寺東骰子李家。黄胖家。九橋門街市酒店。綵樓相對。繡旆相招。掩翳天日。政和後來。景靈宮東牆下長慶樓尤盛。

〔一〕白礬樓

王明清摭青雜説。京師樊樓畔。有一小茶肆。甚瀟灑清潔。皆一品器皿。椅桌皆濟楚。故實賣茶極盛。

吴曾能改齋漫録八。京師東華門外景明坊有酒樓。人謂之礬樓。或者以爲樓主之姓。非也。本商賈鬻礬于此。後爲酒樓。本名白礬樓。

王明清投轄録。宣和七年元日。有太學生數人。共登豐樂樓會飲。都城樓上酒客坐所。各有小室。謂之酒閤子。

宋詩鈔。劉子翬屏山集鈔汴京紀事二十首之十八。梁園歌舞足風流。美酒如刀解斷愁。憶得少年多樂事。夜深燈火上樊樓。

〔二〕仁和店

文瑩玉壺清話一。真宗嘗曲宴羣臣於太清樓。君臣讙浹。談笑無閒。忽問廛沽尤佳者何處。中貴人奏。有南仁和者。亟令進之。徧賜宴席。

歐陽修歸田録一。仁宗在東宮。魯肅簡公爲諭德。其居在宋門外。俗謂之浴堂巷。有酒肆在其側。號仁和酒。有名於京師。公往往易服微行。飲於其中。

飲食〔一〕果子

凡店内賣下酒厨子。謂之茶飯量酒博士。至店中小兒子皆通謂之大伯。更有街坊婦人。腰繫青花布手巾。綰危髻。爲酒客換湯斟酒。俗謂之焌糟。更有百姓入酒肆。見子弟少年輩飲酒。近前小心供過使令。買物命妓。取送錢物之類。謂之閑漢。又有向前換湯斟酒歌唱。或獻菓子香藥之類。客散得錢。謂之厮波。又有下等妓女。不呼自來筵前歌唱。臨時以些小錢物贈之而去。謂之劄客。亦謂之打酒坐。又有賣藥或果實蘿蔔之類。不問酒客買與不買。散與坐客。然後得錢。謂之撒暫。如此處處有之。唯州橋炭張家。乳酪〔二〕張家。不放前項人入店。亦不賣下酒。唯以好淹藏菜蔬。賣一色好酒。所謂茶飯者。乃百味羹。頭羹。新法鵪子羹。三脆羹。二色腰子、蝦蕈雞蕈渾砲等羹。旋索粉玉碁子羣仙羹。假河魨。〔三〕白渫〔案〕渫應作煠。虀。貨鱖魚。假元魚。决明兜子。决明湯虀。肉醋托胎襯腸。沙魚兩熟。紫蘇魚。假蛤蜊。〔四〕白肉〔五〕夾面子。茸割肉胡餅。〔六〕湯骨頭乳炊羊。肫〔案〕肫同炖。羊。鬧廳羊。角炙〔案〕炙同炙。腰子。鵝鴨排蒸。荔枝腰子。還元腰子。燒臆子。入爐細項蓮花鴨簽。酒炙肚胘。虛汁垂絲羊頭。入爐羊。羊頭簽。鵝鴨簽。雞簽。盤兔。炒兔。葱潑兔。假野狐。金絲肚羹。石肚羹。假炙獐。煎鵪子。生炒肺。炒蛤蜊。炒蟹。煠蟹。洗手蟹之類。逐時旋行索喚。不許一味有闕。或別呼索變造下酒。亦即時供應。又有外來托賣炙雞。爊鴨。〔七〕羊脚子。點羊頭。脆筋巴子。薑蝦。酒蟹。

獐巴。鹿脯。從食蒸作。海鮮時菓。旋切萵苣生菜。西京笋。又有小兒子着白虔布衫。青花手巾。挾白磁缸子。賣辣菜。又有托小盤賣乾菓子。乃旋炒銀杏。栗子。河北鵝梨。梨條。梨乾。梨肉。膠棗。棗圈。梨圈。桃圈。核桃。肉牙棗。海紅。嘉慶子。〔八〕林檎旋。烏李。李子旋。櫻桃煎。西京雪梨。夫梨。甘棠梨。鳳栖梨。鎮府濁梨。河陰石榴。河陽查子。〔九〕查條。沙苑溫桲。〔一〇〕回馬孛萄。〔一一〕西川乳糖。〔一二〕獅子糖。〔一三〕霜蜂兒。橄欖。〔一四〕溫柑。〔一五〕綿棖金橘。〔一六〕龍眼。荔枝。〔一七〕召白藕。甘蔗。漉梨。林檎乾。枝頭乾。芭蕉乾。人面子。〔一八〕巴覽子。〔一九〕榛子。榧子。蝦具之類。諸般蜜煎香藥。菓子罐子。黨梅。柿膏兒。〔二〇〕香藥。小元兒。小臈茶。鵬沙元之類。更外賣軟羊諸色包子。猪羊荷包。燒肉乾脯。玉板鮓犯。〔二一〕鮓片醬之類。其餘小酒店。亦賣下酒如煎魚。鴨子。炒鷄兔。煎燠肉。梅汁。血羹。粉羹之類。每分不過十五錢。諸酒店必有廳院。廊廡掩映。排列小閤子。吊窗花竹。各垂簾幙。命妓歌笑。各得穩便。

〔一〕**飲食**

百歲寓翁楓窗小牘上。舊京工伎固多奇妙。即烹煮槃案。亦復擅名。如王樓梅花包子。曹婆肉餅。薛家羊飯。梅家鵝鴨。曹家從食。徐家瓠羹。鄭家油餅。王家乳酪。段家爊物。不逢巴子南食之類。皆聲稱于時。若南遷湖上魚羹宋五嫂。羊肉李七兒。奶房王家。血肚羹宋小巴之類。皆當行不數者。宋五嫂余家蒼頭嫂也。每過湖上時。進肆慰談。亦它鄉寒故也。悲夫。　案周密武林舊事七。淳熙六年三月。太上命盡買湖中龜魚放生。並宣喚在湖賣買等人。內侍用小綵旗招引。各有支賜。時有賣魚羹人宋五嫂。對御自稱東京人氏。隨駕到此。太上特宣上船起居。念其年老。賜金錢十文。銀錢一百文。絹十匹。仍令後苑供應泛索。據此。宋五嫂以魚羹得名。其羹必不止一色。今湖上食肆蒸鮮魚以作料和之。乃曰五嫂遺製何也。

〔二〕**乳酪**

朱翌猗覺寮雜記下。北人以乳酪拌櫻桃食之。

〔三〕**河魨**

百歲寓翁楓窗小牘下。東坡謂食河魨值得一死。余過平江姻家張諫院。言南來無它快事。秖學得手煑河魨耳。須臾烹煑。對余方且共食。忽有客見顧。俱起延欵。爲猫翻盆。犬復佐食。頃之猫犬皆死。幸矣哉。奪兩人于猫犬之口也。乃汴中食店以假河魨餉人。以今念之。亦足半死。

邵博邵氏聞見後録三十。經筵官會食資善堂。東坡盛稱河豚之美。吕元明問其味。曰直那一死。再會。又稱豬肉之美。范淳甫曰。奈發風何。東坡笑呼曰。淳甫誣告豬肉。

説郛一八葉寘坦齋筆記。楊廷秀因舉河魨所原起。古書未見有載敍者。以問尤延之。曰左太沖吳都賦。敍王鮪鯸鮐。劉淵林註。鯸鮐魚狀如科斗。大者尺餘。腹下白脰微。背上青黑有斑文。性有毒。雖水獺大魚。不敢啖之。蒸煑食之肥美。以是考之河魨本原。莫明于此。廷秀檢視之。言無殊。因嘆曰。延之真書府也。人目爲廚。何以胸中著數萬卷書乎。予不及。予不及。

〔四〕**蛤蜊**

王從謹清虚雜著補闕。京師舊未嘗食蜆蛤。自錢司空始訪諸蔡河。不過升勺。以爲珍饌。自後士人稍稍食之。蜆蛤亦隨而增盛。其諸海物。國初以來亦未嘗多有。錢司空以蛤蜊爲醬。於是海錯悉醢。以走四方。

邵博邵氏聞見後録三十。劉貢父呼蔡確爲倒懸蛤蜊。蓋蛤蜊一名殼菜也。確深銜之。

洪邁夷堅三志巳九。甜水巷蛤蜊條。李士美丞相劉行簡給事。因入京師。同僦甜水巷客邸。傍一富家相近。李與之姻舊。常相游從。某術士寓巷內。新有談命聲稱其能者藉藉。富子邀二公詣之。各攜百錢。既至。環坐滿席。李欲親試之。乃交互其年月。先下二百錢議富子命。不能中。劉忍笑胡盧。不復再扣而出。時天寒欲雪。富子約二公曰。家有新釀。擬奉一醉。遇市人撲蛤蜊者。都城所鮮見。劉以所餘百錢。命僕持奉。隨往富家飲。兩杯竟而蛤殼來示。皆渠泥也。

〔五〕**白肉**

灌圃耐得翁都城紀勝。又有誤名之者。如呼熟肉爲白肉是也。蓋白肉別是砧壓去油者。

〔六〕**胡餅**

黄朝英靖康緗素雜記二。張公所論。市井有鬻胡餅者。不曉名之所謂。乃易其名爲爐餅。則又誤也。　案晉書云。王長文在市中鬻胡餅。又肅宗實録云。楊國忠自入市。衣袖中盛胡餅。安可易胡爲爐也。蓋胡餅者以胡人所常食而得名也。故京都人轉音呼胡餅爲胡餅。呼骨切。胡桃爲胡桃。亦呼骨切。皆此義也。余案資暇集論畢羅云。蕃中畢氏羅氏好食此味。因謂之畢羅。後人加食旁爲饆饠字。非也。又云。元和中有姦僧鑒虛。以羊之六府造一味。傳之于今。時人不得其名。遂以其號目之曰鑒虛。往往俗字又加食旁。爲鑋鑢字。然則胡餅之爲胡。義可知矣。

〔七〕**爊鴨**

洪邁夷堅丁志四。王立爊鴨條。中散大夫史忞。自建康通判滿秩。還臨安鹽橋故居。獨留虞候一人。嘗與俱出。市值賣爊鴨者。甚類舊庖卒王立。虞候亦云無小異。時立死一年。史在官日猶給錢與之葬矣。恍忽間已拜于前曰。倉卒逢使主。不暇書謁。遂隨以歸。且獻柈中所餘一鴨。史曰。汝既非人。安得白晝行帝城中乎。對曰。自離本府即來此。臨安城中以十分言之。三分皆我輩也。或官員或僧或道士或商販或倡女。色色有之。與人交關往還不殊。略不爲人害。人自不能別耳。史曰。鴨豈真物乎。曰亦買之於市。日五雙。天未明。齎詣大作坊。就釜竈燖治成熟。

洪邁夷堅丙志九。李吉爊雞條。與客買酒昇陽樓上。有賣爊雞者。

〔八〕**嘉慶子**

程大昌演繁露十五。韋述兩京記。東都嘉慶坊有李樹。其實甘鮮。爲京城之美。故稱嘉慶李。今人但言嘉慶子。豈稱謂既熟。不加李亦可記也。

李時珍本草綱目二十九。嘉慶子。今人用鹽曝糖藏。蜜煎爲果。　其法夏李色黄時摘之。以鹽挼去汁。合鹽晒萎去核。復晒乾。薦酒作飣皆佳。

〔九〕**河陽查子**

唐慎微政和證本草二十三。樝子處處有之。孟州特多。亦主霍亂轉筋。並煑汁飲之。可敵木瓜。常食之亦去心間醋痰。皮擣可傳瘡上流水。實初成時。其氣氛馥。人將致衣笥中亦香。

〔一〇〕**沙苑榲桲**

唐慎微政和證類本草二十三。榲桲舊不著所出州土。今關陝有之。沙苑出者更佳。其實大抵類樝。但膚慢而多毛。味尤甘。治胸膈中積食。去醋水。下氣止渴。欲卧取一兩服而寢。生熟皆宜。

張世南游宦紀聞二。唐鄧間多大柿。初生澁。堅實如石。凡百十柿以一榠樝置其中。則紅爛如泥而可食。榲桲亦可代榠樝用。此歐公歸田録所載。但江南人不識榲桲。世南侍親官蜀。至梁益間方識之。大者如梨。味甜而香。用刀切則味損而黑。凡食時。先以巾拭去毛。以巾包於柱上擊碎。其味甚佳。蜀人以榲桲切去頂。剜去心。納檀香沈香末并麝少許。覆所切之頂。線縛蒸爛。取出候冷。研如泥。入腦子少許和匀。作小餅燒之。香味不減龍涎。

〔一一〕**孛萄**

陶穀清異録二。河東葡萄有極大者。惟土人得啖之。其至京師者百二子。紫粉頭而已。

〔一二〕**乳糖**

謝采伯密齋筆記三。遂寧餹冰。正字劉望之賦。以爲傘子山異僧所授。其法醡蔗成漿。貯以甕缶。列閒屋中。閲冬而後發之成矣。其畧曰。逮白露之既凝。室人告余其亦霜。獵珊瑚于海底。綴珠琲于枯篁。吸三危之秋氣。陋萬蘂之峰房。碎玲瓏于齒牙。韻亢爽于壺觴。米帖云。治咽喉諸疾。廣南盛有。不知始於何時。

唐慎微政和證類本草二十三。甘蔗。舊不著所出州土。陶隱居云。今江東者爲勝。廬陵亦有好者。廣州一種數年生者如大竹。長丈餘。今江浙閩蜀川所生。大者亦高丈許。葉有二種。一種似荻。節疎而細短。謂之荻蔗。一種似竹麄長。笮其汁以爲沙糖。皆用竹蔗。泉福吉廣州多作之。鍊沙糖和牛乳爲石蜜。卽乳糖也。惟蜀川作之。荻蔗但堪噉。或云亦可煎作稀糖。商人販貨至都下者。荻蔗多而竹蔗少也。

〔一三〕**獅子糖**

孔平仲談苑一。收冰之法。冬至前所收者堅而耐久。冬至後所收者多不堅也。黄河亦必以冬至前凍合。冬至後雖凍不復合矣。川中乳糖獅子。冬至前造者色白不壞。冬至後者易敗多蛀。陽氣入物。其理如此。

曾慥高齋漫録。熙寧中上元。宣仁太后御樓觀燈。召外族悉集樓上。神宗皇帝數遣黄門稟曰。外家合推恩乞疏示姓名。卽降處分。宣仁答云。此自有處。不煩聖慮。明日。上問何以處之。宣仁答曰。大者各與絹兩疋。小兒各與乳糖獅子兩個。時内外咸歎仰后德爲不可及也。

〔一四〕**橄欖**

吴曾能改齋漫録十五。橄欖嶺外有五種。一曰丁香橄欖。此以其形。二曰故橄欖。三曰蠻橄欖。此以其所出呼之。四曰新婦橄欖。以其短矮而小。五曰絲橄欖。此以其子緊小。惟出桂府陽朔縣。土人食之必去兩頭。云有大熱。

張世南游宦紀聞九。橄欖閩蜀俱有之。閩中丁香一品極小。雋永。其味勝於蜀産。家君嘗手植核于小圃。伺其萌茁。再歲而樹壯。畏霜覆以屋。又三歲高二丈許。始實。初如菉豆。凡兩月漸大。有墮地者。視之木櫁子也。皮可洗衣。功不讓皂角。核則人以爲念珠者。嗚呼。地土風氣之能移物性如是耶。

〔一五〕**温柑**

王栐燕翼詒謀録五。承平時温州、鼎州、廣州皆貢柑子。尚方多不過千。少或百數。其後州郡苞苴權要。負擔者絡繹。又以易腐。多其數以備揀擇。重爲人害。天聖六年四月庚戌。詔三州不得以貢餘爲名。餉遺近臣。犯者有罰。然終不能禁也。今惟温有歲貢歲饋。鼎廣不復有之矣。

〔一六〕**金橘**

歐陽修歸田録二。金橘産於江西。以遠難致。都人初不識。明道景祐初。始與竹子俱至京師。竹子味酸。人不甚喜。後遂不至。而金橘香清味美。置之罇俎閒。光彩灼爍如金彈丸。誠珍果也。

張世南游宦紀聞二。金橘産於江西諸郡。有所謂金柑。差大而味甜。年來商販小株。才高二三尺許。一舟可載千百株。其實累累如垂彈。殊可愛。價亦廉。實多根茂者才直二三環。往時因温成皇后好食。價重京師。然患不能久留。惟藏菉豆中則經時不變。蓋橘性熱。豆性涼也。

〔一七〕**荔枝**

蔡絛鐵圍山叢談六。艮嶽正門曰陽華。亦五戟制同宸禁也。自陽華門入。則夾道荔枝八十株。當前椰實一株。有太湖石曰神運昭功。高四十六尺。立其中。爲亭以覆之。每召儒臣游覽其間。則一璫執荔枝簿立亭下。中使一人宣旨。人各賜若干。主者乃對簿按樹以分賜。朱銷而奏審焉。

說郛一八顧文薦負暄野録。欐枝、荔枝。蜀廣俱有之。今惟閩中者爲貴。蓋他處實雖佳而不可乾。獨閩中者可乾。漢西京雜記載尉陀獻高祖龍眼樹。卽今之荔枝也。唐天寶中楊貴妃愛食之。置驛傳送。唐都長安。去閩廣甚遠。其荔枝乃蜀中涪陵所貢。實小而味酸。與廣閩不同。今荔枝已載蔡公之譜。莆爲勝。閩次之。廣又次之。而廣産甚多。五月初有火山者先熟。高州、梧州有無核荔枝。南漢劉鋹每歲設紅雲宴。則窗外四壁悉皆荔枝。望之如紅雲然。宣和殿前亦有荔枝四株。結實甚夥。衛洪七開曰。蒲桃龍目。椰子荔枝。刼書此字。

〔一八〕**人面子**

李時珍本草綱目卷三十三。人面子。草木狀云。出南海。樹似含桃。子如桃實無味。以蜜漬可食。其核正如人面可玩。祝穆方輿勝覽云。出廣中。大如梅李。春花夏實秋熟。蜜煎甘酸可食。其核兩邊似人面。口目鼻皆具。

〔一九〕**巴覽子**

朱弁曲洧舊聞四。巴欖子如杏核。色白。褊而尖長。來自西蕃。比年近畿人種之亦生。樹似櫻桃。枝小而極低。惟前馬元忠家。開花結實。後移植禁籞。予嘗遊其圃。有詩云。花到上林開。即謂此也。

〔二〇〕**柿**

唐慎微政和證類本草二十三。柿舊不著所出州土。今南北皆有之。柿之種亦多。黄柿生近京州郡。紅柿南北通有。朱柿出華山。似紅柿而皮薄更甘珍。椑(音卑)柿出宣、歙、荆、襄、閩、廣諸州。但可生致不堪乾。諸柿食之皆美而益人。椑柿更壓丹石毒耳。其乾柿火乾者謂之烏柿。出宣州、越州。性甚温。人服藥口苦欲逆。食少許當止。兼可斷下。日乾者爲白柿。入藥微冷。又黄柿可和米粉作糗。小兒食之止痢。又以酥蜜煎乾柿食之主脾虚薄。食柿蒂煑飲亦止。爔木皮主下血不止。暴乾更焙篩末。米飲和二錢匕服之。不以上衝下脱。兩服可止。又有一種小柿。謂之軟棗。俚俗暴乾貨之。謂之牛妳柿。至冷不可多食。凡食柿不可與蟹同。令人腹痛大瀉。其枯葉至滑澤。古人取以臨書。俗傳柿有七絶。一壽。二多陰。三無鳥巢。四無蟲蠹。五霜葉可翫。六嘉實。七落葉肥火。

〔二一〕**犯鮓**

洪邁夷堅志補九。徐汪二僕條。王時亨嘗言其外祖父徐公。被薦入京師。有客過邸中留共飯。徐好食東華門外魏氏所造犯鮓。將往買。而所使舊僕出。別一僕生梗而狠。又罕入市。漫問云汝識魏家鮓鋪否。厲聲言東華門外誰人不識。

周煇清波別志下。前志第十二卷書承平時淮甸蝦米入京。浸以小便。則紅潤如新。或疑焉。煇後觀瑣碎録内一條。京師東華門何吴二家造魚鮓。十數臠作一把。號把鮓。著聞天下。文士有爲賦詩。誇爲珍味。其魚初自澶滑河上斫造。以荆籠貯入京師。道中爲風沙所侵有敗者。乃以水濯。小便浸一過。控乾入物料。肉益緊而味回。煇出疆日。虹縣及汴京頓。皆供把鮓甚美。一路俱無之。豈皆出於此耶。

吴自牧夢粱録十六。更有犯鮓鋪兼貨生熟肉。且如犯鮓名件最多。姑言一二。其犯鮓者算條。影戲。鹽豉。阜角。鋌松。

脯界。方條。線條。糟猪頭肉。瑪瑙肉。鵝鮓。旋鮓。寸金鮓。魚頭醬。三和鮓。切鮓。桃花鮓。骨鮓。飯鮓。槌脯。紅羊犯。大魚鮓。鱘鰉魚鮓等類。冬閒添賣凍薑豉蹄子。薑豉雞。凍白魚。凍波斯薑豉等。　案犯鮓應從周煇言作把鮓。又此録屢言鹽豉。據陳元靚歲時廣記是以肉煮鹽豉作凍。非單指豉。　又案飲食最易變遷。資暇集清異録所言已異于夢華録。夢華録所言又與都城紀勝、西湖繁勝録、夢粱録、武林遺事諸書有別。蓋南北好尚不同。隨時隨地而變。然有不變者。有名變而實不變者。鮓說文云鮺藏魚也。南方謂之魿。北方謂之鮓。俗作鮓。是古已有之。由魚而蝦而蟹而雀而肉。皆可爲鮓。宋人紀載鮓必參以糖酒及醋。則今之薰魚、薰雞、穌魚、醉蟹、鹽水雞鴨其遺製也。犯是晒乾。與脯臘之鹽醃者有別。如交片、如乾魚蝦、如晾乾肉之類。脯臘今曰臘味。昔年都中盒子舖四時有之。爊今作熬。謂以文火細煮。爊物當卽今之滷肉、滷肚、滷雞、滷鴨。或曰醬肉、醬雞、醬鴨也。簽之名。今都中食肆尚謂炸肥腸爲炸簽。虀謂以菜蔬作肴。可存留稍久者。如凍菌菌油茄鮝之類。鹽漬菜蔬亦曰虀。今西南各省曰泡菜。而乾醃者謂之葅。羅卜葅最有名。是皆所謂旨蓄。此録則曰立冬進冬菜。蒸餅亦曰炊餅。籠餅。數以扇計。卽今饅頭。胡餅卽燒餅有芝麻者。油餅爲起穌者。糖餅有餡。環餅卽寒具。亦曰饊子。饆饠或卽川陝鍋魁。側厚似是都中馬蹄燒餅。寬焦卽薄脆。都中高粱橋薄脆。起自乾隆時。李慈銘日記頗稱之。今歇業二十年矣。夾子或卽荷葉餅空心餅之類。饅頭有餡。或以皮之厚薄與包子爲別。團子今北方鄉間蒸雜合麪若包子有餡。尚呼爲團子。湯餅卽切麪。唯餛飩只一種。亦貴清湯。昔年都中致美齋餛飩湯。可醮以寫字也。

幽蘭居士東京夢華録卷之三

馬行街北諸醫鋪

馬行北去。乃小貨行時樓。大骨傳藥鋪。直抵正係舊封丘門。兩行金紫醫官〔一〕藥鋪。如杜金鈎家。曹家獨勝元。〔案〕元卽丸字。山水李家口齒咽喉藥。石魚兒班防禦。銀孩兒栢郎中家醫小兒。大鞋任家産科。其餘香藥鋪席。官員宅舍。不欲遍記。夜市比州橋又盛百倍。車馬闐擁。不可駐足。都人謂之裏頭。

〔一〕醫官　陸游老學庵筆記三。曹孝忠者以醫得幸。政和宣和間。其子以翰林醫官換武官。俄又換文。遂除館職。洪邁夷堅乙志九。金剛不壞身條。醫師能太丞。居京師高頭街。

大內西右掖門外街巷

大內西去。右掖門祆廟。〔一〕直南浚儀橋。街西尚書省東門。至省前横街。南卽御史臺。〔二〕西卽郊社。省南門正對開封府後牆。省西門謂之西車子曲。史家瓠羹。萬家饅頭。〔三〕

在京第一。次曰吴起廟。〔四〕出巷乃大内西角樓。大街西去踴路街。南太平興國寺後門。北對啓聖院。街以西殿前司。相對清風樓。無比客店。張戴花洗面藥。國太丞。張老兒。金龜兒。醜婆婆藥鋪。唐家酒店。直至梁門。正名閶闔。出梁門西去。街北建隆觀。〔五〕觀内東廊于道士賣齒藥。都人用之。街南蔡太師宅。〔六〕西去州西瓦子。南自汴河岸。北抵梁門大街。亞其裏瓦。約一里有餘。過街北即舊宜城樓。近西去金梁橋街。西大街荆筐兒藥鋪。棗王家金銀鋪。近北巷口熟藥惠民西局。西去甕市子。乃開封府刑人之所也。西去蓋防禦藥鋪。大佛寺。都亭西驛。相對京城守具所。自甕市子北去大街。班樓酒店。以北大三橋子至白虎橋。直北即衛州門。

〔一〕**祆廟**

邵伯温河南邵氏聞見録七。范魯公質舉進士。和凝爲主文。愛其文賦。凝自以第十三登第。謂魯公曰。君之文宜冠多士。屈居第十三者。欲君傳老夫衣鉢耳。魯公以爲榮。至先後爲相。有獻詩者云。從此廟堂添故事。登庸衣鉢亦相傳。周祖自鄴舉兵向闕。京師亂。魯公隱於民間。一日坐封丘巷茶肆中。有人貌怪陋。前揖曰。相公無慮。時暑中。公所執扇偶書大暑去酷吏。清風來故人詩二句。其人曰。世之酷吏寃獄何止如大暑也。公他日當深究此弊。因攜其扇去。公惘然久之。後至祆廟後門。見一土偶短鬼。其貌肖茶肆中見者。扇亦在其手中。公心異焉。

張邦基墨莊漫録四。東京城北有祆廟。祆神本出西域。蓋胡神也。與大秦穆護同入中國。俗以火神祠之。京師人畏其威靈。甚重之。其廟祝姓史名世爽。自云家世爲祝累代矣。藏先世補受之牒。凡三。有曰懷恩者。其牒唐咸通三年宣武節度使令狐給。令狐者丞相綯也。有曰温者。周顯德三年端明殿學士權知開封府王所給。王乃朴也。有曰貴者。其牒亦周顯德五年樞密使權知開封府王所給。亦朴也。自唐以來祆神已祀於汴矣。而其祝乃能世繼其職。踰二百年。斯亦異矣。

〔二〕**御史臺**

宋史一百六十四職官四。御史臺掌糾察官邪。肅正綱紀。大事則廷辨。小事則奏彈。其屬爲三院。一曰臺院。侍御史隸焉。二曰殿院。殿中侍御史隸焉。三曰察院。監察御史隸焉。　案宋制不設御史大夫。以中丞一人爲臺長。

〔三〕**饅頭**

説郛十八顧文薦負暄野録。饅頭湯餅唐人謂之不托。今曰餺飥。晉束晳餅賦。有饅頭薄特。起溲牢丸。今惟饅頭名猶存。而起溲牢丸莫曉何物。薄特。荀氏云薄夜。亦莫知爲何物。

張世南游宦紀聞八。雲林先生黄長睿云。饅頭當用糉字。見束晳餅賦。興元關表諸郡食肆所貨蕫豉。用僵字。最爲有理。

張耒續明道雜志。世傳王魏公當國時。玉清宫初成。丁崖相令大具酒食。列幕次以飲食游者。後游者多詣丁訴玉清飲食。官視不謹。多薄惡不可食。丁至中書言於魏公。公不答。丁三四言之。終無所云。丁色變。問相公何以不答。公曰。此地不是與人理會饅頭夾子處。

阮葵生茶餘客話二十。岳珂玉楮集有饅頭詩。幾年太學飽諸儒。薄伎猶傳筍蕨廚。公子彭生紅縷肉。將軍鐵杖白蓮膚。芳馨正可資椒實。粗澤何妨比瓠壺。老去齒牙辜大嚼。流涎纔合慰饞奴。上庠奴云兩學公廚。例于三八課試二日。别設饌。春秋炊餅。夏冷淘。冬饅頭。饅頭尤有名。士子往往攜歸餽親識。元豐初。神宗留心學校。一日令取學生所食以進。是日適用饅頭。神宗食之曰。以此養士。可無愧矣。束晳餅賦春饅頭。夏薄持。秋起溲。冬湯餅。四時皆宜。唯有牢丸。東坡詩云。豈惟牢丸薦古味。要使真一流天漿。　案據岳詩。是肉心饅頭。今謂包子也。湯餅即麵條。牢丸是鎚。即今元宵。

〔四〕**吴起廟**

周城宋東京考十五。吴起廟在府治後。金季廢毁。

〔五〕**建隆觀**

李濂汴京遺蹟志十。建隆觀初名太清觀。在大梁門外西北。周世宗所建。宋太祖以建隆改元。遂更名爲建隆觀。重修殿宇廊廡。總一百四十有九區。後取杭州昊天上帝銅像。奉安於中。真宗大中祥符元年。以唐祕書監賀知章七代孫道士某住持是觀。加葺昊天上帝殿。其後皆燬於金兵。

〔六〕**蔡太師宅**

陸游老學庵筆記五。蔡京賜第有六鶴堂。高四丈九尺。人行其下望之如蟻。

陸游老學庵筆記八。蔡京賜第宏敞過甚。老疾畏寒。幕簾不能禦。遂至無設牀處。惟撲水少低。閒架亦狹。乃即撲水下作卧室。　案宋代賜第及宣政間賜第奪民居以賈怨。唯宋會要輯稿方域四之二十二載其事頗詳。錄之以備博覽。太祖建隆四年五月。　荆南節度使高繼冲之諸父兄高保紳以下九人來朝。各賜宅一區。八月賜右千牛衞上將軍周保權郎州邸務。葺爲居第。乾德元年十一月高繼冲自荆南來朝。詔賜都城西官宅一區。三年十月。賜靜江軍節度觀察留後郭廷謂宅一區。開寶五年六月。賜江南國主李煜弟兗州節度使從善在京宅一區。煜進銀五千兩。錢五百萬爲謝。十二月。賜樞密直學士簽書院事石熙載浚儀縣永豐坊宅一區。四年九月。賜左千牛衞大將軍李仲寓浚儀縣積珍坊宅一區。二十四日。賜右衞上將軍劉元浚儀縣清平坊宅一區。五年三月。賜文明殿學士程羽浚儀縣泰寧坊宅一區。六年七月。賜上食使王廷德浚儀縣壽昌坊宅一區。七年正月。賜樞密直學士竇偁浚儀縣崇仁坊宅一區。二月。賜秦王廷美西京甲第一區。六月。賜宣徽北院使柴禹錫浚儀縣寶積坊宅一區。八年三月。賜度支使陳崇信浚儀縣寶積坊宅一區。户部使赦正昭慶坊宅一區。七月。賜樞密院使王顯開封府道德坊宅一區。八月。賜洛苑使李繼隆宅一區。十二月。賜右諫儀大夫參知政事呂蒙正麗景門宅。右諫議大夫簽書樞密院使張齊賢宜秋門宅。王沔崇德坊宅各一區。雍熙三年二月。賜殿前都虞侯張訓宅一區。五月。賜威德軍節度李繼捧宅。易其舊第也。十月六日。賜北面總管劉廷讓田重進宅一區。十五日。賜翰林醫官使王懷隱宅一區。淳化二年八月。賜判四方館王賓安遠門外宅一區。真宗咸平五年九月。賜种放昭慶坊宅一區。大中祥符元年十二月二十四日。詔賜樞密使陳堯叟安定坊宅一區。二月四日。出内府錢五百萬贖故相呂端第。賜其子藩。先是藩以居第質錢。而三弟尚幼。不與之同居。真宗聞而憫之。故爲贖還。俾兄弟同處。七月。賜左千牛衛將軍分司西京傅潛。左監門衛大將軍楊瓊舊宅。潛等先坐罪。籍没其田宅。至是以封禪赦。恩給還之。五年閏十月。賜樞密使同中書門下平章事王欽若安遠坊宅一區。時欽若上言所居在太廟之後。后廟之前。出入非便。故有是命。六年八月。賜王繼忠諸子天波門外官第一區。天禧五年二月。詔以樞密使曹利用所居迫隘。遣内侍按視隙地。并先詔借宅園。並賜之。後没官。至皇祐中復還之。仁宗皇祐五年二月。賜樞密使狄青敦教坊第一區。　至和元年正月。賜温成皇后楚國夫人曹氏敦教坊第一區。嘉祐六年十一月。賜昭憲皇后家信陵坊第一區。十一月二十七日。宰臣文彦博言。知永興軍日。有安素處士高懌。臣素知懌名。詢其所居。乃租賃官地破屋數間。遂令破係官材葺屋舍。欲望給賜永充居士。詔舍屋并地基。特賜永充居士。止地基依例則納税錢。治平七年正月七日。　詔賜端明殿學士熙河路經略按撫使王昭崇仁坊宅一區。　九年九月十三日。賜耀州觀察使程昉宅一區。以昉任水事有功。特恩也。元豐元年三月二十四日。　賜故衛王高遵甫先借宅一區。以遵甫皇太后父故也。四年四月二日。賜提舉京城所宋用臣宅基一所。以京城下掫營課利。優奬故也。八年六月五日。賜故尚書左僕射王珪壽昌坊官第。哲宗紹聖三年九月十七日。詔賜蔡確本家宅一區。　以中書舍人葉祖洽言。臣嘗論前日受遺之臣。朝廷所當崇報。今故相蔡確。雖蒙朝廷牽復官職。然其所得恩數。與平時輔相無異。近時司馬光呂公著等。皆以安佚殁于府第。恩禮隆厚。賻贈優渥。而確實受遺爲元祐所嫉。貶死嶺外。諸子零丁。　私用尤窘。伏望聖心加隆寵數。故有是賜。其後四年四月二十一日。確妻乞以舊宗子學爲賜第。從之。元符元年九月十八日。　詔故相王安石就京賜第一區。徽宗大觀四年正月二十一日。詔太師楚國公蔡京賜蘇州南園充第宅。政和六年二月十九日。詔支降御前錢二萬貫。于京師起第一區。賜盛章居住。十一月六日。詔賜宣和學士王黼昭德坊第宅一區。十二月一日。臣僚上言。　近日臣僚蒙恩給賜第宅。皆優還價直。然于民居私舍。不無遷徙毁徹之弊。詔開封府出榜曉諭止絶。如違令。御史臺覺察奏聞。七年二月十九日。詔王安石江寧府賜第改賜鎮江府行衙。令本路轉運司應付修完。　八年七月四日。　詔特進知樞密院事鄧洵武賜第。宣和二年正月二十二日。詔蔡確輔立哲宗。功在社稷。可封郡王。賜第一區。十月二十八日。御史中丞臣翁彥國奏。伏見比年以來。臣僚有被眷異者。不唯官職之超躐。錫賚之便蕃。多遂賜第者。臣聞蒙賜之家。則必宛轉踏逐官屋以空閑爲名。或請酬價兑買百姓物業。實皆起遣名居。大者亘坊巷。小者不下拆數十家。一時驅迫。扶老攜幼。暴露怨咨。殊非盛世所宜有。今太平歲久。京師户口日滋。棟宇密接。略無容隙。縱得價錢。何處買地。瓦木毀撤。盡爲棄物。縱使得地。何力可造。失所者固已多矣。既而鳩工市材。一出公上請託。營繕務極壯麗。糜費不貲。往往未嘗會也。雖知其爲恩。未知其爲害。羣臣莫爲陛下言者。得無惡於害己歟。伏望睿旨。自今非有大勛大業暴著天下者。勿復賜第。雖已得旨。許三省執奏。臺諫論諍。庶以下息覬覦之心。仰稱聖明愛民節用之意。從之。三年十一月二十四日。詔太尉奉國軍節度使充殿前都指揮使高俅賜第。五年四月一日。臣僚言。比年臣下緣賜第宅。展占民居。甚者至數百家。遷徙逼迫。老幼怨咨。乞自今除大臣戚里。于舊制應賜外。餘悉賜金錢。使自營創。如敢干乞。重置典憲。從之。仍令御史臺奏劾。違者以違御筆論。六年十二月十五日。詔賜延康殿學士正議大夫提舉西京嵩山崇福宮薛嗣昌第。並依王革等例。

大內前州橋東街巷

大內前。州橋之東。臨汴河大街。曰相國寺。有橋平正如州橋。與保康門相對。橋西賈家瓠羹。孫好手饅頭。近南即保康門潘家黄耆圓。〔案〕圓即丸。延寧宮禁女道士觀。人罕得入。街西保康門瓦子。東去沿城皆客店。南方官員商賈兵級皆於此安泊。近東四聖觀。襪袎巷。以東城角定力院。〔一〕內有朱梁高祖御容。出保康門外。新建三尸廟。〔二〕德安公廟。南至横街。西去通御街曰麥稍巷。〔案〕麥稍巷。稍應作稭。口以南太學東門。水櫃街余家染店。以南街東法雲寺。又西去横街張駙馬宅。寺南佑神觀。

〔一〕**定力院**

李濂汴京遺蹟志十一。定力院在蔡河東水門之北。元末兵燬。

廖瑩中江行雜録。太祖之自陳橋還也。太夫人杜氏方設齋於定力院。聞變。王夫人懼。杜太夫人曰。吾兒平生奇異。人皆言當極貴。何憂也。言笑自若。是日太祖卽位。契丹北漢兵皆退。

郭若虚圖畫見聞誌三。王靄京師人。工畫佛道人物。長寫貌。五代間以畫聞。晉末與王仁壽皆爲契丹所掠。太祖受禪放還。授圖畫院祇候。遂使江表。潛寫宋齊邱韓熙載林仁肇真。稱旨。改翰林待詔。今定力院太祖御容。梁祖真像。皆靄筆也。

〔二〕**三尸廟**

周城宋東京考十六。三尸廟在保康門外。祀三尸神也。始建未詳。後廢。按修真家言。凡人身中有三尸神。常以庚申日。乘人寐時。將本人罪過奏聞上帝。減其祿命。上尸名彭踞。中尸名彭躓。下尸名彭蹻。每遇庚申日守夜不寐。則三尸不得上奏。

相國寺内萬姓交易

相國寺〔一〕每月五次開放。萬姓交易。〔二〕大三門〔三〕上皆是飛禽猫犬之類。珍禽奇獸。〔四〕無所不有。第二三門皆動用什物。〔五〕庭中設綵幙露屋義鋪。賣蒲合簟席。屏幃洗漱。鞍轡弓劍。時果。臘脯之類。近佛殿〔六〕孟家道院王道人蜜煎。趙文秀筆。及潘谷墨〔七〕占定。兩廊皆諸寺師姑賣繡作。領抹。花朵。珠翠。頭面。生色銷金花樣幞頭。〔八〕帽子。〔九〕特髻。〔一〇〕

冠子。〔一一〕條線之類。殿後資聖門前。皆書籍玩好〔一二〕圖畫。及諸路散任官員土物香藥之類。後廊皆日者〔一三〕貨術。傳神之類。寺三門閣上并資聖門。各有金銅鑄羅漢〔一四〕五百尊。佛牙〔一五〕等。凡有齋供。皆取旨方開。三門左右有兩缾琉璃塔。寺内有智海。惠林。寶梵。河沙〔案〕河沙疑誤。東西塔院。〔一六〕乃出角院舍。各有住持僧官。〔一七〕每遇齋會。凡飲食茶果。動使器皿。雖三五百分。莫不咄嗟而辦〔案〕辨辦古通用。大殿兩廊。皆國朝名公筆跡。〔一八〕左壁畫熾盛光佛降九曜鬼百戲。〔一九〕右壁佛降鬼子母揭盂〔二〇〕〔案〕盂應作盋。殿庭供獻樂部馬隊之類。大殿朵廊皆壁隱樓殿人物。莫非精妙。

〔一〕**相國寺**

本北齊大建國寺。高承事物紀原七。唐房僚石幢記曰。相國寺肇自中宗叶夢。始置於兹。宋敏求東京記曰。本北齊大建國寺後廢。唐爲鄭審宅。因病捨爲招提坊。神龍二年。僧惠雲建爲寺。延和元年。睿宗以舊封相王。因改爲相國寺。宋朝會要曰。至道中。太宗御題額易曰大相國寺。東塔曰普滿。唐至德二載建。開寶六年。太祖修。西塔曰廣願。元祐元年。僧中慜立。會要又云。咸平五年。名後閣曰資聖。東京記則云景德五年賜名也。神宗熙寧間重修飾之。併諸院爲八。東曰寶嚴、寶梵、寶覺、惠林、西曰定慈、廣慈、普慈、智海。東京記又曰。仁濟殿天聖八年建。後與寶奎殿同賜名也。

李濂汴京遺蹟志十。相國寺在縣治東。本北齊建國寺。天保六年創建。後廢。唐爲鄭審宅園。睿宗景雲初。遊方僧慧雲睹審後園池中有梵宮影。遂募緣易宅。鑄彌勒佛像高一丈八尺。值睿宗以舊封相王初卽位。因賜額爲相國寺。玄宗天寶四載。建資聖閣。東塔曰普滿。西塔曰廣願。真宗咸平四年。增建翼廊。三門前樓。迎取潁川郡銅羅漢五百尊置於閣上。神宗元豐中。增建東西兩廂。又立八院。金元兵燬。國朝洪武初重修。改賜額爲崇法禪寺。置僧綱司於內。而併南北大黃景福三寺入焉。累經黃河入城。廊廡僧舍。多被淤塌。所存者惟聖容殿。結構奇絶。蓋舊殿也。

如夢録。相國寺卽七國魏公子無忌故宅。山門五間三空六開。兩稍間四金剛。前有石獅一對。閃牆匾書大相國寺。唐睿宗御筆。山門東西兩石塔。各高三丈餘。二門五間。內坐四天王。大殿地基大六畝三分。純木攢成。不用甎灰。九明十一暗。四六槅扇。上蓋一片琉璃瓦。脊高五尺。獸高丈許。銅寶缾高大無比。匾曰聖容殿。元時不花丞相親筆。左右兩配殿。左有伽藍殿。右有香積廚。鐘樓內懸大銅鐘一顆。霜天聲聞最遠。所謂相國霜鐘。汴梁八景之一也。大殿佛像俱是藤胎銅胎。又有自來佛。不知其數。後遺失幾尊。餘俱被祥符縣令某寄寓竊去。殿內有碑一通。上刻張平山畫布袋佛。背面觀音菩薩。俱李夢陽題讚。左國璣書。稱爲中州三傑。殿內東南角有匾一面。綠地金字。上題西江月一首。前四句失記。以下是崆峒文驚海嶽。國璣書振天涯。平山神畫道子佳。中州三傑無價。（康熙間相國寺災。碑燬於火。郭世寧重刻於城外東南相國寺。在今中殿內左側。）此殿正上六梁。前後柱共七十八根。結構奇巧。傳爲神工。中原一寶也。東丹墀有宋重修相國寺碑。　高二丈餘。至道二年翰林承旨宋白撰。（碑毀無存。）後有傑閣三間。高四丈。周王所建。上坐大慈悲菩薩。西側立楊和夫婦。卽俗所謂相老相婆也。後有地藏王殿五間。再後俱是僧居。前後約二三百家。　案弁州山人四部稿一百三十八。略謂大相國寺碑翰林承旨宋白撰。待詔吳郢書。白亦有文學名。而辭蕪雜不工。郢書頗遒勁。類柳誠懸。全祖望鮚埼亭集三十八。　重修大相國寺碑跋云。　是碑在真宗咸平四年。宋學士白之文。吳祕丞郢之書。時值承平極盛之時。披其卷。康阜之象。盎然行墨之間。而書亦雄偉。不愧大家。鄂是郢之訛。　惟黃叔璥中州金石考一。謂碑立于至道二年。未知與祖望孰是。舊惟天一閣藏此碑拓本。今已久佚矣。

宋犖筠廊偶筆上。汴梁相國寺大雄殿。相傳建自北齊。明末没於河。順治中撫軍賈公重建。見梁木精堅色深綠。遂易以他木。而取爲長几。儼然青玉案也。又寺內舊有葡萄一株。没地下二十餘年。近發生原處。蔓延數丈。結實纍纍。往來遊人賦詩紀異者甚衆。

郭若虛圖畫見聞誌五。大相國寺碑稱寺有十絶。其一大殿內彌勒聖容。唐中宗朝僧惠雲於安業寺鑄成。光照天地爲一絶。其二睿宗皇帝親感夢於延和元年七月二十七日。改故建國寺爲大相國寺。睿宗御書牌額爲一絶。其三匠人王温重裝聖容金粉肉色。並三門下善神一對爲一絶。其四佛殿内有吴道子畫文殊維摩像爲一絶。其五供奉李秀刻佛殿障日九間爲一絶。其六明皇天寶四載乙酉歲。令匠人邊思順修建排雲寶閣爲一絶。其七閣内西頭有陳留郡長史乙速令狐爲功德主時。令石抱玉畫護國除災患變相爲一絶。其八西庫有明皇先敕車道政往于闐國。傳北方毗沙門天王樣來。至開元十三年封東嶽時。令道政於此依樣畫天王像爲一絶。其九門下有瓌師畫梵王帝釋。及東廊障日内畫法華經二十八品功德變相爲一絶。其十西庫北壁有僧智儼畫三乘因果入道位次圖爲一絶也。(宋次道東京記。亦載相國寺十絶。乃是後來所見事迹。此不具録。)

陳師道後山談叢二。東都相國寺樓門。唐人所造。國初木工喻浩曰。他皆可能。惟不解卷簷爾。每至其下仰而觀焉。立極則坐。坐極則卧。求其理而不得。門内兩井亭。近代木工亦不解也。寺有十絶。此爲二耳。

歐陽修歸田録一。太祖皇帝初幸相國寺。至佛像前燒香。問當拜與不拜。僧録贊寧奏曰。不拜。問其何故。對曰。見在佛不拜過去佛。贊寧者頗知書。有口辯。其語雖類俳優。然適會上意。故微笑而頷之。

王明清投轄録。慈聖曹后嘉祐中幸相國寺燒香。后有百寶念珠。價值千萬。掛領間。登殿之次。忽不見。仁宗大怒。命盡繫從衛之人。大索都下。捕吏惶懼物色不可得。因念寺前常有小兒數人嬉戲自若。而不知其所從來。漫往問之。中一丫髻女子年十二三。忽笑謂吏曰。前日偶取之。忘記還去。今見挂寺塔之顛火珠上。當自往取之。吏知其異人也。再拜以請。女子還遂入塔中。吏輩仰視。見第十三級窗中出一手與相輪等。觀者萬人。恐怖毛竪。須臾不見。而女子手提數珠而下授吏。復請曰。中旨嚴急。願俱往以取信。兒亦不辭。行數十步。立化通衢。開封尹上其事。上嗟異久之。凡坐累者皆獲赦云。

歐陽修歸田録二。嘉祐八年。上元夜。賜中書樞密院御筵于相國寺羅漢院。國朝之制。歲時賜宴多矣。自兩制已上皆與。惟上元一夕祇賜中書樞密院。雖前兩府。見任使相。皆不得與也。是歲昭文韓相。集賢曾公。樞密張太尉皆在假不赴。惟余與西廳趙侍郎檗。副樞胡諫議宿。吴諫議奎四人在席。酒半相顧。四人者皆同時翰林學士。相繼登二府。前此未有也。因相與道玉堂舊事爲笑樂。遂皆引滿劇飲。亦一時之盛事也。

周煇清波雜志二。王黼一日在相國寺行香。見蔡京以太師魯國公揭牓。小立其下。深有羡慕之色。親厚者乘間叩之。黼曰無他。不謂元長有許大官職。

龐元英文昌雜録一。大忌日百官集於相國寺。

蔡絛鐵圍山叢談四。范内翰祖禹作唐鑑。名重天下。坐黨錮事。久之其幼子温字元實。與吾善。政和初。爲其盡力。而朝廷因還其恩數。遂官温焉。温實奇士也。一日遊大相國寺。而諸貴璫蓋不辨有祖禹。獨知有唐鑑而已。見温輒指目。方自相謂曰。此唐鑑兒也。

蘇軾東坡志林二。紹聖二年五月九日。都下有道人坐相國寺。賣諸禁方。緘題其一曰賣賭錢不輸方。少年有博者。以千金得之。歸發視其方。曰但止乞頭。道人亦善鬻術矣。戲語得千金。然亦未嘗欺少年也。

洪邁夷堅三志壬七。長生蝸條。開封宋柱光老家藏一物。類初生蝸殼。曰此長生蝸也。其祖在元祐間得於相國寺道人處。常置諸篋笥。往往終歲一發視。亦無它異。但其性若喜酸。徙之醯中。旋轉而行。王晦叔驗而怪之。以爲身走四方。水陸之産。要不盡識。亦得其七八。若此蝸者。實未嘗見也。戲爲作贊云。小蟲介族。自託倀倀。倣彼醯鷄。甕牖彷徉。豈不能飲醇而漱甘。奈鼻覷之或妨。問塗微生高之鄰。集百酸於中腸。幸陋質之收斂。税駕於不死之鄉。時無張茂先之多識。郭景純之窮搜。没世無聞。亦可傷哉。此蝸留於宋氏且百年。而不知其前之歲月矻矻腐殼中。物理不可曉測者如此。

周煇清波别志中。大相國寺舊有六十餘院。或止有屋數間。簷廡相接。各具庖爨。每虞火災。乃分東西。各爲兩禪兩律。自入金源。未知今存幾院。煇出疆日。往返經寺門。遥望浮屠峻峙。有指示曰。此舊景德院也。匆匆攬轡徑過。所可見者。棟宇宏麗耳。固不暇指顧問處所。紹興初。故老閒坐。必談京師風物。且喜歌曹元寵甚時得歸京裏去十小闋。聽之感慨。有流涕者。五六十年後。更無人説者。蓋耆舊日就淪謝。言之可勝於悒。

百歲寓翁楓窗小牘上。荆公柄國時。有人題相國寺壁云。終歲荒蕪湖浦焦。貧女戴笠落柘條。阿儂去家京洛遥。驚心寇盗來攻剽。人皆以爲夫出婦憂荒亂也。及荆公罷相。子瞻召還。諸公飲蘇寺中。以此詩問之。蘇曰。于貧女句可以得其人矣。終歲十二月也。十二月爲青字。荒蕪田有草也。草田爲苗字。湖浦焦水去也。水旁去爲法字。女戴笠爲安字。柘落木條剩石字。阿儂是吴言。合吴言爲誤字。去家京洛爲國。寇盗爲賊民。蓋言青苗法安石誤國賊民也。

〔二〕每月五次開放萬姓交易

王得臣麈史下。都城相國寺最據衝會。每月朔望三八日卽開。伎巧百工列肆。罔有不集。四方珍異之物。悉萃其間。因號相國寺爲破贓所。

王栐燕翼詒謀録二。東京相國寺。乃瓦市也。僧房散處。而中庭兩廡可容萬人。凡商旅交易皆萃其中。四方趨京師。以貨物求售。轉售他物者。必由於此。

〔三〕大三門

王栐燕翼詒謀録二。太宗皇帝至道二年。命重建三門。爲樓其上甚雄。宸墨親填書金字曰。大相國寺。五月壬寅賜之。吴曾能改齋漫録十三。大相國寺舊榜。太宗御書。寺十絶之一也。政和中。改爲宫。御書賜額。舊牓遂爲高麗使者乞歸。其後復改爲寺。御書仍賜今額。

程大昌演繁露五。世傳相國寺門舊扁。題云相國之寺凡四字。或以之字爲贅。遂命除之。别添大字。其文曰大相國寺。於體既該。於文無贅。最爲可傳。然扁題字數奇不偶者。往往皆增之字。不知起自何時。漢武帝太初元年。改正朔易服色。色尚黄。數用五。故印文必五。如丞相之印章。則是四字外添一之字。以應五數。下及諸卿守相印文。凡不足五者。亦皆加一之字以足之。後世但見太初嘗增之字。遂倣效之。凡印章以及門堂扁額概增一之字。以求合於古。殊失本意。

〔四〕珍禽奇獸

歐陽修歸田録二。咸平五年。南省試進士有教無類賦。王沂公爲第一。賦盛行於世。其警句有云。神龍異禀。猶嗜欲之可求。纖草何知。尚薰蕕而相假。時有輕薄子擬作四句云。相國寺前。熊翻筋斗。望春門外。驢舞柘枝。議者以謂言雖鄙俚。亦着題也。

周煇清波雜志十一。政和二年。待制李譓進蟾芝。上曰蟾動物也。安得生芝。聞大相國寺市中多有鬻此者。爲玩物耳。

〔五〕什物

曾敏行獨醒雜志五。相國寺貨雜物處。凡物稍異者。皆以番名之。有兩刀相並而鞘曰番刀。有笛皆尋常差長大曰番笛。及市井間多以絹畫番國士馬以博塞。

〔六〕佛殿

周城宋東京考十四引王氏畫苑。王温不知何處人。善裝鑾彩畫。其精功妙技爲古今絶手。先是唐中宗神龍二年。汴州安業寺沙門慧雲。往濮陽成寺得彌勒瑞像。樣高一丈八尺。後歸寺鑄成。欲於安業寺安置。乃爲本寺僧衆嫉而拒之。慧雲乃於安業寺東偏别營建國寺而安之。睿宗延和初。建國寺被毁。其像將遷入安業。有瑞光。會官吏敷奏。尋勅改建國寺爲大相國寺。後賜御書額乃省安業寺屬焉。則今之京師左街大相國寺是也。寺之大殿彌勒瑞像。則慧雲所鑄者也。其金像彩畫則温所裝者也。

周密癸辛雜識别集上。羅壽可丙申再游汴梁。書所見梗概。……相國寺佛殿後壁有咸平四年翰林高待詔畫大天王尤雄偉。殿外有石刻東坡題名云。蘇子瞻、子由、孫子發、秦少游同來觀晉卿墨竹。申先生亦來。元祐三年八月五日。老申一百一歲。

〔七〕潘谷墨

蘇軾仇池筆記下。潘谷墨既精妙而價不二。一日忽取欠墨錢券焚之。飲酒三日。發狂赴井死。人下視之。趺坐井中。尚持數珠也。

何薳春渚紀聞八。潘谷賣墨都下。元祐初。余爲童子。侍先君居武學直舍中。谷嘗至。負墨篋而酣詠自若。每笏止取百錢。或就而乞。探篋取斷碎者與之不吝也。其用膠不過五兩之制。亦遇濕不敗。後傳谷醉飲郊外。經日不歸。家人求之。坐於枯井而死。體皆柔軟。疑其解化也。東坡先生嘗贈之詩。有一朝入海尋李白。空看人間畫墨仙之句。蓋言其爲墨隱也。山谷道人云。潘生一日過余。取所藏墨示之。谷隔錦囊揣之曰。此李承宴軟劑。今不易得。又揣一曰。此谷二十年造者。今精力不及。無此墨也。取視果然。其小握子墨。醫者云可入藥用。亦藉其真氣之力也。

〔八〕**幞頭**

沈括夢溪筆談一。幞頭一謂之四腳。乃四帶也。二帶繫腦後垂之。折帶反繫頭上令曲折附頂。故亦謂之折上巾。唐制唯人主得用硬腳。晚唐方鎮擅命。始僭用硬腳。本朝幞頭有直腳、局腳、交腳、朝天、順風凡五等。唯直腳貴賤通用之。

孔平仲珩璜新論。周武皇帝初服常冠。以皂紗全幅向後幞髮。仍裁爲四腳。今之幞頭。正是此遺法也。

程大昌演繁露十二。幞頭起於後周。一名四脚。其制裁紗覆首盡韜其髮。兩脚繫腦後。故唐裝悉垂脚。其改爲硬脚。史不載所始。故莫知其的自何時也。孫角談苑載柳玭在東川。有從子來省。玭不甚顧盼。其家人爲之敍說房派行第。亦不領略。僕隸輩相與獻疑曰。得無責敬於君之幞頭也乎。姑垂脚入見。以占其意可也。此郎乃垂下翹楚之尾。果獲撫接。則知當柳玭時。幞頭不皆垂脚。其屈而下垂者。乃其用以爲敬也。國初有王易者。著燕北録。載契丹受諸國聘覲。皆繪畫其人物冠服。惟新羅使人公服幞頭。略同唐裝。其正使着窄袖短公服横烏。正與唐制同。其上節亦服紫同正使。惟幞頭則垂脚。疑唐制以此爲等差。故流傳新羅者如此也。又秦再思洛中紀異云。唐太宗令馬周雅飾幞頭。至昭宗乾符初。教坊内教頭張口笑者。以銀撚幞頭脚上簪花釵。與内人裹之。上悦乃曰。與朕依此樣進一枚來。上親櫛之。復覽鏡大悦。由是京師貴近效之。龐元英著文昌録。乃以爲宣宗。未知孰是。沈存中筆談謂唐惟人主得服硬脚。晚季方鎮擅命。始有僭服者。宣和重修鹵簿圖。言唐制皆垂脚。其後帝服則脚上曲。五代漢後漸變平直。其説與上所載略同。而皆不記所出。豈皆以意揣度乎。

〔九〕**帽子**

呂本中師友雜志。崇寧初。衣服皆尚窄袖狹緣。有不如是者。皆取怒於時。故當時章疏有言褒衣博帶。尚存元祐之風。矮帽幅巾。猶襲姦臣之體。蓋東坡喜戴矮帽。當時謂之東坡帽。黄魯直喜戴幅巾。故言猶襲姦臣之體也。

江休復江隣幾雜志。近歲都下裁翠紗帽直一千。至於下俚。恥戴京紗帽。御帽例用京紗。未嘗改易也。

〔一〇〕**特髻**

事林廣記戊集五。特髻。燧人始爲髻。至周王后首服爲副編。三輔謂之假髻。即今特髻也。實録曰。燧人氏婦人束髮爲髻。髻也。蓋女子必有繼于人也。

〔一一〕**冠子**

高承事物紀原三。引二儀實録曰。爰自黄帝制爲冠冕。而婦人者之首飾服無文。至周始有。不過副笄而已。漢宮掖承恩者。始賜碧或緋芙蓉冠子。則其物自漢始矣。古今註曰。魏文帝有絶寵四人。莫瓊樹制蟬鬢。縹緲如蟬翼。段巧笑始錦衣絲履。作紫粉拂面。陳尚衣能歌舞。薛夜來善爲衣裳。一時冠絶。一云冠起當世。

陶穀清異録三。士人暑天不欲露髻。則頂矮冠。清泰間。都下星貨鋪賣一冠子。銀爲之。五朶平雲作三層安置。計止是梁朝物。匠者遂依倣造小樣求售。

王栐燕翼詒謀録四。舊制婦人冠以漆紗爲之。而加以飾。金銀珠翠。采色裝花。初無定制。自仁宗時。宮中以白角改造冠并梳。冠之長至三尺。有等肩者。梳至一尺。議者以爲妖。仁宗亦惡其侈。皇祐元年十月。詔禁中外不得以角爲冠梳。冠廣不得過一尺。長不得過四寸。梳長不得過四寸。終仁宗之世。無敢犯者。其後侈靡之風盛行。冠不特白角。又易以魚魫。梳不特白角。又易以象牙玳瑁矣。

周煇清波雜志八。皇祐初。詔婦人所服冠。高毋得過七寸。廣毋得踰一尺。梳毋得踰尺。以角爲之。先是宮中尚白角冠。人争效之。號内樣冠。名曰垂肩等肩。至有長三尺者。登車檐皆側首而入。梳長亦踰尺。議者以爲服妖。乃禁止之。煇自孩提。見婦女裝束數歲即一變。况乎數十百年前。樣製自應不同。如高冠長梳猶及見之。當時名大梳裹。非盛禮不用。

若施於今日。未必不誇爲新奇。但非時所尚而不售。大抵前輩治器物。蓋屋宇。皆務高大。後漸從狹小。首飾亦然。

〔一二〕**書籍玩好**

朱弁曲洧舊聞四。黄魯直於相國寺得宋子京唐史藳一册。歸而熟觀之。自是文章日進。此無他也。見其竄易句字與初造意不同。而識其用意所起故也。

吴處厚青箱雜記一。樞密邵公嘗謂余詩淺切有似白樂天。一日閲相國寺書肆。得馮瀛王詩一帙而歸。以語之。公曰。子詩格似白樂天。今又愛馮瀛王。將來捻取箇豁達李老。(慶曆間京師有民。自號豁達李老。好吟詩而辭多鄙俚。故公以戲之。)

吴處厚青箱雜記三。鄉人上官極。累舉不第。年及五十方得解。赴省試。游相國寺。買詩一册。紙已熏晦。歸視其表。乃五代時門狀一幅。曰敕賜進士及第馬極。右極伏蒙禮部放牓。敕賜及第謹詣。

洪邁夷堅甲志十八。楊靖償冤條。臨安人楊靖者。始以部花石至京師。得事童貫。積官武功大夫。爲州都監。將滿秩。造螺鈿火鑽三合。窮極精巧。買士人陳六舟。令其子十一郎賫入京。以一供禁中。一獻老蔡。一與貫。以營再任。子但以一進御。而貨其二於相國寺。得錢數百千。爲游冶費。

〔一三〕**日者**

潘永因宋稗類鈔七。徽宗在潛邸。密使人持誕生年月。俾術人陳彦論之。彦一見問誰使若來。再三詰之。乃告以實。彦曰。覆大王彦卽今閉鋪。六十日内望富貴。後以隨龍宫至節鉞。政和全盛日。彦嘗以運數中微。密告於上。徽宗爲作石記。埋宣和殿下。

周煇清波雜志三。政宣間除擢侍從以上。皆先命日者推步其五行休咎。然後出命。故一時術者謂士大夫窮達在我可否之間。朝士例許於通衢下馬從醫卜。因是此輩益得以憑依。

江少虞皇朝事實類苑四十九。張鄧公嘗謂予曰。某舉進士時。與寇萊公遊相國寺。詣一卜肆。卜者曰。二人皆宰相也。

既出。逢張公齊賢。王相公隨亦往詣之。卜者大驚曰。一日之内而有四人宰相。四人相顧而笑以退。因是卜者日消聲。亦不復有人問之。卒窮餓以死。而四人者其後皆爲宰相。公欲爲之傳未能也。

説郛三二引摭掌録。熙寧中。蜀中日者費孝先。筮易以丹青寓吉凶。謂之卦影。其後轉相祖述。其畫人物不常。鳥或四足。獸或兩翼。人或儒冠而僧衣。故爲怪以見像。朝士米芾好怪。常戴俗帽。衣深衣。而躡朝靴。紺緣纈。朋從目爲活卦影。

洪邁夷堅支甲八。朱諷得子條。下邳朱諷。往京師赴省試。至宋城逢日者。占軌革影。邀而卜之。遇益之姤。其象畫一猴子。上有望字。一人衣紫腰金。執笏若進揖狀。婦人以箕盛嬰兒於前。日者曰。君此行必登科。他日仕宦亦顯。但捧箕饋子事爲不可曉。遂别去。到京入試之次日。二僕挈笥送至貢闈而反。行穿曲巷。聞兒在地上啼。視之見故帛裹一初生嬰孩。因相謂曰。是必人家非正所出。吾主公未有子。不妨收養之。乃抱歸邸舍。適邸婦有乳。倩使哺育。迨暮朱來。僕迎以告。朱大喜。雇乳母與之還家。詢所棄處。正名簸箕巷。朱果擢第。名此子曰省郎。朱終身無子。遂爲嗣。

文瑩玉壺清話四。真宗爲開封尹呼通衢中鐵盤市卜一瞽者。令張耆夏守贇楊崇勳左右數輩。揣聽聲骨。因以爲娱。或中或否。獨相王繼忠。瞽者駭之曰。此人可訝。半生食漢禄。半生食胡禄。真宗笑而遣去。繼忠後爲觀察使高陽總管。陷虜。上聞之甚嗟悼。皆謂卽没。景德初。戎人乞和。繼忠有力焉。朝廷方知其存。後每歲遣使。真宗手封御帶藥茗以賜焉。繼忠服漢章。南望天闕稱未死臣。哭拜不起。問聖體起居。不避虜嫌。以其德儀雄美。虜以女妻之。僞封吴王。改姓耶律。卒於虜。人謂陷蕃王氏也。

〔一四〕金銅鑄羅漢

周城宋東京考十一。資聖閣在府治東北相國寺内。唐天寶四載建。閣上有銅羅漢五百尊及佛牙等。凡有齋供。取旨方開。都人夏月於此納涼。所謂資聖薰風是也。金季兵燬。

〔一五〕佛牙

吴曾能改齋漫録十三。封羅漢作應真。政和八年御筆。羅漢已改爲無漏和尚。未加封爵。可封作應真。

沈括夢溪筆談二十。熙寧中。予察訪過咸平。是時劉定子先知縣事。同過一佛寺。子先謂予曰。此有一佛牙甚異。予乃齋潔取視之。其牙忽生舍利。如人身之汗。颷然湧出。莫知其數。或飛空中或墜地。人以手承之卽透過。着床榻。摘然有聲。透下光明瑩澈。爛然滿目。予到京師。傳于公卿間。後有人迎至京師。執政官取入東府。以次流布士大夫之家。神異之跡不可悉數。有詔留大相國寺。創造木浮圖以藏之。今相國寺西塔是也。　案彭乘續墨客揮犀五録此則。一字不易。出于後人鈔撮無疑。乘頗有文學。必不至負販若此也。

程大昌演繁露六。世之尊佛而主其異者。其説曰。華夷之人。生理一也。此之牙骨。若指其長大。皆能倍常。且其色紅潤與枯骨異。非佛不能有此也。予固不嘗見佛。亦不嘗見其指骨。然以古書攷之。長狄僑如之死也。尸載於車。眉出軾上。古今中國。亦未嘗有此巨人矣。而僑如兄弟自生及葬。左氏皆能詳記。則佛骨之比常人特爲長大。自其種類如此。不得資之以信其怪也。若以骨指紅潤爲異。則有見矣。獸惟自病而死。血不蔭骨。則骨遂槁乾。若非自死。則其久而紅潤者。皆以瀝血不盡也。人固不可試矣。試以猪羊骨驗之。其遭烹之骨必且紅潤。而自死者必枯槁。此可驗也。予之立此見也。非爲異也。而舉世信佛。雖爲辨正。有不容不辨也。顧有事效見前者。可以證予説之非妄也。五代史趙鳳傳。唐明宗時。有西域僧得佛牙以獻。明宗以示大臣。鳳言世傳佛牙水火不能傷。因以斧斫之。應手而碎。是時宮中施舍已及數千。因鳳碎之乃止。此與傳奕用羚羊角擊金剛石者。正同一驗也。世人尊佛太甚。但有一人倡言是佛。俗子萬衆。擎跽畏敬。傾家以施。焚肌以禮。安有敢證其謬者。況敢出意自言以斧石試擊之耶。故其誕得行。而人惑不可得解也。庚戌二月十七夜。閲趙鳳傳書此。

〔一六〕**東西塔院**

王銍默記中。李後主手書金字心經一卷。賜其宮人喬氏。喬氏後入太宗禁中。聞後主薨。自内廷出其經。捨在相國寺西塔以資薦。且自書於後曰。故李氏國主宮人喬氏。伏遇國主百日。謹捨昔時賜妾所書般若心經一卷。在相國寺西塔院。伏願彌勒尊前。持一花而見佛云云。

〔一七〕住持僧官

宋史一百六十五職官五。左右僧録。司掌寺院僧尼帳籍。及僧官補授之事。

宋史一百九十七兵志十一。咸平三年八月。相國寺僧法山本洺州人。强姓。其族百口悉爲戎人所掠。至是願還俗隸軍伍。以効死力。且獻鐵輪撥。渾重三十三斤。首尾有刃。爲馬上格戰具。詔補外殿直。

陶穀清異録一。相國寺星辰院比丘澄暉。以豔倡爲妻。忽一少年踵門謁暉。願置酒參會梵嫂。

江少虞皇朝事實類苑四十五。陸經慶曆中爲館職。一日飲于相國寺祕演房。語笑方洽。有一人箕踞於旁。睥睨經曰。禍作矣。僅在頃刻。能復飲乎。陸大怒。欲捕之。爲祕演勸勉而止。薄暮飲罷上馬。而追牒已俟於門。陸惶懼不知所爲。復見前箕踞者。行且笑曰。無苦。終復故物。既而陸得罪。斥廢累年。嘉祐初乃復館職。(見東軒筆録卷十。)

張舜民畫墁録一。相國寺燒朱院。舊日有僧惠明。善庖炙。猪肉尤佳。一頓五斤。楊大年與之往還。多率同舍具飡。一日大年曰。爾爲僧。遠近皆呼燒猪院安乎。惠明曰。奈何。大年曰。不若呼燒朱院也。都人亦自此改呼。

〔一八〕名公筆迹

郭若虛圖畫見聞誌二。王仁壽。汝南宛人。工畫佛道鬼神。兼長鞍馬。始師王殷。後學精吴法。晉末爲契丹所掠。太祖受禪。放還。相國寺文殊院有淨土彌勒下生二壁。淨土院有八菩薩像及有征遼獵渭等圖。傳於世。

又同書三。治平乙巳歲雨患。大相國寺以汴河勢高。溝渠失治。寺庭四廊悉遭渰没。圮塌殆盡。其牆壁皆高文進等畫。惟大殿東西走馬廊相對門廡不能爲害。東門之南。王道真畫給孤獨長者買祇陀太子園因緣。東門之北。李用及與李象坤合畫牢度义鬬聖變相。西門之南。王道真畫誌公變相十二面觀音像。西門之北。高文進畫大降魔變相。今並存之。皆奇迹也。其餘四面廊壁。皆重修後復集同時名手李元濟等。用內府所藏副本小樣重臨倣者。然其間作用各有新意焉。

沈括夢溪筆談十七。相國寺舊畫壁。乃高益之筆。有畫衆工奏樂一堵。最有意。人多病擁琵琶者誤撥下絃。衆管皆發四字。琵琶四字在上絃。此撥乃掩下絃。誤也。余以爲非誤也。蓋管以發指爲聲。琵琶以撥過爲聲。此撥掩下絃。則聲在上絃也。益之布置尚能如此。其心匠可知。

周城宋東京考十一。引王氏畫苑。相國寺高益畫壁。經時圮剥。上惜其精筆。將營治之。詔高文進曰。丹青誰如益者。對曰。臣雖不及。請以蠟紙模其筆法。後移於壁。毫髮較益。當無所失。遂與李用及李象坤翻傳舊本於壁。畫得益之骨氣。文進自畫後門裏東西二壁。五臺峨眉文殊普賢變相。及後門西壁神。大殿後北方天王等。以其能。遷待詔。仍賜所居。

〔一九〕熾盛光佛降九曜鬼百戲

郭若虛圖畫見聞誌三。高益涿郡人。工畫佛道鬼神。蕃漢人馬。太祖潛歸京師。始貨藥以自給。每售藥必畫鬼神或犬馬於紙上。藉藥與之。由是稍稍知名。時太祖在潛邸。外戚孫氏喜畫（孫氏有酒樓。一日遇四老人飲酒。有異。疑其神仙。因謂之四皓樓。亦謂孫氏爲孫四皓也。）因厚遇益。請爲圖畫。未幾太宗龍飛。孫氏以益所畫搜山圖進。上遂授翰林待詔。後被旨畫大相國寺行廊阿育王等變相。暨熾盛光九曜等。有位置小本。藏於内府。後寺廊兩經廢置。皆飭後輩名手依樣臨倣。

〔二〇〕佛降鬼子母揭盂

徐樹丕識小録三。今骨董家有鬼子母揭鉢圖。云出自李龍眠。適見馮觀察元成有詩詠之。爲録之。詩曰。嘗讀寶積經。其語何奇詭。魔氣盛東方。鬼母生鬼子。一産五百徒。賓伽羅最異。八臂三其目。虎爪兼狼齒。陰兵恣憑陵。攫人飧腦髓。殘害且無算。世尊爲憫只。弘慈發神威。妙力勝角掎。妖子收鉢中。不啻如玄蟻。魔衆駕天來。海決山驅徙。火雲吐玄焱。木石攢鋒矢。萬鉦警毒龍。千鞭走狂兕。大智静恬然。栴檀高百雉。强弩變蓮花。巨駁變玉蘂。巍鋒幻雲霞。驚波改清沚。猛獸爲騶虞。波臣如女婢。日朗惠風和。太虚淨無滓。固知西方經。寓言猶莊旨。定力豈多能。一心御萬指。淨念卽佛身。狂機卽妖壘。俯仰頃刻間。方寸互醜美。世人崇金像。真佛置不理。酣酒擁妙麗。鉅敵從中起。誰其爲此圖。可作梵天史。繪法甚精工。得無五代士。沙彌無用珍。心畫更可喜。破却千甕春。爲灑甘露水。

寺東門街巷

寺東門大街。皆是幞頭腰帶。書籍冠朶鋪席。丁家素茶。寺南卽録事巷〔一〕妓館。繡巷皆師姑繡作居住。北卽小甜水巷。巷内南食店甚盛。妓館亦多。向北李慶糟薑鋪。直北出景靈宫東門前。又向北曲東稅務街。高頭街。薑行後巷。乃脂皮畫曲妓館。〔二〕南北講堂巷。〔三〕孫殿丞藥鋪。靴店。出界身北巷。巷口宋家生藥鋪。鋪中兩壁皆李成〔四〕所畫山水。自景靈宫東門大街向東。街北舊乾明寺。沿火改作五寺王監。〔五〕〔案〕五寺王監。王是三之譌字。以東向南曰第三條甜水巷。以東熙熙樓客店。都下着數。以東街南高陽正店。向北入馬行。向東街北曰車輅院。南曰第二甜水巷。〔六〕以東審計院。〔七〕以東桐樹子韓家。〔八〕直抵太廟前門。南往觀音院。〔九〕乃第一條甜水巷也。太廟北入榆林巷。通曹門大街。不能遍數也。

〔一〕**録事巷**

陸游老學庵筆記六。蘇叔黨政和中至東都。見妓稱録事。太息語廉宣仲曰。今世一切變古。唐以來舊語盡廢。此猶存唐舊爲可喜。前輩謂妓爲酒糾。蓋謂録事也。相藍之東有録事巷。傳以爲朱梁時名妓崔小紅所居。

〔二〕**妓館**

洪邁夷堅丁志十一。蔡河秀才條。鄉人董昌朝在京師。同江東兩秀才自外學晚出游。方三月開溝。亂石欄道。至坊曲轉街處。其一人迷路相失。兩人者元未嘗謁宿假。不敢躡尋。遂歸。經日始告于學官。訪之於所失處。無見也。乃移文開封府。府以付賊曹竇鑑。鑑到學詢此士姓名。曰孫行中。字强甫。束帶著帽而出。鑑呼其隸。使以物色究索。衆謂江東士人多好游蔡河岸妓家。則倣其結束。分往宿。月旦之夕。一隸在某妓館。妓用五更赴起衙參。約客使待己。妓去。客不復寐。見床内小板庋上烏紗帽存。取視之。金書強甫兩字宛然。客託故出。遍告儕輩。伏于外。須妓歸。并嫗收縛送府。始自言向夕有孫秀才獨來。買酒款曲。以其衣裘華絜。而舉止生梗。又無伴侶。輒造意殺之。投尸于河。斥賣其物皆盡。只餘此帽。不虞題誌之明白。以速禍敗。寃魄彰露。何所逃死。遂母子同伏誅。

〔三〕南北講堂巷

魏泰東軒筆録十三。舊傳東京相國寺乃魏公子無忌之宅。至今地屬信陵坊。寺前舊有公子亭。丁謂開保康河對寺架橋。始移亭子近東寺。基舊極大。包數坊之地。今南北講堂巷卽寺之講院。戒身卽寺之戒壇也。

〔四〕李成

邵博邵氏聞見後録二十七。國初。營丘李成畫山水。前無古人。後河陽郭熙得其遺法。成之子覺。熙之子思。俱爲從官。頗廣求兩父之畫。故見於世者益少。益可貴云。

百歲寓翁楓窗小牘下。名畫李成。以山水供奉禁中。然以子姓饒貲。爲宮市珠玉大商。不易爲人落筆。惟性嗜香藥名酒。人亦不知。獨相國寺東宋藥家。最與相善。每往醉必累日。不特楮素揮灑。盈箱滿篋。卽舖門兩壁。亦爲淋漓潑染。識者謂壁畫家入神妙。惜在白堊上耳。

王闢之澠水燕談録七。營丘李成。字咸熙。磊落不羈。喜酒善琴。好爲歌詩。尤妙畫山水。周樞密使王朴與之友善。爲召至京。將以處士薦之。會朴卒。乾德中。陳守大司農衞融。以鄉里之舊延之郡齋。日恣飲。竟死於酒。子覺。仕至國子博士。直史館。贈成爲光禄寺丞。葬於浚儀之魏陵。宋翰長白爲之誌。成畫平遠寒林。前人所未嘗爲。氣韻蕭灑。煙林清曠。筆勢穎脱。墨法精絶。高妙入神。古今一人。真畫家百世師也。雖昔王維李思訓之徒。亦不可同日而語。其後燕貴、翟院深、許道寧輩。或僅得一體。語全則遠矣。考白所作成誌。則成未嘗仕。而歐陽文忠公以爲成仕至尚書郎。按白與成同時人。又與成子覺並列史館。其所紀宜不妄。不知文忠公何以據也。正當以誌爲定。

王明清揮麈前録三。李成字咸熙。系出長安唐之後裔。五代避地徙家營丘。弱而聰敏。長而高邁。性嗜盃酒。善琴奕。妙畫山水。好爲歌詩。瑣屑細務。未嘗經意。周世宗時。樞密使王朴與之友善。特器重之。嘗召赴輦下。會朴之亡。因放誕酣飲。慷慨悲歌。遨遊搢紳間。大府卿衛融守淮陽。遣幣延請。客家于陳。日肆觴詠。病酒而卒。壽四十九。子覺仕太宗。兩歷國子博士。其後以覺贈至光禄寺丞云。此宋白撰誌文大略如此。王著書。徐鉉篆。覺字仲明。列三朝國史儒學傳。敍其世家又同。覺子宥。仕至諫議大夫知制誥。有傳載兩朝史傳云。祖成五代末以詩酒遊公卿間。善蓍寫山水。至得意處殆非筆墨所成。人欲求者。先爲置酒。酒酣落筆。煙雲萬狀。世傳以爲寶。歐陽文忠公歸田録乃云。李成仕本朝尚書郎。固已誤矣。而米元章畫史復云。贈銀青光禄大夫。又甚誤也。

〔五〕**五寺三監**

洪邁夷堅支丁一。楊戩毁寺條。崇寧以來。既隆道教。故京城佛寺廢毁。先以崇夏寺地爲殿中省。政和中。又以乾明寺爲五寺三監。　案宋初卿寺不備設。熙寧以後始有五寺三監之稱。然不常設。且多兼任。不能悉數也。西湖老人繁勝録以太常太府司農大理宗正將作軍器國子次于六部之後。以當五寺三監。爲南宋時事。

〔六〕**甜水巷**

王明清揮麈後録六。熙寧中。王和父尹開封。忽内降付下文字一紙云。武德卒獲之于宫牆上。陳首有欲謀亂者。姓名凡數十人。和父令密究其徒。皆無蹤跡。獨有一薛六郎者。居甜水巷。以典庫爲業。和父令以禮呼來至廷下。問之云。汝平日與何人爲寃。薛云老矣。未嘗妄出門。初無仇怨。再三詢之。云有族妹之子。淪落在外。旬日前。忽來見。投貸不從。怒罵而去。初亦無他。和父云。卽此是也。令釋薛而追其甥。方在瓦市觀傀儡戲。才十八九矣。捕吏以手從後拽其衣帶。回頭失聲曰。豈非那事疎脱邪。既至。不訊而服。和父曰。小鬼頭没三思。至此何必窮治。杖而遣之。一府歎伏。劉季高云。

〔七〕**審計院**

馬端臨文獻通考六十職官考十四。宋朝以三司使總邦計。司各有院。以秉中外泉穀出入之政。蓋會計之府也。然案牘從委。典者不能偏察而姦容焉。淳化三年。始用户部使樊知古奏。剔其冗籍。復別爲院。置官專領之。以聽稍食之要貳。置院之初。特掌騎兵徒兵給受之數。猶未及諸司也。元豐三年。合步騎兩院爲一。遂以其一主諸司。自宮禁朝廷。下至斗食佐史。凡賦禄者。以式法審其名數而稽其辭受。唯郊賜給已。乃審禄。有疑予則詔以法。凡四方之計籍。上於大農。則逆其會。凡有司議調度。會賦出則諏焉。設員二。曰左右廳。分案六。史八人。其名舊爲諸軍諸司專句司。建炎元年。避高宗御諱。改諸軍諸司審計官。

〔八〕**桐樹子韓家**

吴曾能改齋漫録十一。韓子華兄弟皆爲宰相。門有梧桐。京師人以桐木韓家呼之。以別魏公也。子華下世。陸農師挽章云。棠棣行中排宰相。梧桐門巷識韓家。皆紀其實也。子華其家呼爲三相公。持國爲五相公。

〔九〕**觀音院**

李濂汴京遺蹟志十一。觀音院在麗景門裏街北。元末兵燬。

王明清揮麈後録六。觀音院蓋承平時執政丐外待罪之地也。

王明清揮麈後録七。蔡元度爲樞密。與其兄内相搏。力祈解政。遷出於郊外觀音院。去留未定也。平時門下士悉集焉。是時所厚客。已有叛元度去。元度心不能平。飯已。與諸君步廊廡。觀壁間所畫熾盛光佛降九曜變相。方羣神逞威之際。而其下有稽首默敬者。元度笑以指示羣公曰。此小鬼最叵耐。上面勝負未分。他底下早已合掌矣。客有慚者。

曾慥高齋漫録。蔡京崇寧中以星文罷相。般出觀音院待罪。客有過之者。京泣曰京若負國。卽教三子都没前程。好事者戲云。兩行珠淚下。三箇鳳毛災。

上清宮

上清宮〔一〕在新宋門裏街北。以西茆山下院。醴泉觀〔二〕在東水門裏。觀音院在舊宋門後太廟南門。景德寺〔三〕在上清宮背。寺前有桃花洞皆妓館。開寶寺〔四〕在舊封丘門外斜街子。內有二十四院。惟仁王院最盛。天清寺在州北清暉橋。興德院〔五〕在金水門外。長生宮在鹿家巷。顯寧寺〔六〕在炭場巷北。婆臺寺〔七〕在陳州門裏。兜率寺在紅門道。地踴佛寺〔八〕在州西草場巷街南。十方靜因院〔九〕〔案〕靜應作凈。在州西油醋巷。浴室院在第三條甜水巷。福田院在舊曹門外。報恩寺在卸鹽巷。太和宮女道士在州西洪橋子大街。洞元觀女道士在班樓北。瑤華宮〔一〇〕在金水門外。萬壽觀〔一一〕在舊酸棗門外十王宮前。

〔一〕**上清宮**

蔡絛鐵圍山叢談二。上清儲祥宮者。乃太宗出藩邸時藝祖所錫予而建也。

趙德麟侯鯖録二。紹聖中。有人過臨江軍驛舍。題二詩。不書姓名。時貶東坡。毀上清宮碑。令蔡京別撰。詩又云。晉公功業冠吾唐。吏部文章日月光。千載斷碑人膾炙。不知世有段文昌。

歐陽修歸田録一。內中舊有玉石三清真像。初在真遊殿。既而大內火。遂遷於玉清昭應宮。已而玉清又大火。又遷於洞真。洞真又火。又遷於上清。上清又火。皆焚蕩無孑遺。遂遷於景靈。而宮司道官相與惶恐。上言真像所至輒火。景靈必不免。願遷他所。遂遷於集禧宮迎祥池水心殿。而都人謂之行火真君也。

〔二〕**醴泉觀**

李濂汴京遺蹟志十。醴泉觀在東水門裏。宋真宗大中祥符元年五月。泰山醴泉出。詔於其地建醴泉觀。後復建於京城。金季兵燬。

〔三〕**景德寺**

王明清揮麈三録一。宣和中蘇叔黨游京師。寓居景德寺僧房。忽見快行家者同一小轎至。傳旨宣召。亟令登車。

〔四〕開寶寺

李濂汴京遺蹟志十。開寶寺舊名獨居寺。在上方寺之西。北齊天保十年創建。唐開元十七年玄宗東封。還至寺。改曰封禪寺。宋太祖開寶三年。又改曰開寶寺。重起緣廊朶殿。凡二百八十區。太宗端拱中建塔。極其偉麗。初釋迦佛舍利塔在杭州。佛書所謂阿育王七寶塔也。及吳越王錢俶歸宋。太宗遣供奉官趙鎔。取置寺内。度龍地瘞之。時木工喻浩有巧思。超絶流輩。遂令造塔八角十三層。高三百六十尺。其土木之宏壯。金碧之炳燿。自佛法入中國未之有也。真宗大中祥符六年。有金光出相輪。車駕臨幸。舍利乃見。因賜名靈感塔。仁宗慶曆四年。塔燬於火。其殿宇廊廡僧舍俱燬於金兵矣。

蔡絛鐵圍山叢談五。開寶寺災。殿舍既雄。人力罕克。施魯公時尹天府。夜帥役夫拯之。烟焰屬天。

方勺泊宅編十。朱臨年四十。以大理寺丞致仕。居吳興。一日曉容來謁。公欣然接之。是時二子行中久中。秋試不利。皆在侍下。公強使冠帶而出。容一見行中。驚起賀曰。後舉狀元也。後三年秋。二朱至京。舍開寶寺。容寓智海相次。

歐陽修歸田録一。開寶寺塔在京師諸塔中最高。而制度甚精。都料匠喻浩所造也。塔初成。望之不正。而勢傾西北。人怪而問之。浩曰。京師地平無山。而多西北風。吹之不百年當正也。其用心之精蓋如此。國朝以來木工一人而已。至今木工皆以喻都料爲法。有木經三卷行於世。世傳浩惟一女。年十餘歲。每卧則交手於胸爲結構狀。如此踰年。撰成木經三卷。今行於世者是也。

田况儒林公議上。太宗志奉釋老。崇飾宫廟。建開寶寺靈感塔以藏師舍利。臨瘞爲之悲涕。興國寺搆二閣。高與塔侔。以安大像。遠都城數十里已在望。登六七級方見佛殿腰腹。佛指大皆合抱。觀者無不駭愕。兩閣又開通飛樓爲御道。麗景門内創上清宫。以尊道教。殿塔排空。金碧照耀。皆一時之盛觀。自景祐初至慶曆中。不十年間。相繼災燬。略無遺焉。

周密癸辛雜識别集下。光教寺在汴城東北角。俗呼爲上方寺。有琉璃塔十三層。鐵普賢獅子像甚高大。座下有井。以銅波斯蓋之。泉味甘。謂通海潮。旁有五百羅漢殿。又云五百菩薩像。皆是漆胎粧以金碧。窮極精妙。

李濂汴京遺蹟志十。上方寺在城之東北隅安遠門裏。夷山之上。即開寶寺之東院也。一名上方院。宋仁宗慶曆中。開寶寺靈感塔燬。乃於上方院建鐵色琉璃磚塔。八角十三層。高三百六十尺。俗稱鐵塔寺。舊有漆胎菩薩五百尊。并轉輪藏黑風洞。洞前有白玉石佛。後殿內有銅鑄文殊普賢二菩薩騎獅象。蓮座前有海眼井。世謂七絶。元末燬于兵。海眼井亦久失其處。國朝洪武十六年。僧祖全募緣重建。

如夢録。鐵塔寺名祐國寺。又名上方寺。俗呼鐵塔寺。北齊時創建。前有山門左右兩角門。門前週圍高丈餘。東有鐘樓。甎座高丈八尺。上建崇樓四。百門上琉璃四扣獸付簷四面琉璃佛。其像極古。內懸銅鐘布袋樣。重六千斤。下有陰井一眼。深二丈餘。北面有立甎細級可上。遇王薨逝。撞鐘三日三夜。名引魂鐘。內正殿五間。中立接引銅佛一尊。約高二丈。後殿五間。正中坐佛。兩山羅漢殿。後有八角琉璃塔。一十三級。上立銅寶瓶高丈餘。宋時浙人俞浩與丹青郭忠恕按圖同修。層層俱有鐵佛。八面圍廊。六面櫺窗。向南一門匾曰天下第一塔。兩邊篆字對聯。後又有地藏王殿。東有五柳亭。林木茂美。卽宗正號竹居所建也。

〔五〕**興德院**

李濂汴京遺蹟志十一。興德院在金水門外。金季兵燬。

〔六〕**顯寧寺**

周城宋東京考十四。顯寧寺在金水門外炭場巷北。始建未詳。周顯德四年賜名。金季兵燬。

洪邁夷堅乙志十。金馬駒條。京師人郭自明太尉。以事太宗藩邸恩至濮州刺史。賜宅于炭坊巷。

〔七〕**婆臺寺**

周城宋東京考十四。婆臺寺在陳州門裏。始建未詳。金季兵燬。　按婆臺應作繁臺。讀如婆。

李濂汴京遺蹟志十。天清寺在陳州門裏繁臺上。周世宗顯德中創建。世宗初度之日。曰天清節。故名其寺亦曰天清。寺之內甎塔曰興慈塔。俗名繁塔。宋太宗太平興國二年重修。元末兵燹。寺塔俱廢。國朝洪武十九年。僧勝安重修。永樂十三年。僧禧道等復建殿宇塑佛像。

文瑩湘山野録下。石曼卿一日謂祕演曰。館俸清薄。不得痛飲。且僚友鑁之殆遍。奈何。演曰。非久引一酒主人奉謁。不可不見。不數日。引一納粟牛監簿者。高貲好義。宅在朱家曲。爲薪炭市評。別第在繁臺寺西。房緡日數十千。長謂演曰。某雖薄有涯産。而身迹塵賤。雖近清貴。慕師交游盡館殿名士。或游奉有闕。無恡示及。演因是攜之以謁曼卿。便令置宮醪十擔爲贄。列醖於庭。演爲傳剌。曼卿愕然問曰何人。演曰。前所謂酒主人者。不得已因延之。乃問甲第何許。生曰。一別舍介繁臺之側。其生粗亦翔雅。曼卿閑語曰。繁臺寺閣虛爽可愛。久不一登。其生離席曰。學士與大師果欲登閣。乞預寵諭。下處正與閣對。容具家蔬。在閣迎候。石因諾之。一日休沐。約演同登。演預戒生。生至期果陳具於閣。器皿餚核。冠於都下。石演高歌褫帶。飲至落景。曼卿醉。喜曰此游可紀。以盆漬墨濡巨筆以題云。石延年曼卿同空門詩友老演登此。生拜叩曰。塵賤之人幸獲陪侍。乞掛一名。以光賤迹。石雖大醉。猶握筆沉慮。無其策以拒之。遂目演醉舞佯聲諷之曰。大武生（牛也）捧硯用事可也。竟不免題云牛某捧硯。永叔後以詩戲曰。捧硯得全牛。　案繁臺本七層。今存三層。如夢録原本云爲龍撮去半截。常茂徠改爲明初拆毁。蓋本于李夢陽國相寺記。所謂國初剷王氣。七級去其四之説。而不知烈風雷雨能致傾頹。事常有之。若云王氣何所徵乎。李濂云寺塔俱毁。未盡得實。其寺本名天清。俗訛作婆臺。周城謂不知其始。亦非。舊説繁臺卽古吹臺。以繁姓居側而名。玉篇繁姓也。集韻薄波切。音婆。

〔八〕**地踴佛寺**

周城宋東京考十五。地湧佛寺在陳州門内之南草場巷。始建未詳。元末兵燬。

〔九〕**十方静因院**

李濂汴京遺蹟志十一。淨因院在梁樓西汴河之南。元末兵燬。　案淨作静非。

〔一〇〕**瑶華宮**

陸游老學庵筆記二。本朝廢后入道。謂之教主。郭后曰金庭教主。孟后曰華陽教主。其實乃一師號耳。政和後羣黄冠乃敢上道君尊號曰教主。不祥甚矣。孟后在瑶華宮。遂去教主之稱。以避尊號。

王明清揮麈後録一。昭慈孟后。紹聖三年以使令爲禳禬之法。九月二十日。詔徙處道宮已見泰陵實録。

陳均皇朝編年綱目備要二十四。初后朝謁景靈宮。訖事就坐。諸嬪御侍立。劉婕妤獨背立簾下。后閤中陳迎兒喝曰綽開。婕妤背立如故。由此閤中皆忿。冬至朝隆祐宮。俟見后所御坐朱髹金飾。婕妤頗愠。從行者爲易坐製與后等。衆皆不平。故傳唱曰。皇太后出。后去所。婕妤亦起立。或已徹婕妤坐。尋復所。遂頓于地。婕妤不復朝。泣而去。遂訴于上。時內侍郝隨用事。謂婕妤曰。毋以此戚戚。蚤爲大家生子。此坐正當爲婕妤有耳。會福慶公主病。后有姊頗知醫。嘗已后危疾。以故出入掖庭。投公主藥不效。乃取道家治病符水以入。宮⿰女監以示后。后變色問曰。此何從來。⿰女監對以實。后曰。六姊寧知中禁嚴密與外舍異邪。戒令存之。俟上至言所以。既而上過視公主疾。后持以告上。上曰此亦人情之常耳。后卽取符爇於前。宮禁相傳厭魅之端作矣。未幾。后養母聽宣夫人燕氏、尼法端、與內供奉官王堅。以左道爲后禱祠。事聞。上召宰相謀之。章惇請禮官共議。蔡卞曰。既犯法何用禮官。乞掖庭置獄。差宦者推治。遂詔內侍梁從政、蘇珪、卽皇城司鞫之。御史陳次升言。廢后事重。且自古鞫獄皆付外庭。未有宮禁自治付之閹官者。萬一寃濫。貽後世譏。乞選侍從臺諫置獄。庶獲情實不報。獄具堅坐以家藏雷公式示法端。又以南方所得楓木。同法端。卽光教院造式。作後禱祠。有所厭者伏。所求者得等語。式成恐門户幾察。以生棗覆之而入。法端坐與堅造式。又嘗令堅求閭巷間所謂驢駒媚。蛇霧。叩頭蟲者以進后。令佩往上寢殿。燕氏坐上過后閤。燒懽喜字作符。取灰將置茶中以進。會上不欲茶而止。又燒符和水以灑御路。冀上數來。又令堅繪劉婕妤像。以大釘釘其心。又欲取五月中瘵死宮人燒屍灰。致劉寢。覬其亦以此疾惡死。又取七家針各一。燒符灰致劉閤中。皆以厭呪。卒無驗。尋命御史董敦逸録問。遂詔廢后。遷居瑶華宮。王堅、法端、燕氏。皆處斬。凡所連逮。以等第定罪。經由失幾察等官貶秩罰金有差。陳迎兒因始造爲語言。激怒中宮。杖脊逐出。詔獄初起。禁中捕逮幾三十。箠楚甚峻。皆宦官宮妾柔弱之人。既録問。罪人過庭下者。氣息僅屬。或肢體已毀折。至有無舌者。無一人能聲。敦逸秉筆疑未下。郝隨從旁脅之。敦逸畏禍不能剛決。乃以奏牘上。蓋宰相章惇迎合於外。而郝隨擠排於內。莫有敢異議者。

莊綽雞肋編上。食物中有饊子。又名環餅。或曰卽古之寒具也。京師凡賣熟食者。必爲詭異標表語言。然後所售益廣。嘗有貨環餅者。不言何物。但長歎曰。虧便虧我也。謂價廉不稱耳。紹聖中昭慈被廢。居瑤華宮。而其人每至宮前。必置擔太息大言。遂爲開封府捕而究之。無他。猶斷杖一百罪。自是改曰。待我放下歇則箇。人莫不笑之。而買者增多。

丁特起孤臣泣血録。徽宗北狩。有諜者持一黄單衣來。御書云趙岐注孟子。付黄潛善諸人審思之。孟卽瑤華太后。趙卽康王。高宗由是復興。

〔二〕**萬壽觀**

程大昌演繁露續集二。端拱造上清宮。慶曆三年火。止存壽星殿。因葺爲觀。大中祥符元年。造玉清昭應宮。至天聖七年災。止存長生及章獻本命殿。因葺以爲萬壽觀。

王林燕翼詒謀録二。萬壽觀本玉清昭應宮也。宮爲火所焚。惟長生崇壽殿存。殿有三像。聖祖真宗各用金五千兩餘。昊天玉皇上帝用銀五千餘兩。仁宗天聖七年。詔玉清昭應宮更不復修。以殿爲萬壽觀。蓋明肅太后尚有修營之意。宰臣猶帶使令領。至是始去之。示不復修營也。

李濂汴京遺蹟志十。萬壽觀在景龍門西北。本玉清昭應宮東偏別殿也。天聖七年夏六月。玉清昭應宮災。燔爇殆盡。惟存長生崇壽二殿并章獻太后本命殿。後稍修葺。改崇壽殿名太霄殿。徙奉玉皇銅像。增繕寶慶延聖二殿。及膺福齋殿崑玉池亭。又葺章懿太后御容殿。改名萬壽觀。後皆燬於金兵。

馬行街鋪席

馬行北去。舊封丘門外祆廟斜街。州北瓦子。新封丘門大街。兩邊民户鋪席。外餘諸班直軍營相對。至門約十里餘。其餘坊巷院落。縱横萬數。莫知紀極。處處擁門。各有茶坊酒店。勾肆飲食。市井經紀之家。往往只於市店旋買飲食。不置家蔬。北食則礬樓前李四家。段家爊物。〔一〕石逢巴子。南食〔二〕則寺橋金家。九曲子周家。最爲屈指。夜市直至三更盡。纔五更又復開張。如要鬧去處。通曉不絕。尋常四梢遠静去處。夜市亦有燋酸豏。〔三〕猪胰胡餅。和菜餅。貛兒野狐肉。果木翹羹。灌腸。〔四〕香糖果子之類。冬月雖大風雪陰雨。亦有夜市。剌子。薑豉。抹臟。紅絲。水晶膾。煎肝臟。蛤蜊。螃蟹。胡桃。澤州餳。〔五〕奇豆。鵝梨。石榴。查子。榲桲。糍糕〔六〕團子。鹽豉湯之類。至三更。方有提瓶賣茶者。蓋都人公私榮幹。夜深方歸也。

〔一〕**爊物**

程大昌演繁露九。爊。於刀切。玉篇引説文云。温器也。世言爊某肉。當書爲鑣。言從此鑣器之中。和五味以致其熟也。今人見霍去病傳。有鏖戰之文。又注家以多殺人爲鏖。遂書爲鏖。非也。又今人食饌有雜五味於肉中而熟之。當爲米缹。而皆書爲米脯。尤無義理也。齊民要術雜五味於米肉而熟之。書爲米缹。言和米而熟之於缶也。玉篇音缶。且云火熟也。

〔二〕**南食**

蔡絛鐵圍山叢談六。開寶末吴越王錢俶始來朝。垂至。太祖謂大官。錢王浙人也。來朝宿共帳内殿矣。宜創作南食一二以燕衎之。於是大官倉卒被命。一夕取羊爲醢以獻焉。因號旋鮓。至今大宴首薦是味。爲本朝故事。

〔三〕**酸豏**

歐陽修歸田録二。京師食店賣酸豏者。皆大出牌牓於通衢。而俚俗昧於字法。轉酸從食。豏從舀。有滑稽子謂人曰。彼家所賣餕餡。(音俊叨)不知爲何物也。飲食四方異宜。而名號亦隨時俗。言語不同。至或傳者轉失其本。

〔四〕**灌腸**

案今都中有灌腸。和團粉。染紅釉。實豬小腸中。片切油煎。醮鹽蒜食之。後門橋頭一家最有名。他處不及。疑唐宋遺風也。

〔五〕**澤州餳**

王明清玉照新志三。紹聖中有王毅者。文貞之孫。以滑稽得名。除知澤州。不滿其意。往別時宰章子厚。子厚曰。澤州油衣甚佳。良久又曰。出餳極妙。毅曰。啟相公。待到後當終日坐地。披著油衣食餳也。子厚亦爲之啟齒。毅之子倫也。

〔六〕**餈糕**

龐元英文昌雜録一。今歲時人家作餳蜜油煎花果之類。蓋亦舊矣。楚辭招魂云。粔籹蜜餌。有餦餭些。粔籹以蜜和米麪煎熬。餦餭餳也。中書趙舍人云。方言餌餻也。今餈餻是。

程大昌演繁露續集六。周福籩人羞籩之實。糗餌粉餈。注粉稻米黍米合蒸之爲餌。餅之則爲餈。恐餌餈粘。故粉大豆以傅之。糗熬大豆也。

周密浩然齋雅談中。俗以油餳綴糝作餌。名之曰蓼花。取其形似也。放翁詩云。新蝶餳枝綴紅糝。餳枝二字甚新。

般載雜賣

東京般載車。大者曰太平。〔一〕上有箱無蓋。箱如构欄而平。板壁前出兩木。長二三尺許。駕車人在中間。兩手扶捉鞭綏。〔案〕綏疑當作綏。駕之。前列騾或驢二十餘。前後作兩行。或牛五七頭拽之。車兩輪與箱齊。後有兩斜木脚拖。夜中間懸一鐵鈴。行即有聲。使遠來者車相避。仍於車後繫驢騾二頭。遇下峻險橋路。以鞭諕之。使倒坐綞車。令緩行也。可載數十石。官中車惟用驢差小耳。其次有平頭車。亦如太平車而小。兩輪前出長木作轅。木梢橫一木。以獨牛在轅内項負橫木。人在一邊。以手牽牛鼻繩駕之。酒正店多以此載酒梢桶矣。梢桶如長水桶。面安靨口。每梢三斗許。一貫五百文。又有宅眷坐車子。〔三〕與平頭車大抵相似。但椶作蓋。及前後有枸欄門垂簾。又有獨輪車。前後兩人把駕。兩旁兩人扶枴。前有驢拽。謂之串車。以不用耳子轉輪也。般載竹木瓦石。但無前轅。止一人或兩人推之。此車往往賣糕及餻麋之類。人用不中載物也。平盤兩輪。謂之浪子車。唯用人拽。又有載巨石大木。只有短梯盤而無輪。謂之癡車。皆省人力也。又有駞騾驢馱子。或皮或竹爲之。如方匾竹筌兩搭背上。斛㪷則用布袋駞之。

〔一〕**太平車**

邵博邵氏聞見後録二十二。今之民間鎦車。重大椎樸。以牛挽之。日不能行三十里。少蒙雨雪。則跬步不進。故俗謂之太平車。

周密癸辛雜識續集上。北方大車可載四五千斤。用牛騾十數駕之。管車者僅一主一僕。叱咤之聲。牛騾聽命惟謹。凡車必帶數鐸。鐸聲聞數里之外。其地乃荒涼空野故耳。蓋防其來車相遇。則預先爲避。不然恐有突衝之虞耳。終夜勞苦。殊不類人。雪霜泥濘。尤艱苦異常。或泥滑陷溺。或有折軸。必須修整乃可行。濡滯有旬日。然其人皆無賴之徒。每挾猥娼。同處於車箱之下。籍地而寢。其不足恤如此。

〔三〕**宅眷坐車子**

陸游老學庵筆記一。京師承平時。宗室戚里歲時入禁中。婦女上犢車。皆用二小鬟。持香毬在旁。而袖中又自持兩小香毬。車馳過。香煙如雲。數里不絶。塵土皆香。

都市錢陌

都市錢陌。〔一〕官用七十七。街市通用七十五。魚肉菜七十二陌。金銀七十四。珠珍雇婢妮買虫蟻六十八。文字五十六陌。行市各有短長使用。

〔一〕**錢陌**

羅大經鶴林玉露一。五代史漢王章爲三司使。征利剥下。緡錢出入元以八十爲陌。章每出錢。百必減其三。至今七十七爲官省錢者自章始。然今官府於七十七之中。又除頭子錢五文有奇。則愈削於章矣。

雇覓人力

凡雇覓人力。幹當人。酒食作匠之類。各有行老〔一〕供雇。覓女使〔二〕卽有引至牙人。〔三〕

〔一〕**行老**

吴自牧夢粱録十九。顧覓人力。凡顧倩人力及幹當人。如解庫掌事。貼窗鋪席。主管酒肆食店博士。鐺頭。行菜。過買。外出鬠兒。酒家人師公。大伯等人。又有府第宅舍內諸司都知太尉。直殿御藥。御帶。內監寺廳分。顧覓大夫。書表司廳子。虞候。押番。門子。直頭。轎番。小廝兒。廚子。火頭。直香燈道人。園丁等人。更有六房院府判提點。五房院承直太尉。諸內司殿管、判司、幕士。六部朝奉顧倩私身轎番、安童等人。或藥鋪要當鋪郎中。前後作。藥生作。下及門面鋪席要當鋪裏主管後作。上門下番當直安童。俱各有行老引領。如有逃閃將帶東西。有元地脚保識人前去跟尋。如府宅官員豪富人家欲買寵妾。歌童。舞女。廚娘。針線。供過。麤細婢妮。亦有官私牙嫂及引置等人。但指揮便行踏逐下來。

〔二〕**女使**

莊綽雞肋編下。古所謂媵妾者。今世俗西北名曰祗候人。或云左右人。以其親近爲言。已極鄙陋。而浙人呼爲貼身。或曰橫牀。江南又云橫門。尤爲可笑。

廖瑩中江行雜録。京都中下之户。不重生男。每生女則愛護如捧璧擎珠。甫長成。則隨其姿質。教以藝業。用備士大夫採拾娛侍。名目不一。有所謂身邊人。本事人。供過人。針線人。堂前人。雜劇人。拆洗人。琴童。棋童。廚娘等級。截乎不紊。就中廚娘最爲下色。然非極富貴家不可用。（暘谷漫録。）

〔三〕**牙人**

吴曾能改齋漫録四。劉貢父詩話謂今人謂駔儈爲牙。謂之互郎主互市事也。唐人書互作乐。乐似牙字。因轉爲牙。予考肅宗實録。安禄山爲互市牙郎盜羊事。然則以乐爲牙唐已然矣。畫短爲乐。長爲牙。

防火

每坊巷三百步許。有軍巡鋪屋一所。鋪兵五人。夜間巡警。收領公事。又於高處磚砌望火樓。樓上有人卓望。下有官屋數間。屯駐軍兵百餘人。及有救火〔一〕家事。謂如大小桶。洒子。麻搭。斧鋸。梯子。火叉。大索。鐵猫兒之類。每遇有遺火去處。則有馬軍奔報軍廂主。馬步軍殿前三衙。開封府。各領軍級撲滅。不勞百姓。

〔一〕**救火**

魏泰東軒筆録十。京師火禁甚嚴。將夜分卽滅燭。故士庶家凡有醮祭者。必先關白廂使。以其焚楮幣在中夕之後也。

至和嘉祐之間。狄武襄爲樞密使。一夕夜醮。而勾當人偶失告報廂使。中夕驟有火光。探子馳白廂主。又報開封知府。比廂主判府到宅。則火滅久之。翌日。都下盛傳狄樞密家夜有光怪燭天者。時劉敞爲知制誥。聞之。語權開封府王素曰。昔朱全忠居午溝。夜多光怪出屋。鄰里謂失火而往救之。今日之異得無類乎。此語諠於搢紳間。狄不自安。遽乞陳州。遂薨於鎮。而夜醮之事。竟無人辨之者。

百歲寓翁楓窗小牘下。臨安撲救。視汴都爲疎。東京每坊三百步。有軍巡鋪。又于高處有望火樓。上有人探望。下屯軍百人。及水桶、洒箒、鉤鋸、斧杈、梯索之類。每遇火發撲救。須臾便滅。

説郛八十二道山清話。京城界多火。在法放火者不獲。則主吏皆坐罪。有欲中傷官吏者。至自爇其所居。罷免者紛然。時邵安簡爲提點府界縣鎮寨公事。廉得其事。迺請自今非延及旁家者。雖失捕勿坐。自是絶無遺火者。遂著爲令。

天曉諸人入市

每日交五更。諸寺院行者打鐵牌子。或木魚循門報曉。亦各分地分。日間求化。諸趍朝入市之人。聞此而起。諸門橋市井已開。如瓠羹店門首坐一小兒。叫饒骨頭。間有灌肺及炒肺。酒店多點燈燭沽賣。每分不過二十文。并粥飯點心。亦間或有賣洗面水。煎點湯茶〔一〕藥者。直至天明。其殺猪羊作坊。每人擔猪羊及車子上市。動即百數。如果木亦集於朱雀門外。及州橋之西。謂之菓子行。紙畫兒亦在彼處行販不絶。其賣麥麵。秤〔案〕秘册本于秤上增一每字。作一布袋。謂之一宛。或三五秤作一宛。用太平車或驢馬馱之。從城外守門入城貨賣。至天明不絶。更

高承事物紀原一引宋會要。大中祥符□年十二月六日。帝謂王旦曰。民間乏炭秤二百文。秤上並無每字。

有御街州橋至南内前。趂朝賣藥及飲食者。吟叫百端。

〔一〕**煎點湯茶**

朱彧萍洲可談一。今世俗客至則啜茶。去則啜湯。湯取藥材甘香者屑之。或温或涼。未有不用甘草者。此俗遍天下。

馬端臨文獻通考二十市糴考。熙寧六年。詳定行户利害。所言乞約諸行利入厚薄。納免行錢。以禄吏與免行祗應。隨有指揮。元不係行之人。不得在街市賣易與納免行錢人争利。仰各自詣官投充行人。納免税錢。方得在市賣易。不赴官自投行者有罪。告者有賞。此指揮行凡十餘日之間。京師如街市提瓶者。必投充茶行。負水擔粥以至麻鞋頭髮之屬。無不投行者。

灌圃耐得翁都城紀勝。市肆謂之行者。因官府科索而得此名。不以其物小大。但合充用者。皆置爲行。雖醫卜亦有職醫尅擇之差。占則與市肆當行同也。

吴自牧夢粱録十三。市肆謂之團行者。蓋因官府回買而立此名。不以物之大小。皆置爲團行。雖醫卜工役。亦有差使。則與當行同也。雖然差役。如官司和僱。支給錢米。反勝于民間僱倩工錢。而工役之輩。則歡樂而往也。其中亦有不當行者。如酒行。食飯行。而借此名。有名爲團者。如城西花團。泥路青果團。後市街柑子團。渾水閘鮝團。出有名爲行者。如官巷方梳行。銷金行。冠子行。城北魚行。城東蟹行。薑行。菱行。北猪行。侯潮門外南猪行。南土北土門菜行。壩子橋鮮魚行。横河頭布行。雞鵝行。更有名爲市者。如炭橋藥市。官巷花市。融和市。南坊珠子市。修義坊肉市。城北米市。且如橘園亭書房。鹽橋生帛。五間樓泉福糖蜜。及荔枝圓眼湯等物。其他工役之人。或名爲作分者。如碾玉作。鑽捲作。篦刀作。腰帶作。金銀打鈒作。裹貼作。鋪翠作。裱褙作。裝鑾作。油作。木作。甎瓦作。泥水作。石作。竹作。漆作。釘鉸作。箍桶作。裁縫作。脩香澆燭作。打紙作。冥器等作分。又有異名行者。如買賣七寶者謂之骨董行。鑽珠子者名曰散兒行。做靴鞋者名雙線行。開浴堂者名香水行。　案古今相去不遠。夢粱録所載行作名稱。今尚遺存者不少。然則臨安之俗。自當與東都無甚差別也。

諸色雜賣

若養馬。則有兩人日供切草。養犬則供餳糟。養猫則供猫食并小魚。其錮路釘鉸箍〔案〕箍應作箍。桶。修整動使。掌鞋刷腰。帶修幞頭帽子。補角冠。日供打香印〔一〕者。則管定鋪席。人家牌額。時節即印施佛像等。其供人家打水者。各有地分坊巷。及有使漆。打釵環。荷大斧斫柴換扇子柄。供香餅子炭團。夏月則有洗氈淘井者。舉意皆在目前。或軍營放停樂人。動鼓樂於空閑。就坊巷引小兒婦女觀看。散糖果子之類。謂之賣梅子。又謂之把街。每日如宅舍宮院前。則有就門賣羊肉頭肚。腰子。白腸。鶉。兔。魚。蝦。退毛雞鴨。蛤蜊。螃蟹。雜燠。香藥果子。博賣冠梳。領抹。頭面。衣着。動使銅鐵器。衣箱。磁器之類。亦有撲上件物事者。謂之勘宅。其後街或閑空處。團轉蓋局屋。向背聚居。謂之院子。皆小民居止。每日賣蒸梨棗。黃糕糜。宿蒸餅。發牙〔案〕牙應作芽。豆之類。每遇春時。官中差人夫監淘在城渠。別開坑盛淘出者泥。謂之泥盆。候官差人來檢視了方蓋覆。夜間出入。月黑宜照管也。

〔一〕打香印　吴處厚青箱雜記二。太祖廟諱匡胤。語訛近香印。故今世賣香印者。不敢斥呼。鳴鑼而已。

幽蘭居士東京夢華録卷之四

軍頭司

軍頭司每旬休。按閲内等子。〔一〕相撲手。劍棒手格鬬。諸軍營殿前指揮使直。在禁中有左右班。内殿直。散員。散都頭。散直。散指揮。御龍左右直。係打御從物。御龍骨朶子直。弓箭直。弩直。習馭直。騎御馬。〔案〕騎御馬下。應從宋史兵志。有一直字。鈞容直。招箭班。金鎗班。銀鎗班。殿侍諸軍東西五班。常入祗候。〔二〕每日教閲野戰。每遇諸路解到武藝人對御格鬬。天武。〔三〕捧日。〔四〕龍衛。〔五〕神衛。〔六〕各二十指揮。謂之上四軍。不出戍。驍騎。雲騎。拱聖。龍猛。龍騎。各十指揮。殿前司步軍司〔七〕有虎翼各二十指揮。虎翼水軍。〔八〕宣武。各十五指揮。神勇。廣勇。各十指揮。飛山。牀子弩。雄武。廣固等指揮。諸司則宣效六軍。武肅。武和。街道司諸司。諸軍指揮動以百數。諸宮觀宅院。各有清衞廂軍禁軍剩員十指揮。其餘工匠修内司。八作司。廣固作坊。後苑作坊。書藝局。綾錦院。文繡院。内酒坊。法酒庫。牛羊司。油醋庫。儀鸞司。翰林司。喝探。武嚴。輦官。車子院。皇城官〔案〕皇城官。官應作司。連下作皇城司親從官。親事官。親從官。親事官。〔九〕上下宮皇城黄皁院子。滌除。各有指揮。記省不盡。

〔一〕**等子**

趙昇朝野類要一。軍頭引見司等子。舊是諸州解發强勇之人。經由遞傳至京師。今則只取殿前舊司捧日等指揮人兵揀爲之。故令于等子年勞授諸州排軍受事人員之職。出職之日。舊皆詣都進奏院行謝。蓋奏院轄遞鋪故也。等子之上。謂之忠佐軍頭。皆由百司人兵親兵。及隨龍人年勞陞爲之。或幕士帶之。

〔二〕**諸班直**

宋史一百四十一兵志二禁軍下。熙寧以後之制。騎軍殿前指揮内班直。散員。散指揮。散都頭。散祇候。金槍班。東西班。散直。外殿直。銀槍班。（中興置。）茶酒舊班。（中興置。）茶酒新班。（中興置。）鈞容直。已上爲諸班直。

〔三〕**天武**

高承事物紀原十。引皇祐大饗明堂記云。五代禁軍號控鶴。年多者號寬衣控鶴。太平興國中改控鶴爲天武。寬衣控鶴曰天武散手。後又改爲寬衣天武。唐天寶有天武健兒。今取此名。五代會要曰。梁開平二年十二月。改左右天武爲龍虎軍。左右龍虎爲天武軍額。諸軍有控鶴。蓋梁已有天武軍矣。宋朝會要曰。太平興國二年正月。詔改控鶴曰寬衣天武也。唐書孔緯傳。有天武都頭李順節。

〔四〕**捧日**

高承事物紀原十引唐兵志中有捧日都頭李筠則。是唐以捧日名軍也。五代有鐵騎指揮。宋朝會要曰。太平興國二年正月。改鐵騎曰日騎。雍熙四年五月。改日騎爲捧日。疑取唐軍名也。

〔五〕**龍衛**

高承事物紀原十引五代會要曰。廣順元年四月。改侍衛馬軍曰龍捷左右軍。宋朝會要曰。太平興國二年正月。詔改龍衛。宋朝舊有龍騎。興國二年改爲龍猛也。

〔六〕**神衛**

高承事物紀原十。五代會要曰。廣順元年四月。改侍衛步軍曰虎捷左右軍。御撰其名。此虎捷名軍之始也。宋朝會要曰。乾德三年四月。詔改西川感化耀武等軍爲虎捷。太平興國二年正月。改虎捷曰神衛。

〔七〕**殿前司步軍司**

趙昇朝野類要一。殿前馬步三司輪差借觀察承宣之官。環衛四廂之職。以伴蕃使射。射於玉津御園。勝則有金帶陞轉官資之賞。

王從謹清虚雜著補闕。馮當世爲樞密使。三司火。神宗御右掖門視之。顧近璫曰。急促馬步司就近差兩指揮兵士救之。當世奏曰。故事。發兵須得樞密院宣旨。内臣傳宣發兵。此事不可啟。上深然之。即於榻前出宣付近璫而去。神宗數嘉之。時論以爲得體。　案宋制殿前司、侍衛馬軍司、侍衛步軍司爲三衙。分領禁軍。其長曰都指揮使、副都指揮使、都虞候。後不常設。而諸軍各有都指揮使。

〔八〕**虎翼水軍**

高承事物紀原十。真宗謂近臣曰。水陸之兵有時而用不可久闕。可以江浙淮南選取習水兵士立成指揮。就彼置營。其在京即於諸軍選江淮人習水者立充虎翼。仍於金明池側置營。即今虎翼水軍是也。

〔九〕**親事官**

案宋史兵志。親事官指揮元豐五年增置一。守奉景靈宫。政和五年。西京大内官一。以五百五十人爲額。

皇太子納妃

皇太子納妃。鹵部儀仗。宴樂儀衞。妃乘厭翟車。車上設紫色團蓋。四柱維幕。四垂大帶。四馬駕之。

公主出降

公主出降。亦設儀仗行幕。步障水路。凡親王公主出則有之。皆係街道司兵級數十人。各執掃具。鍍金銀水桶。前導洒之。名曰水路。用檐床〔案〕檐床。檐應作擔。數百鋪設房卧。並紫衫卷脚幞頭天武官擡舁。又有宮嬪數十。皆真珠釵插。吊朵。玲瓏簇羅頭面。紅羅銷金袍帔。乘馬雙控雙搭。青蓋前導。謂之短鐙。前後用紅羅銷金掌扇遮簇。乘金銅檐子。覆以剪樓。朱紅梁脊。上列滲金銅鑄雲鳳花朵。檐子〔一〕約高五尺許。深八尺。闊四尺許。内容六人。四維垂繡額珠簾。白藤間花。匡箱之外。兩壁出欄檻。皆縷金花裝雕木人物神仙。出隊兩竿十二人。竿前後皆設緑絲絛。金魚勾子勾定。

〔一〕**檐子**

高承事物紀原八。引舊唐書輿服志曰。開成末定制。宰相三公諸司官及致仕官疾病官許乘檐子。如漢魏載輿之制。按唐乾元以來。始用兜籠代車輿。疑自此又爲檐子之制也。亦漢魏載輿步輿之遺事云。然則今大臣朝廷所崇敬。而老疾則賜以肩輿。蓋自開成之制也。

宋史一百五十三輿服五。哲宗紹聖二年。侍御史翟思言。京城士人與豪右大姓。出入率以轎自載。四人舁之。甚者飾以樓蓋。徹去簾蔽。翼其左右。旁午於通衢。甚爲僭擬。乞行止絶。從之。

程大昌演繁露七。百官得於寓京乘轎。自揚州始。後遂不復乘馬。惟從駕則乘之。祖宗時臣僚雖在外。亦不許乘轎也。

唐會要三十卷曰。開成五年黎植奏朝官出使自合乘驛馬。不合更乘檐子。自此請不限高卑。不得輒乘檐子。如疾病即任所在陳牒。申中書門下及御史臺。其擔夫自出錢雇。其宰相至僕射致仕官疾病者。許乘之。

宋史一百五十輿服二。舊制輿檐有禁。中興東征西伐。以道路阻險。詔許百官乘轎。王公以下通乘之。其制正方飾有黄黑二等。凸蓋無梁。以篾席爲障。左右設牖。前施簾。舁以長竿二。名曰竹轎子。亦曰竹輿。内外命婦之車。唐制有厭翟車、翟車、安車、白銅飾犢車。而幰網有降差。宋制銀裝白藤輿檐。内命婦皇親所乘。白藤輿檐、金銅犢車、漆犢車。或覆以氈。或覆以椶。内外命婦通乘。

高承事物紀原八。引舊唐書輿服志曰。兜籠。巴蜀婦人所用。乾元以來。蕃將多著勳於朝。兜籠易於檐負。京師不用車轝。後亦以兜籠代之。卽今之兜子。蓋其制起於巴蜀。而用於中朝。自唐乾元以來也。

顧張思土風録四。籃輿人肩以行曰轎子。按漢河渠書山行卽轎。(史記作橋。)嚴助傳輿轎逾嶺。(淮南王諫擊閩越書語。)服虔薛瓚竝音橋。云隘路車也。玉篇注小車肩行。正字通云。盖今之肩輿。謂其平如橋也。

俞正燮癸巳類稿一四。轎釋名。古者名橋。亦謂之輂。亦謂之茵。亦謂之輜。亦謂之輜軿。亦謂之舁車。亦謂之擔。亦謂之擔輿。亦謂之小輿。亦謂之板輿。亦謂之筍輿。亦謂之竹輿。亦謂之平肩輿。亦謂之肩輿。亦謂之腰輿。亦謂之兜子。亦謂之籓。而今名曰轎。古今異名同一物也。轎者橋也。狀如橋中空離地也。

皇后出乘輿

皇太后皇后出乘者謂之輿。比檐子〔案〕檐子。檐應作擔。稍增廣。花樣皆龍。前後簷皆剪稜。儀仗與駕出相似而少。仍無駕頭警蹕耳。士庶家與貴家婚嫁。亦乘檐子。只無脊上銅鳳花朶。左右兩軍自有假賃所在。以至從人衫帽。衣服從物。俱可賃。不須借借。〔案〕借卽措。餘命婦王宮士庶。通乘坐車子。如檐子樣製。亦可容六人。前後有小勾欄。底下軸貫兩挾朱輪。前

出長轅。約七八尺。獨牛駕之。亦可假賃。〔一〕

〔一〕**車子假賃**　丁特起孤臣泣血録。靖康二年正月二十九日。送戚里權貴女于金。搜求肩輿。賃轎之家。悉取無遺。

雜賃

若凶事出殯。自上而下。凶肆各有體例。如方相車轝。結絡綵帛。皆有定價。不須勞力。尋常出街市幹事。稍似路遠倦行。逐坊巷橋市。自有假賃鞍馬者。不過百錢。

修整雜貨及齋僧請道

儻欲修整屋宇。泥補牆壁。生辰忌日。欲設齋僧〔一〕尼道士。卽早辰橋市街巷口。皆有木竹匠人。謂之雜貨工匠。以至雜作人夫。道士僧人。羅立會聚。候人請喚。謂之羅齋。竹木作料。亦有鋪席。磚瓦泥匠。隨手卽就。

〔一〕**齋僧**　王棣燕翼貽謀録三。喪家命僧道誦經設齋。作醮作佛事。曰資冥福也。出葬用以導引。此何義耶。至於鐃鈸乃胡樂也。胡俗燕樂則擊之。而可用於喪柩乎。世俗無知。至用鼓吹作樂。又何忍也。開寶三年十月甲午。詔開封府禁止士庶之家。喪葬不得用僧道威儀前引。太平興國六年。又禁送葬不得用樂。庶人不得用方相魌頭。今犯此禁者所在皆是也。

筵會假賃

凡民間吉凶筵會。椅卓陳設。器皿合盤。酒檐〔案〕檐應作擔。動使之類。自有茶酒司管賃。喫食下酒。自有廚司。以至托盤下請書。安排坐次。尊前執事。歌説勸酒。謂之白席人。〔一〕總謂之四司〔二〕人。欲就園館亭榭寺院遊賞命客之類。舉意便辦。亦各有地分。承攬排備。自有則例。亦不敢過越取錢。雖百十分。廳館整肅。主人只出錢而已。不用費力。

〔一〕白席人

陸游老學庵筆記八。北方民家吉凶輒有相禮者。謂之白席。多鄙俚可笑。韓魏公自樞密歸鄴。赴一姻家禮席。偶取盤中一荔支欲啗之。白席者遽唱言曰。資政喫荔支。請衆客同喫荔支。魏公憎其喋喋。因置不復取。白席者又曰。資政惡發也。却請衆客放下荔支。魏公爲一笑。惡發猶云怒也。

〔二〕四司六局

耐得翁都城紀勝。官府貴家置四司六局。各有所掌。故筵席排當。凡事整齊。都下街市亦有之。常時人户每遇禮席。以錢倩之。皆可辦也。帳設司專掌仰塵、繳壁、卓幃、搭席、簾幕、罘罳、屏風、繡額、書畫、簇子之類。廚司專掌打料、批切、烹炮、下食、調和節次。茶酒司專掌賓客茶湯、暖盪篩酒、請坐諮席、開盞歇坐、揭席迎送、應干節次。臺盤司專掌托盤打送、齎擎勸酒、出食接盞等事。果子局專掌裝簇盤飣、看果時果、準備勸酒。蜜煎局專掌糖蜜花果、鹹酸勸酒之屬。菜蔬局專掌甌飣菜蔬糟藏之屬。油燭局專掌燈火照耀、立臺剪燭、壁燈燭籠、裝香簇炭之類。香藥局專掌藥楪香球、火箱香餅、聽候索喚諸般奇香。及醒酒湯藥之類。排辦局專掌掛畫插花、掃灑打渲、拭抹供過之事。

會仙酒樓

如州東仁和店。新門裏會仙樓正店。常有百十分廳館動使。各各足備。不尚少闕一件。大抵都人風俗奢侈。度量稍寬。凡酒店中。不問何人。止兩人對坐飲酒。亦須用注碗一副。盤盞兩副。菓菜楪各五片。水菜椀三五隻。卽銀近百兩矣。雖一人獨飲。盌遂亦用銀盂之類。其菓子菜蔬。無非精潔。若別要下酒。卽使人外買軟羊龜背大小骨。諸色包子。玉板鮓。生削巴子、瓜薑之類。

食店

大凡食店。大者謂之分茶。則有頭羹。石髓羹。白肉胡餅。軟羊。大小骨。角炙犒〔案〕炙同炙。犒應作熇。俗作焅。讀如靠。腰子。石肚羹。入爐羊。罨生〔案〕罨卽淹。罨生猶言生淹。疑下有脱文。軟羊麪。桐皮麪。薑潑刀回刀。冷淘〔一〕棊子。寄爐麪飯之類。喫全茶。饒虀頭羹。更有川飯店。則有插肉麪。大燠麪。大小抹肉。淘煎燠肉。雜煎事件。生熟燒飯。更有南食店。魚兜子。桐皮熟膾麪。煎魚飯。又有瓠羹店。門前以枋木及花樣沓結縛如山棚。上掛成邊猪羊。相間三二十邊。近裏門面窗户。皆朱緑裝飾。謂之驩門。每店各有廳院東西廊。稱呼坐次。客坐則一人執筯紙。遍問坐客。都人侈縱。百端呼索。或熱或冷。或温或整。或絶冷。精澆、膔澆〔二〕之類。人人索喚不同。行菜〔三〕得之。近局次立。從頭唱念。報與局內。當局者謂之鐺頭。〔四〕又曰着案〔五〕訖。須臾。行菜者左手杈三椀。右臂自手至肩。馱疊約二十碗。散下盡合各人呼索。不容差錯。一有差錯。坐客白之主人。必加叱罵。或罰工價。甚者逐之。吾輩入店則用一等琉璃淺稜椀。謂之碧椀。亦謂之造羹。菜蔬精細。謂之造虀。每碗十文。麪與肉相停。謂之合羹。又有單羹。乃半箇也。舊只用匙。今皆用筯矣。更有插肉撥刀炒羊。細物料棊子。餛飩店。〔六〕及有素分茶。如寺院齋食也。又有菜麵。胡蝶虀肐䏲。及賣隨飯。荷包白飯。旋切細料餶飿兒。瓜虀。蘿蔔之類。

〔一〕**冷淘**

案杜詩有槐葉冷淘。取槐芽汁和之。冷淘卽今涼粉。

〔二〕**精澆　臕澆**

案澆今猶謂之澆頭。以澆麪條者。精謂瘦肉。臕謂肥肉。或寫作燥子。讀若邵。

〔三〕**行菜**

案後世謂之堂官。昔都中又謂之跑堂。

〔四〕**鐺頭**

案今都中謂之掌灶。或稱掌勺。

〔五〕**着案**

案昔年廚師技高者分紅白案。紅案理殽饌。白案製點心。案者言其所據之案也。

〔六〕餛飩店

程大昌演繁露九。世言餛飩是虜中渾氏屯氏爲之。案方言餅謂之飥。或謂之餦。或謂之餛。則其來久矣。非出胡虜也。

肉行

坊巷橋市。皆有肉案。列三五人操刀。生熟肉從便索唤。闊切片批。細抹頓刀之類。至晚卽有燠曝熟食上市。凡買物不上數錢得者是數。

餅店

凡餅店有油餅店。有胡餅店。若油餅店。卽賣蒸餅。〔一〕糖餅。裝合。引盤之類。胡餅店卽賣門油。菊花。寬焦。側厚。油碢。髓餅。新樣。滿麻。每案用三五人捍劑卓花入爐。自五更卓案之聲。遠近相聞。唯武成王廟前海州張家。皇建院前鄭家最盛。每家有五十餘爐。

〔一〕蒸餅

吴處厚青箱雜記二。仁宗廟諱貞。語訛近蒸。今内庭上下皆呼蒸餅爲炊餅。

高承事物紀原九。秦漢逮今世所食。初有餅、胡餅、蒸餅、湯餅之四品。惟蒸餅至晉何曾所食。非作十字折。則不下箸。方一見於此。以是推之。當出於漢魏以來也。

程大昌演繁露續集六。釋名曰餅併也。溲麥使合并也。蒸餅湯餅之屬。隨形而名之。束晳餅賦曰。起溲牢丸。何曾蒸餅。不拆作十字不喫。蕭子顯齊書曰。詔太廟四時祭薦宣皇帝麪起餅。起者入教麪中令鬆鬆然也。本朝讀蒸爲炊。以蒸字近仁宗御諱故也。

何薳春渚紀聞四。宗伊汝霖尹開封。初至而物價騰貴。□呼庖人取麪。令准市肆籠餅大小爲之。及取糯米一斛。令監庫使臣如市酤醖酒。各估其值。而籠餅枚六錢。酒每角七十足。出勘市價。則餅二十。酒二百也。公先呼作坊餅師至。訊之曰。自我爲舉子時。來往京師。今三十年矣。籠餅枚七錢。而今二十。何也。豈麥價高倍乎。餅師曰。自都城離亂以來。米麥起落初無定價。因襲至此。某不能違衆獨減。使賤市也。公卽出兵廚所作餅示之。且語之曰。此餅與汝所市重輕一等。而我以日下市直會計新麪工直之費。枚止六錢。若市八錢。則已有兩錢之息。今爲將出令。止作八錢。敢增此價而市者。罪應處斬。且借汝頭以行吾令也。卽斬以狥。明日餅價仍舊。

魚行

賣生魚則用淺抱桶。以柳葉間串。清水中浸。或循街出賣。每日早惟新鄭門。西水門。萬勝門。如此生魚有數千檐入門。冬月卽黄河諸遠處客魚〔一〕來。謂之車魚。每斤不上一百文。

〔一〕**遺處客魚**

王從謹清虚雜著補闕。蔡君謨重鄉物。以子魚爲天下珍味。嘗遺先公。多不過六尾。云所與者不過諫院故人二三公耳。今子魚盛至京師。遺人或至百尾。由是子魚之價減十倍。

周煇清波雜誌十二。故老言承平時淮甸蝦米用蓆裹入京。色皆枯黑無味。以便溺浸一宿。水洗去則紅潤如新。

幽蘭居士東京夢華録卷之五

民俗

凡百所賣飲食之人。裝鮮淨盤合器皿。車檐動使。奇巧可愛。食味和羹。不敢草略。其賣藥賣卦。皆具冠帶。至於乞丐者。亦有規格。稍似懈怠。衆所不容。其士農工商。諸行百户。衣裝各有本色。不敢越外。謂如香鋪裹香人。卽頂帽披背。質庫掌事。卽着皂衫角帶。不頂帽之類。街市行人。便認得是何色目。加之人情高誼。若見外方之人。爲都人凌欺。衆必救護之。或見軍鋪收領到鬭争公事。横身勸救。有陪酒食檐〔案〕檐應作擔。官方救之者。亦無憚也。或有從外新來隣左〔一〕居住。則相借借〔案〕借卽措。動使。獻遺湯茶。指引買賣之類。更有提茶瓶〔二〕之人。每日隣里。互相支茶。相問動静。凡百吉凶之家。人皆盈門。其正酒店户。見脚店三兩次打酒。便敢借與三五百兩銀器。以至貧下人家。就店呼酒。亦用銀器供送。有連夜飲者。次日取之。諸妓館只就店呼酒而已。銀器供送。亦復如是。其闊略大量。天下無之也。以其人煙浩穰。添十數萬衆不加多。減之不覺少。所謂花陣酒池。香山藥海。别有幽坊小巷。燕館歌樓。舉之萬數。不欲繁碎。

〔一〕隣左

說郛二十二周煇清波别志。里巷間有遷居者。鄰里醵金治具過之。名暖屋。

永亨搜採異聞録四。自古所謂四鄰。蓋指東西南北四者而言耳。然貪虐害民者。一切肆其私心。元豐以後。州縣榷賣坊場而收淨息。以募役行之。浸久弊從而生。往往鬻其抵産。流配四鄰。四鄰貧乏則散及飛鄰。望鄰之家不復問遠近。必得償乃止。飛鄰望鄰之說。誠所未聞。元祐元年。殿中侍御史呂陶上疏論之。雖嘗暫革。至紹聖又復然。

〔二〕提茶瓶

耐得翁都城紀勝。提茶瓶即是趁赴充茶酒人。尋常月旦望。每日與人傳語往還。或講集人情分子。

京瓦伎藝

崇觀以來。在京瓦肆伎藝。張廷叟孟子書主張。小唱〔一〕李師師。〔二〕徐婆惜。封宜奴。孫三四等。誠其角者〔三〕〔案〕誠其角者。此録卷九入内上壽條有都城角者。疑誠其二字爲都城之譌。嘌唱〔四〕弟子張七七。王京奴。左小四。安娘。毛團等。教坊減罷并温習張翠蓋。張成。弟子薛子大。薛子小。俏枝兒。楊總惜。周壽。〔案〕周壽。此録卷七諸軍呈百戲條有楊總惜崔上壽。疑此奪一上字。周崔二字必有一訛。奴稱心等。般雜劇〔五〕枝頭傀儡〔六〕〔案〕枝頭傀儡。枝是杖之譌字。任小三。每日五更頭回小雜劇。差晚看不及矣。懸絲傀儡張金線。李外寧。〔案〕今人據此録卷六元宵條有李外寧藥法傀儡。遂以爲句。然此録卷七苑内術人關撲游戲條有李外寧水傀儡。是不專以藥法著稱也。今姑以張金線李外寧爲句。藥發傀儡張臻妙。温奴哥。真箇强。没勃臍。小掉刀筋骨上索雜手伎渾身眼。李宗正。張哥。毬杖踢弄孫寬。

孫十五。曾無黨。高恕。李孝詳。講史〔七〕李慥。楊中立。張十一。徐明。趙世亨。賈九。小說〔八〕王顏喜。蓋中寶。劉名廣。散樂〔九〕張真奴。舞旋楊望京。小兒相撲雜劇掉刀蠻牌董十五。趙七。曹保義。朱婆兒。没困駝。風僧哥。俎六姐。影戲丁儀。瘦吉等弄喬影戲。〔一〇〕劉百禽弄蟲蟻。〔一一〕孔三傳耍秀才諸宮調。〔一二〕毛詳。霍伯醜商謎。〔一三〕吴八兒合生。〔一四〕張山人說諢話。劉喬。河北子。帛遂。胡牛兒。達眼五重明。喬駱駝兒。李敦等雜⿰口班。〔一五〕〔案〕⿰口班班俱無正字。又作扮。外入孫三神鬼。霍四究說三分。尹常賣五代史。文八娘叫果子。〔一六〕其餘不可勝數。不以風雨寒暑。諸棚看人。日日如是。教坊。〔一七〕鈞容直。〔一八〕每遇旬休按樂。亦許人觀看。每遇內宴前一月。教坊內勾集弟子小兒。習隊舞作樂。雜劇節次。

〔一〕**小唱**

耐得翁都城紀事。唱叫小唱謂執板唱慢曲曲破。大率重起輕殺。故曰淺斟低唱。與四十大曲舞旋爲一體。今瓦市中絕無。

〔二〕**李師師**

方是閑居士小稿。劉學箕賀郎詞自注云。白牡丹京師妓李師師也。畫者曲盡其妙。

周密浩然齋雅談下云。邦彥爲太學生。時游師師家。值祐陵。賦小詞所謂并刀如水吴鹽勝雪者。蓋紀此夕事也。未幾。李歌於上前。遂與解褐。自此通顯。既而朝廷賜酺。師師又歌大酺六醜二解。上顧問教坊使袁祹。祹曰。此起居舍人新知潞州周邦彥作也。召邦彥問六醜之義。上喜將留行。且以祥瑞沓至。將使播之樂府。會起居郎張果與之不咸。廉知邦彥嘗於親王席上作小詞贈舞鬟云。歌席上無賴是横波。寶髻玲瓏歌玉燕。繡巾柔膩掩香羅。何況會婆娑。無箇事。因甚斂雙蛾。淺淡梳粧疑是畫。惺鬆言語勝聞歌。好處是情多。爲蔡京道其事。上知之。由是得罪。師師後入禁中。封瀛國夫人。朱希真詩云。解唱陽關別調聲。前朝惟有李夫人。卽其人也。張端義貴耳集下。道君北狩在五國城。或在韓州。凡有小小凶吉喪祭節序。北虜必有賜賚。一賜必要一謝表。北虜集成一帙。刊在搉場中博易。四五十年。士大夫皆有之。余曾見一本。更有李師師小傳。同行于時。

張端義貴耳集下。道君幸李師師家。偶周邦彦先在焉。知道君至。遂匿牀下。道君自攜新棖一顆云。江南初進來。遂與師師謔語。邦彦悉聞之。檃栝成少年遊云。并刀如水。吴鹽勝雪。纖手破新棖。後云。嚴城上已三更。馬滑霜濃。不如休去。直是少人行。李師師因歌此詞。道君問誰作。李師師奏云。周邦彦詞。道君大怒。坐朝宣諭蔡京云。開封府有監税周邦彦者。聞課税不登。如何京尹不按發來。蔡京罔知所以。奏云。容臣退朝呼京尹叩問。續得復奏。京尹至。蔡以聖旨諭之。京尹云。惟周邦彦課額增羨。蔡云上意如此。只得遷就將上。得旨周邦彦職事廢弛。可日下押出國門。隔一二日。道君復幸李師師家。不見李師師。問其家。知送周監税。道君方以邦彦出國門爲喜。既至不遇。坐久至更初。李始歸。愁眉淚睫。憔悴可掬。道君大怒云。爾去那裏去。李奏妾萬死。知周邦彦得罪。押出國門。略致一杯相別。不知官家來。道君問曾有詞否。李奏云有蘭陵王詞。今柳陰直者是也。道君云唱一遍看。李奏云容臣妾奉一杯。歌此詞爲官家壽。曲終。道君大喜。復召爲大晟樂正。　當時李師師家有二邦彦。一周美成。一李士美。皆爲道君狎客。士美因而爲宰相。

張邦基墨莊漫録八。政和間李師師崔念月二妓。名著一時。晁叔用每會飲。多召侑席。其後十許年。再來京師。二人尚在。而聲名溢於中國。李生者門第尤峻。叔用追往昔作二詩以示江子之云。少年使酒走京華。縱步曾游小小家。看舞霓裳羽毛曲。聽歌玉樹後庭花。門侵楊柳垂珠箔。窗對櫻桃捲碧紗。坐客半驚隨逝水。吾人星散落天涯。春風踏月過章華。青鳥雙邀阿母家。繫馬柳低當户葉。迎人桃出隔牆花。鬢深釵暖雲侵臉。臂薄衫寒玉照紗。莫作一生惆悵事。鄰州不在海西涯。靖康中。李生與同輩趙元奴。及築毬吹笛袁綯武震輩。例籍其家。李生流落於浙中。士大夫猶邀之以聽其歌。然憔悴無復向來之態矣。　案李師師事。記者不一。宣和遺事所記。過于猥褻。李師師外傳。託言錢謙益懸百金求之不得。

後錢曾得之。其書稱謂語氣。一望而知爲明季人妄作。竟謂師師慷慨就義。張邦基但謂例籍其家。事見三朝北盟會編。靖康元年正月十五日。尚書省奉聖旨。趙元奴。李師師。王仲端。曾經祇應倡優之家。並蕭管袁陶、武震、史彦、蔣翊五人。築球郭老娘。逐人家財籍没。二年正月二十五日。雜劇。説經。弄影戲。小説。嘌唱。弄傀儡。打筋斗。彈箏琵琶吹笙等藝人。一百五十餘家。令開封府押赴軍前。師師必先已出東京。不在求索之列。否則決不能脱身。其流落浙中。不特張邦基言之。劉子翬汴京紀事詩。輦轂繁華事可傷。師師垂老過湖湘。縷衣檀板無顔色。一曲當時動帝王。足爲佐證。如夢録。大梁驛原是宋時小御風巷風鈴寺故基。徽宗幸李師師處。僭稱師師府。下有地道直通宮院。亦傳聞之誤。後村詩話稱元豐問命崔白圖蔡奴像入禁内。徽宗荒淫。更無足責。玩周邦彦馬滑霜濃不如休去之詞。微行并不避人。何必經由地道。郝經稱鐵樓李師師。或其所居。今不可考。

〔三〕**誠其角者**

案此録卷九。宰執親王宗室百官入内上壽。七盞酒。執銀裹頭杖子。皆都城角者。當時乃陳六哥。俎姐哥。李伴奴。雙奴。餘不足數。疑此處誠其爲都城二字之訛。角者卽角妓。李師師本角妓也。妓亦可稱妓者。

〔四〕**嘌唱**

程大昌演繁露九。凡今世歌曲。比古鄭衞。又爲淫靡。近又卽舊聲而加泛豔者。名曰嘌唱。嘌之讀如瓢。玉篇嘌字讀如飄。引詩曰。匪車嘌兮。言嘌嘌無節度也。元不音瓢。廣韻嘌讀如杓。疾吹也。亦不音瓢。

耐得翁都城紀勝。嘌唱謂上鼓面唱令曲小詞。驅駕虚聲。縱弄宮調。與叫果子、唱耍曲兒爲一體。

〔五〕**般雜劇**

耐得翁都城紀勝。雜劇中末泥爲長。每四人或五人爲一場。先做尋常熟事一段。名曰艷段。次做正雜劇。通名爲兩段。末泥色主張。引劇色分付。副淨色發喬。副末色打諢。又或添一人裝孤。其吹曲破斷送者謂之把色。大抵全以故事世務爲滑稽。本是鑒戒。或隱爲諫諍也。故便跣露。謂之無過蟲。

〔六〕傀儡

高承事物紀原九。世傳傀儡起於漢高祖平城之圍。用陳平計。刻木爲美人。立之城上。以詐冒頓閼氏。後人因此爲傀儡。按前漢高紀七年注。應劭曰。平使畫工圖美女遺閼氏而無刻木事。今按列子記周穆王時。巧人有偃師者。爲木人能歌舞。王與盛姬觀之。舞既終。木人瞬目以手招王左右。王怒欲殺偃師。偃師懼壞之。皆丹墨膠漆之所爲也。此疑傀儡之始矣。

說郛六莊季裕雞肋編。窟礧子亦云魁礧子。作偶人以戲嬉歌舞。本喪家樂也。漢末始用之於嘉會。齊後主高緯尤所好。高麗亦有之。見舊唐音律志。今字作傀儡子。

耐得翁都城紀勝。弄懸絲傀儡。起於陳平六奇解圍。杖頭傀儡、水傀儡、肉傀儡。以小兒後生輩爲之。凡傀儡敷演煙粉靈怪故事。鐵騎公案之類。其話本或如雜劇。或如崖詞。大抵多虛少實。如巨靈神、朱姬大仙之類是也。

〔七〕講史

耐得翁都城紀勝。說話有四家。一者小說。謂之銀字兒。如煙粉靈怪傳奇說公案。皆是朴刀趕棒及發跡變泰之事。說鐵騎兒。謂士馬金鼓之事。說經。謂演說佛書。說糸請。謂賓主參禪悟道等事。講史書。講說前代書史文傳興廢爭戰之事。

〔八〕小說

郎瑛七修類稿二十二。小說起宋仁宗。蓋時太平盛久。國家閑暇。日欲進一奇怪之事以娛之。故小說得勝。頭回之後即云話說趙宋某年。閻閻淘真之本之起。亦曰太祖太宗真宗帝。四帝仁宗有道君。

羅燁醉翁談録甲集。小說開闢云。夫小說者。雖爲末學。尤務多聞。非庸常淺識之流。有博覽該通之理。幼習太平廣記。長攻歷代史書。煙粉傳奇。素蘊胸次之間。風月須知。只在唇吻之上。夷堅志無有不覽。琇瑩集所載皆通。動哨中哨。莫非東山笑林。引倬底倬。須還緑窗新話。論才詞有歐蘇黄陳佳句。説古詩是李杜韓柳篇章。舉斷模按。師表規模。靠敷演令看官清耳。只憑三寸舌褒貶是非。略嚫萬餘言講論古今。説收拾尋常有百萬套。談話頭動輒是數千回。説重門不掩底相思。談閨閣難藏底密恨。辨草木山川之物類。分州軍縣鎮之程途。講歷代年載廢興。記歲月英雄文武。有靈怪煙粉傳奇公案。兼朴刀桿棒妖術神仙。自然使席上風生。不枉教坐間星拱。説揚元子。汀州記。崔智韜。李達道。紅蜘蛛。鐵甕兒。水月仙。大槐王。妮子記。鐵車記。葫蘆兒。人虎傳。太平錢。芭蕉扇。八怪國。無鬼論。此乃是靈怪之門庭。言推車鬼。灰骨匣。呼猿洞。鬧寶録。燕子樓。賀小師。楊舜俞。青脚狼。錯還魂。側金盞。刁六十。鬬車兵。錢塘佳夢。錦莊春游。柳參軍。牛渚亭。此乃爲烟粉之總龜。論鶯鶯傳。愛愛詞。張康題壁。錢榆罵海。鴛鴦燈。夜游湖。紫香囊。徐都尉。惠娘拍偶。王魁負心。桃葉渡。牡丹記。花萼樓。章臺柳。卓文君。李亞仙。崔護覓水。唐輔採蓮。此乃謂之傳奇。言石頭孫立。姜女尋夫。憂小十。驢垛兒。大燒燈。商氏兒。三現身。火杴籠。八角井。藥巴子。獨行虎。鐵秤槌。河沙院。戴嗣宗。大朝國寺。聖手二郎。此乃謂之公案。論這大虎頭。李從吉。楊令公。十條龍。青面獸。季鐵鈴。陶鐵僧。賴五郎。聖人虎。玉沙馬海。燕四馬八。此乃爲朴刀局段。言這花和尚。武行者。飛龍記。梅大郎。鬬刀樓。攔路虎。高拔釘。徐京落草。五郎爲僧。王温上邊。狄昭認父。此爲桿棒之序頭。論種搜神記。月井文。金光洞。竹葉舟。黄粱夢。粉合兒。馬諫議。許岩。四仙鬬聖。謝溏落梅。此是神仙之套數。言西山聶隱娘。村鄰親。嚴師道。千聖姑。皮篋袋。驪山老母。貝州王則。紅線盜印。醜女報恩。此爲妖術之事端。也説黄巢撥亂天下。也説趙正激惱京師。説征戰有劉項争雄。論機謀有孫龐鬥智。新話説張韓劉岳。史書講晉宋齊梁。三國志諸葛亮雄材。收西夏説狄青大略。説國賊懷姦從佞。遣愚夫等輩生嗔。説忠臣負屈啣寃。鐵心腸也須下淚。講鬼怪令羽士心寒胆戰。論閨怨遣佳人緑慘紅愁。説人頭廝挺令羽士快心。言兩陣對圓使雄夫壯志。談吕相青雲得路。遣才人著意羣書。演霜林白日昇天。教隱士爲初學道。噇發迹話使寒門發憤。講負心底令奸漢包羞。講論處不滯搭不絮煩。敷演處有規模有收拾。冷淡處提掇得有家數。熱鬧處敷演得越長久。曰得詞。念得詩。説得話。使得砌。言無訛舛。遺高士善口贊揚。事有源流。使才人怡神嗟訝。

〔九〕散樂

耐得翁都城紀勝。散樂傳學教坊十三部。唯以雜劇爲正色。舊教坊有篳篥部。大鼓部。杖鼓部。拍板色。笛色。琵琶色。箏色。方響色。笙色。舞旋色。歌板色。雜劇色。參軍色。色有色長。部有部頭。上有教坊使副鈐轄都管。掌儀範者皆是雜流命官。其諸部分紫緋緑三等寛衫。兩下各垂黄義襴。雜劇部又戴諢裹。其餘只是帽子幞頭。以次又有小兒隊。並女童採蓮隊。又别有鈞容班。今四孟隨在駕後。乘馬動樂者是其故事也。

金盈之醉翁談録四。中曲者散樂雜班之所居也。夫善樂色技藝者。皆其世習。以故絲竹管弦豔歌妙舞。咸精其能。凡朝貴有宴聚。一見曹署行牒。皆攜樂器而往。所贈亦有差。暇日羣聚金蓮棚中。各呈本事。來觀者皆五陵年少及豪貴子弟。就中有妖豔入眼者。竢散訪其家而宴集焉。　案羅燁醉翁談録丁集與此全同。未重録。

趙彦衛雲麓漫鈔十二。今人呼路岐樂人爲散樂。按周禮掌教散樂。釋云。散樂野人爲樂之善者。以其不在官之員内。謂之散樂。

洪邁夷堅支庚六。雙港富民子條。俄有推户者狀如倡女。服飾華麗。而遍體沾濕。攜一複來曰。我乃路岐散樂子弟也。知市上李希聖宅親禮請客。要去打窠地。家衆既往。我獨避雨。趕趁不上。願容我寄宿。

洪邁夷堅志補二十。神霄宫醮條。葛楚輔丞相云。紹興末年。湖州旌村曹巡檢。京師人。故隸名宿衛。能談宣和舊事。嘗言鄭太師家。命道士章醮。别有道人來。哂其無術。請鄭掃潔廷宇。先期齋戒。盛具鋪列。明日初夜。家人肅立廷下。内外謦欬不聞。忽仙樂玲玲。從空而來。乘綵雲下至祠所。伶官執笙簫合樂于前。女童七八人。履虚而行。歌舞自若。而神官仙衆逍遥于後。頃之雲烟蔽覆。對面不相見。一大聲如淨鞭鳴蹕。隨即寂然。道人不復見。供器皆用金銀。並無一存。鄭氏知墮術士計中。又畏禁中傳説。謂其夜祭神。不敢誦言。蓋此夕爲奸詐者盡散樂也。煙雲五色者。以焰硝硫黄所爲。如戲場弄獅象口中所吐氣。女童皆踏索踢弄小倡。先繫索於屋角獸頭上。践之以行。故望見者以爲履空。其他神仙悉老伶爲之。巡檢亦箇中人也。

〔一〇〕影戲

耐得翁都城紀勝。凡影戲乃京師人初以素紙雕鏃。後用彩色裝皮爲之。其話本與講史書者頗同。大抵真假相半。公忠者雕以正貌。姦邪者與之醜貌。蓋亦寓褒貶于世俗之眼戲也。

張耒續明道雜志。京師有富家子。少孤專財。羣無賴百方誘道子。而此子甚好看弄影戲。每弄至斬關某。輒爲之泣下。囑弄者且緩之。一日弄者曰。雲長猛將。今斬之。其鬼或能祟。既斬而祭之。此子聞甚喜。弄者乃求酒肉之費。此子出銀器數十。至日斬罷。大陳飲食如祭者。羣無賴聚享之。乃白此子。請遂散此器。此子不敢逆。於是共分焉。舊聞此事不信。近見事有類是事。聊記之以發異日之笑。

洪邁夷堅三志辛三。普照明顛條。嘗遇手影戲者。人請之占頌。即把筆書云。三尺生綃作戲臺。全憑十指逞詼諧。有時明月燈窗下。一笑還從掌握來。

[一一]弄蟲蟻

張仲文白獺髓。寧廟朝高文虎知貢舉日。以天子大采朝日爲賦題。試貢士。而舉人困厄於此。學舍皆嘆怨。後文虎因作西湖放生池碑。誤引故事。及上殿墮笏失儀。兩學齋舍裒金作綵帳。贈教禽獸伎人趙十一郎。寓意以譏之。其中有云。鼠猴搢笏而不失其儀。士有所愧。禽鳥認書而咸知所出。人反不如。後伎人因從官梁季珌沈作賓沈詵輩。與高君會于官苑。召至呈伎。因以此帳張于園。高君見之曰。此必□淳爲之耳。淳台州人。後於毛自知榜第三名及第。

陶宗儀南村輟耕録二十二。余在杭州日。嘗見一弄百禽者。蓄龜七枚。大小凡七等。置龜几上。擊鼓以使之。則第一等大者先至几心伏定。第二等者從而登其背。直至第七等小者登第六等之背。乃竪身直伸其尾向上。宛如小塔狀。謂之烏龜疊塔。又見蓄蝦蟆九枚。先置一小墩於席中。其最大者乃踞坐之。餘八小者左右對列。大者作一聲。衆亦作一聲。大者作數聲。衆亦作數聲。既而小者一一至大者前。點首作聲。如作禮狀而退。謂之蝦蟆說法。至松江見一全真道士。寓太古庵。一日取二鰍魚。一黃色。一黑色。大小相侔者。用藥塗利刃。各斷其腰。互換接續。首尾異色。投放水内。浮游如故。郡人衛立中以盆池養之。經半月方死。疊塔說法固教習之功。但其質性蠢蠢。非它禽鳥可比。誠難矣哉。若夫斷而復續。死而復生。藥歟法歟。是未可知也。但劇戲中似此者。果亦罕見。　案蘇鶚杜陽雜編。記韓志和蓄赤色蠅虎子五隊。應節按梁州。并能作致語。是唐代已有弄虫蟻者。或言韓志和爲日本人。

〔一二〕諸宮調

耐得翁都城紀勝。諸宮調本京師孔三傳編撰。傳奇靈怪八曲説唱細樂比之教坊大樂。則不用大鼓杖鼓羯鼓頭管琵琶箏也。每以簫管笙蓁稽琴方響之類合動。小樂器只一二人合動也。如雙韻合阮咸。稽琴合簫管。　鍪琴合葫蘆。　琴單撥十四弦。吹賺動鼓板。渤海樂一拍子至於十拍子。又有拍番鼓子。敲水盞鑼板和鼓兒皆是也。

〔一三〕商謎

耐得翁都城紀勝。商謎舊用鼓板吹賀聖朝。聚人猜詩謎字謎戾謎社謎。本是隱語。有道謎。來客念隱語説謎。又名打謎。　正猜。來客索猜。　下套。商者以物類相似者譏之。人名對智。　貼套。貼智思索。　走智。改物類以困猜者。　横下。許旁人猜。　問因。商者喝問句頭。　調爽。假作難猜。以定其智。

楊彦齡楊公筆録。謎語自古有之。一八五八。飛泉仰流。鮑昭井謎。卒律葛蓋。石動筒煎。餅謎也。

莊季裕雞肋編下。蘇公嘗會孫賁。公素知孫畏内殊甚。有官妓善商謎。蘇卽云。蒯通勸韓信反。韓信不肯反。其人思久之。曰未知中否。然不敢道。孫迫之使言。乃曰。此怕負漢也。蘇大喜。厚賞之。

洪邁夷堅甲志二。詩謎條。元祐間士大夫好事者。取達官姓名爲詩謎。如雪天晴色見虹蜺。千里江山遇帝畿。天子手中朝白玉。秀才不肯著麻衣。謂韓公絳。馮公京。王公珪。曾公布也。又取古人名而傳以今事。如人人皆戴子瞻帽。君實新來轉一官。門狀送還王介甫。潞公身上不曾寒。謂仲長統。司馬遷。謝安石。温彦博也。

程大昌演繁露七。古無謎字。若其意制。卽伍舉東方朔謂之爲隱者是也。隱者藏匿事情。不使暴露也。至鮑照集。則有井謎矣。玉篇亦收謎字。釋云隱也。卽後世之謎也。鮑之井謎曰。一八五八。飛泉仰流也者。垂綆取水而上之。故曰仰流也。一八者。井字八角也。五八者。析井字而四之。則其字爲十者四也。四十卽五八也。凡謎皆倣此。

周密齊東野語二十。古之所謂廋。即今之隱語。而俗所謂謎。玉篇謎字。釋云隱也。人皆知其始於黃絹幼婦。而不知自漢伍舉曼倩時已有之矣。至鮑照集。則有井字謎。自此雜説所載。間有可喜。今擇其佳者。著數篇於此。以資酒邊雅談云。　用字謎云。一月復一月。兩月共半邊。上有可耕之田。下有長流之川。六口共一室。兩口不團圓。又云。重山復重山。重山向下懸。明月復明月。明月兩相連。　木玷云。我本無名。因汝有名。汝有不平。吾與汝平。　日謎云。晝時圓。寫時方。寒時短。熱時長。又云。東海有一魚。無頭亦無尾。除去脊梁骨。便是這箇謎。　染物霞頭云。身居色界中。不染色界塵。一朝解纏縛。見姓自分明。　持棋云。彼亦不敢先。此亦不敢先。惟其不敢先。是以無所争。是以能入於不死不生。　字點云。寒則重重疊疊。熱則四散分流。四箇在縣。三箇在州。村裏不見在村裏。市頭不見在市頭。　印章云。方圓大小。隨人腹裏文章。儒雅有時。滿面紅妝。常在風前月下。　金剛云。立不中門。行不履閾。儼然人望而畏之。斯亦不足畏也矣。　蜘蛛云。上不在天。下不在田。中心藏之。玄之又玄。又云。自東自西。自南自北。無思不服。　拄杖云。用之則行。舍之則藏。惟我與爾。危而不持。顛而不扶。則焉用彼。　木屐云。可以託六尺之孤。可以寄百里之命。遇剛則鏗爾有聲。遇柔則没齒無怨。　蹴踘云。瞻之在前。忽焉在後。樂然後笑。人不厭其笑。　墨斗云。我有一張琴。絲絃長在腹。時時馬上彈。彈盡天下曲。　打稻枷云。天下有道則見。無道則隱。瞻之在前。忽焉在後。　夾註書云。大底不曾説小底。小底常是説大底。若要知得大底事。須去仔細問小底。　元宵燈球云。我有紅圓子。治赤白帶下。每服三五丸。臨夜茶酒下。　日曆云。都來一尺長。上面都是節。兩頭非常冷。中間非常熱。　手指云。大者兩文。小者三文。十枚共計二十八文。　水中石云。小時大。大時小。漸漸大。不見了。或以爲小兒顖門。　手巾云。八尺一片。四角兩面。所識是人面。不識畜生面。　接果云。斫頭便斫頭。却不教汝死。抛却親生男。却愛過房子。　又有以今人名藏古人名者云。人人皆戴子瞻帽(仲長統)。君實新來轉一官(司馬遷)。門狀送還王介甫(謝安石)。潞公身上不曾寒。(温彦博)。又有以古詩賦敗弓云。争帝圖王勢已傾(無靶)。八千兵散楚歌聲(無絃)。烏江不是無船渡(無弰)。羞向東吴再起兵(無面)。然此近俗矣。若今書會所謂謎者。尤無謂也。

〔一四〕**合生**

高承事物紀原九。引唐書武平一傳曰。中宗宴兩儀殿。胡人襪子何懿倡合生歌。言淺穢。平一上書。此來妖伎胡人。於御座之前。或言妃主情貌。或列王公名質。詠歌舞蹈。號曰合生。始自王公。稍及閭巷。卽是合生之原起。自唐中宗時也。今人亦謂之唱題目。

洪邁夷堅支乙六。合生詩詞條。江浙間路岐伶女。有慧黠知文墨。能於席上指物題詠。應命輒成者。謂之合生。其滑稽含玩諷者。謂之喬合生。蓋京都遺風也。

耐得翁都城紀勝。合生與起令隨令相似。各占一事。

〔一五〕**雜啞**

耐得翁都城紀勝。雜扮或名雜班。又名紐元子。又名技和。乃雜劇之散段。在京師時。村人罕得入城。遂撰此端。多是借裝爲山東河北村人以資笑。

〔一六〕**叫果子**

高承事物紀原九。嘉祐末。仁宗上仙。自帝卽位。至是殆五十年。天下稔於豐樂。不意邦國凶變之事。而英宗諒陰不言。能昭其功。然四海方遏密。故市井初有叫果子之戲。其本蓋自至和嘉祐之間叫紫蘇丸洎樂工杜人經十叫子始也。京師凡賣一物。必有聲韻。其吟哦俱不同。故市人採其聲調。閒以詞章。以爲戲樂也。今盛行於世。又謂之吟叫也。

耐得翁都城紀勝。叫聲自京師起撰。因市井諸色歌吟賣物之聲。採合宮調而成也。若加以嘌唱爲引子。次用四句就入者。謂之下影帶。無影帶者。名散叫。若不上鼓面。祇敲盞者。謂之打拍。

〔一七〕**教坊**

趙昇朝野類要一。自漢有琵琶箏簾之後。中國雜用戎夷之聲。六朝則又甚焉。唐時倂屬太常掌之。明皇遂別置爲教坊。其女樂則爲梨園弟子也。自有教坊記所載。本朝增爲東西兩教坊。又別有化成殿鈞容班。中興以來亦有之。紹興末。

臺臣王十朋上章省罷之。後有名伶達伎。皆留充德壽宮使臣。自餘多隸臨安府衙前樂。今雖有教坊之名。隸屬修內司教樂所。然遇大宴等。每差衙前樂權充之。不足。則又和雇市人。近年衙前樂已無。教坊舊人多是市井岐路之輩。欲責其知音曉樂。恐難必也。

〔一八〕**鈞容直**

高承事物紀原二。引宋朝會要曰。鈞容軍樂也。太平興國三年。詔籍軍中之善樂者。命曰引龍直。每巡省遊幸。則騎導車駕而奏樂。端拱二年。又選捧日等軍曉暢音律者。增多其數。蕃臣以樂工進。亦隸之。淳化三年。改名鈞容直。取鈞天之義。

馬端臨文獻通考一四六樂考一九。鈞容直者軍樂也。有內侍一人或二人監領。有押班二人。置樂二百三十二人。舊有百三十六人。景德二年。加歌二人。雜劇四十人。板十人。琵琶七人。笙九人。箏九人。觱篥四十五人。笛三十五人。方響十一人。杖鼓三十四人。大鼓八人。羯鼓三人。唱誕十人。小樂器一人。排歌四十人。掌撰詞一人。

江休復江隣幾雜志。教坊伶人嘲鈞容直樂云。鈞容擊鼓。百面如一。教坊不如他齊整。打一面如打百面。可謂婉而皎。

娶婦

凡娶媳婦。先起草帖子。〔一〕兩家允許。然後起細帖子。〔二〕序三代名諱。議親人有服親田產官職之類。次檐〔案〕檐應作擔。下同。許口酒。以絡盛酒瓶。裝以大花八朵。羅絹生色或銀勝八枚。又以花紅繳檐上。謂之繳檐紅與女家。女家以淡水二瓶。活魚三五箇。筯一雙。悉送在元酒瓶〔案〕元卽原之俗字。內。謂之回魚筯。或下小定、大定。〔三〕或相媳婦〔四〕與不相。若相媳婦。卽男家親人或婆往女家看中。卽以釵子插冠中。謂之插釵子。或不入意。卽留一兩端綵段。與之壓驚。則此親不諧矣。其媒人有數等。上等戴蓋頭。〔五〕着紫背子。〔六〕說官親宮院恩澤。中等戴冠子。黃包髻。背子。或只繫裙。手把青涼傘兒。〔七〕皆兩人同行。下定了。卽旦望媒人傳語。遇節序卽以節物頭面羊酒之類追女家。隨家豐儉。女家多回巧作之類。次下財禮。〔八〕次報成結日子。次過大禮。先一日。或是日早。下催粧冠帔花粉。女家回公裳花幞頭之類。前一日。女家先來掛帳。鋪設房卧。謂之鋪房。〔九〕女家親人有茶酒利市之類。至迎娶日。兒家以車子。或花檐子發迎客。引至女家門。女家管待迎客。與之綵段。作樂催粧上車。檐從人未肯起。炒咬利市。謂之起檐子。〔一〇〕與了然後行。迎客先回至兒家門。從人及兒家人乞覓利市錢物花紅等。謂之攔門〔一一〕新婦下車子。有陰陽人執斗。內盛穀豆錢菓草節等。咒祝望門而撒。小兒輩争拾之。謂之撒穀豆。〔一二〕俗云厭青羊等殺神也。新人下車檐。踏青布條或氈席。不得踏地。〔一三〕一人捧鏡倒行。引新人跨鞍〔一四〕驀草及秤上過。入門於一室內。當中懸帳。謂之坐虛帳。或只徑入房中。坐於床上。亦謂之坐富貴。其送女客急三盞而退。謂之走送。衆客就筵三盃之後。婿具公裳。花勝〔一五〕簇面。於中堂昇一榻。上置椅子。〔一六〕謂之高坐。先媒氏請。次姨氏或妗氏請。各斟一盃飲之。次丈母請。方下坐。新人門額。用綵一段。碎裂其下。橫抹掛之。婿入房卽衆争撦小片而去。謂之利市繳門紅。婿於床前請新婦出。二家各出綵段綰一同心。謂之牽巾。男掛於笏。女搭於手。男倒行出。面皆相向。至家廟前叅拜畢。女復倒行扶入房講拜。男女各争先後。對拜畢就床。女向左。男向右坐。婦女以金錢綵菓散擲。謂之撒帳。男左女右。〔一七〕留少頭髮。二家出疋段釵子。木梳頭鬚之類。謂之合髻。然後用兩盞以綵結連之。互飲一盞。謂之交盃酒。飲訖。擲盞并花冠子於床下。盞一仰一合。俗云大吉。則衆喜賀。然後掩帳訖。宫院中郎親隨人抱女婿去。已下人家郎行出房。參謝諸親。復就坐飲酒散後。次日五更用一卓盛鏡臺鏡子於其上。望上展拜。謂之新婦拜堂。次拜尊長親戚。各有綵段巧作鞋枕等爲獻。謂之賞賀。尊長則復换一疋回之。謂之答賀。婿往參婦家。謂之拜門。有力能趣辦。次日即往。謂之復面拜門。不然三日七日皆可。賞賀亦如女家之禮。酒散。女家具皷吹從物迎婿還家。三日女家送綵段油蜜蒸餅。謂之蜜和油蒸餅。其女家來作會。謂之煖女。〔一八〕七日則取女歸。盛送綵段頭面與之。謂之洗頭。一月則大會相慶。謂之滿月。自此以後。禮數簡矣。

〔一〕草帖子

事文類聚翰墨全書甲集五。男女家草帖正式。

男家草帖正式

某某州某縣某官宅或云寄居
一三代
曾祖　某　某官
祖　某　某官
父　某　某官
一本宅幾宣教某年某月生
一母姓氏有封號則具
右見議親次
月　日　草帖

女家草帖正式

某某州某縣某官
一三代
曾祖　某　某官
祖　某　某官
父　某　某官
一本宅某位幾小娘子某年某月生
一母姓氏
一奩田若干
一奩具若干
右見議親次
月　日　草帖

〔二〕細帖子

事文類聚翰墨全書甲集五。男女家定帖正式。

男家定帖正式

具位姓　某

右某伏承

親家某人謹以第幾院小娘與

某男議親言念躅豆籩之薦聿

修宗事之嚴躬井臼之勞尚賴

素風之舊既

令龜而叶吉將奠雁以告虔敬

致微誠顧聞

嘉命伏惟　合台慈特賜

鑒察

年　月　日具位姓某　定帖

女家定帖正式

具位姓　某

右某伏承

親家某人以第幾令似與某女

締親言念立冰既兆適諧鳳吉

之占種玉未成先拜

魚牋之寵雖若太簡不替初心

自愧家貧莫辦帳幄之具敢祈

終惠少加

筐篚之資諒惟

台慈特賜

鑒察

年　月　日具位姓某　定帖

〔三〕**小定大定**

新編事文類聚翰墨全書乙集四。婚禮。古有六禮。文公家禮務從簡便。自議婚而下。首曰納采。問名附焉。次曰納幣。請期附焉。次日親迎。納采即今求親。問名即今繫臂。納幣即今定聘。請期即今催粧。至親迎則婚禮成矣。

〔四〕**相媳婦**

江休復江鄰幾雜志。京師風俗。將爲婚姻者。先相婦。相退者。爲女氏所告。依條決此婦人。物議云云。以爲太甚。

〔五〕**蓋頭**

高承事物紀原三。蓋頭。唐初宮人著羃䍦。雖發自戎夷。而全身障蔽。王公之家亦用之。永徽之後。用幃帽。後又戴皁羅。方五尺。亦謂之幞頭。今曰蓋頭。

〔六〕**紫背子**

事林廣記戊集五。引實録曰。隋官多服半臂。即長袖也。唐高祖減其袖。謂之半臂。今背子也。江淮間或曰綽子。士人競服之。

程大昌演繁露三。今人服公裳必衷以背子。背子者。狀如單襦袷襖。特其裾加長。直垂至足焉耳。其實古之中禪也。禪之字或爲單。皆音單也。古人法服朝服。其内必有中單。中單之製。正如今人背子。而兩腋有交帶橫束其上。今世之慕古者。兩腋各垂雙帶。以準禪之帶。即本此也。

〔七〕**青涼傘兒**

葉夢得石林燕語七。京城士人。舊通用青涼繖。祥符五年。始詔惟親王得用之。餘悉禁。六年。中書樞密院亦許用。然每車駕行幸扈從皆徹去。既張繖。而席帽仍舊。故謂之重戴。餘從官遇出京城門。如上池賜宴之類。門外皆張繖。然須却帽。

〔八〕**下財禮**

司馬光書儀三婚儀上。書者別書納采問名之辭於紙。後繫年月日。婚主官位姓名止。賓主各懷之。既授雁。因交相授書。壻家書藏女家。女家書藏壻家。以代今之世俗行書。文中子曰。婚娶而論財。夷虜之道也。夫婚姻者。所以合二姓之好。上以事宗廟。下以繼後世也。今世俗之貪鄙者。將娶婦。先問資裝之厚薄。將嫁女。先問聘財之多少。至於立契約云。某物若干。某物若干。以求售某女者。亦有既嫁而復欺紿負約者。是乃駔儈鬻奴賣婢之法。豈得謂之士大夫婚姻哉。其舅姑既被欺紿。則殘虐其婦以攄其忿。由是愛其女者。務厚資裝。以悅其舅姑。殊不知彼貪鄙之人。不可盈厭。資裝既竭。則安用汝力哉。於是質其女以責貨於女氏。貨有盡而責無窮。故婚姻之家。往往終爲仇讐矣。是以世俗生男則喜。生女則戚。至有不舉其女者。因此故也。然則議婚姻有及於財者。皆勿與爲婚姻可也。

〔九〕**鋪房**

司馬光書儀三婚儀上。鋪房古雖無之。然今世俗所用。不可廢也。牀榻薦席椅卓之類。壻家當具之。氈褥帳幔衾綯之類。女家當具之。所張陳者。但氈褥帳幔帷幕之類應用之物。其衣服襪履等不用者。皆鎖之篋笥。世俗盡陳之。欲矜誇富多。此乃婢妾小人之態。不足爲之。

〔一〇〕**起檐子**

司馬光書儀三婚儀上。今婦人幸有氈車可乘。而世俗重檐子。輕氈車。借使親迎時。暫乘氈車。庸何傷哉。然人亦有性不能乘車。乘之卽嘔吐者。如此則自乘檐子。其御輪三周之禮。更無所施。姆亦無所用矣。

〔一一〕**攔門**

新編事文類聚翰墨全書乙集五。唐人婚嫁。俟女至内則擁門塞巷。至不得行。謂之障車。有詔禁止。

新編事文類聚翰墨全書乙集十八。按娶婦之家。親迎入門。婦下車。壻揖以入。行交拜合巹之禮。如是而已。雖曰酒食以召鄉黨僚友。安得塞路填門。厚要錢物以爲利市者乎。唐人障車有禁。今世俗攔門。自當罷去。儐相固亦古者相禮之意。交拜合巹脱服當以婦女贊之。閨房之間。男女喧雜。開門揭幔。坐牀撒帳。開襟拔花以爲戲樂。果何理耶。知禮君子。

自當一正其失。

〔一二〕撒穀豆

高承事物紀原九。漢世京房之女。適翼奉子。奉擇日迎之。房以其日不吉。以三煞在門故也。三煞者。謂青羊。烏雞。青牛之神也。凡是三者在門。新人不得入。犯之損尊長及無子。奉以謂不然。婦將至門。但以穀豆與草禳之。則三煞自避。新人可入也。自是以來。凡嫁娶者。皆置草於門閫内。下車則撒穀豆。既至。蹙草於側而入。今以爲故事也。

〔一三〕踏青布條或氈席不得踏地

顧張思土風録二。芥隱筆記及輟耕録俱云。今新婦到門。則傳席以入。弗令履地。案此風唐時已有之。樂天春深娶婦家詩。青衣轉氈褥。錦繡一條斜。

〔一四〕跨鞍

高承事物紀原九。引蘇氏演義曰。唐曆云。國初以婚姻之禮。皆胡虜之法也。謂坐女於馬鞍之側。此胡人尚乘鞍馬之義也。酉陽雜記曰。今士大夫家婚禮。新婦乘馬鞍。悉北朝之餘風也。今娶婦家。新人入門跨馬鞍。此蓋其始也。

歐陽修歸田録二。劉岳書儀。婚禮有女坐壻之馬鞍。父母爲之合髻之禮。不知用何經義。據岳自敍云。以時之所尚者益之。則是當時流俗之所爲爾。岳當五代干戈之際。禮樂廢壞之時。不暇講求三王之制度。苟取一時世俗所用吉凶儀式。略整齊之。固不足爲後世法矣。然而後世猶不能行矣。今岳書儀。十已廢其七八。其一二僅行於世者。皆苟簡粗略。不如本書。就中轉失乖繆。可爲大笑者坐鞍一事爾。今之士族當婚之夕。以兩倚相背。置一馬鞍。反令壻坐其上。飲以三爵。女家遣人三請而後下。乃成婚禮。謂之上高坐。凡婚家舉族内外姻親。與其男女賓客。堂上堂下竦立而視者。惟壻上高坐爲盛禮爾。或有偶不及設者。則相與悵然咨嗟。以爲闕禮。其轉失乖繆至於如此。今雖名儒巨公。衣冠舊族。莫不皆然。嗚呼。士大夫不知禮義。而與閭閻鄙俚同其習見。而不知爲非者多矣。前日濮園皇伯之議是已。豈止坐鞍之繆哉。

〔一五〕花勝

司馬光書儀三。婚儀上。世俗新壻盛戴花勝。擁蔽其首。殊失丈夫之容體。必不得已。且隨俗戴花一兩枝。勝一兩枚可也。

〔一六〕**椅子**

陸游老學庵筆記四。徐敦立言往時士大夫家婦女坐椅子兀子。則人皆譏笑其無法度。梳洗床、火爐床家家有之。今猶有高鏡臺。蓋施床則與人面適平也。或云禁中尚用之。特外間不復用爾。

顧張思土風録三。椅子之名。見丁晉公談録。竇儀雕起花椅子二。以備右丞及太夫人同坐。又王銍默記。李後主入宋後。徐鉉往見。李卒取椅子相待。鉉曰。但正衙一椅足矣。引椅偏乃坐。椅本作倚。以可倚靠也。正韻始作椅。蓋以木所成。故从木。讀倚。杌子之名。亦起于宋。見周益公玉堂雜記。

王明清揮麈三録二。紹興初。梁仲謨汝嘉尹臨安。五鼓往待漏院。從官皆在焉。有據胡床而假寐者。旁觀笑之。又一人云。近見一交椅樣甚佳。頗便於此。仲謨請之。其説云。用木爲荷葉。且以一柄插于靠背之後。可以仰首而寢。仲謨云。當試爲諸公製之。又明日入朝。則凡在坐客各一張。易其舊者矣。其上所合施之物悉備焉。莫不歎伏而謝之。今達宦者皆用之。蓋始於此。

〔一七〕**男左女右**

司馬光書儀三。婚儀上。古者同牢之禮。壻在西。東面。婦在東。西面。蓋古人尚右。故壻在西。尊之也。今人既尚左。且須從俗。

〔一八〕**煖女**

趙德麟侯鯖録三。世之嫁女。三日送食。俗謂之煖女。

邵博邵氏聞見後録二十七。宋景文納子婦。三日。子以婦家饋食物書白。一過目。卽曰書錯一字。姑報之。至白報書。卽怒曰。吾薄他人錯字。汝亦爾邪。子皇駭却立。緩扣其錯。以筆塗煖字。蓋婦家書以食物煖女云。報亦如之。子益駭。又綴扣當用何煖字。久之怒聲曰。從食。從而。從大。子退檢字書。博雅中出餪字。注云。女嫁三日餉食。爲餪女。始知俗聞餪女云者。自有本字。

育子

凡孕婦入月於初一日。父母家以銀盆或錂或綵畫盆。盛粟稈一束。上以錦繡或生色帕複〔案〕複即袱。蓋之。上插花朵及通草帖羅五男二女花花樣。用盤合裝送饅頭。謂之分痛。并作眠羊。卧鹿羊生〔案〕羊生疑誤。菓實。取其眠卧之義。并牙兒衣物綳〔案〕綳應作綳。籍等。謂之催生。就蓐分娩訖。人争送粟米炭醋之類。三日落臍灸顖。〔案〕顖應作顖。七日謂之一臘。至滿月則生色及綳繡錢。貴富家金銀犀玉爲之。并菓子。大展洗兒會。親賓盛集。煎香湯於盆中。下菓子綵錢葱蒜等。用數丈綵繞之。名曰圍盆。以釵子攪水。謂之攪盆。觀者各撒錢於水中。謂之添盆。盆中棗子直立者。婦人争取食之。以爲生男之徵。浴兒畢落胎髮。遍謝坐客。抱牙兒入他人房謂之移窠。生子百日置會。謂之百晬。〔一〕至來歲生日謂之周晬。〔二〕羅列盤琖於地。盛菓木飲食。官誥筆研算秤等。經卷針線。應用之物。觀其所先拈者以爲徵兆。謂之試晬。〔二〕此小兒之盛禮也。

〔一〕**百晬　周晬　試晬**

愛日齋叢鈔　三朝滿月百晬。　東坡賀子由生孫云。況聞萬里孫。已報三日浴。今俗以三朝浴兒殆是意也。晬謂子生一歲。顏氏家訓江南風俗。兒生一期。爲製新衣。盥浴裝飾。男則用弓矢紙筆。女則刀尺針縷。並加飲食之物及珍寶服玩。置之兒前。觀其發意所取。以驗貪愚廉智。名之爲試兒。親表聚集置燕享云。玉壺野史。記曹武惠王始生周晬日。父母以百玩之具羅于席。觀其所取。武惠王左手提干戈。右手取俎豆。斯須取一印。餘無所視。曹真定人。江南遺俗乃在北。今俗謂試周是也。惟相傳滿月且文之爲彌月。指詩誕彌厥月言之。按毛詩曰。誕大也。彌終也。鄭氏曰。終十月而生。吕成公註莆田鄭氏曰。彌滿也。其義非謂兒生及月。唐書。高宗龍朔三年。子旭輪生滿月。大赦。

蔡絛鐵圍山叢談四。祖宗故事。誕育皇子公主。每侈其慶。則有浴兒包子。竝賚巨臣戚里。包子者。皆金銀大小錢、金粟塗金果、犀玉錢、犀玉方勝之屬。如誕皇子。則賜包子罷。又逐後命中使人賫密賜來。約須諸宰相。餘臣不可得也。密賜者。必金合。多至二三百兩。中貯犀玉帶或珍珠瑰寶。

幽蘭居士東京夢華録卷之六

正月

正月一日年節。〔一〕開封府放關撲三日。〔二〕士庶自早。互相慶賀。坊巷〔三〕以食物。動使。菓實。柴炭之類。歌叫關撲。如馬行潘樓街州東宋門外州西梁門外踊路。州北封丘門外。及州南一帶。皆結綵棚。鋪陳冠梳。珠翠。頭面。衣着。花朶。領捄。〔案〕捄應作抹。靴鞋。玩好之類。間列舞場歌館。車馬交馳。向晚貴家婦女。縱賞關賭。入場觀看。入市店飲宴。慣習成風。不相笑訝〔案〕笑訝。訝應作訝。至寒食冬至三日〔四〕亦如此。小民雖貧者。亦須新潔衣服。把酒相酬爾。

〔一〕年節

龐元英文昌雜録三。唐歲時節物。元日則有屠蘇酒。五辛盤。咬牙餳。人日則有煎餅。上元則有絲籠。二月二日則有迎富貴果子。三月三日則有鏤人。寒食則有假花雞毬、鏤雞子、子推蒸餅、餳粥。四月八日則有餻糜。五月五日則有百索、糉子。夏至則有結杏子。七月七日則有金針、織女台、乞巧果子。八月一日則有點炙杖子。九月九日則有茱萸菊花酒餻。臘日則有口脂、面藥、澡豆。立春則有綵勝、雞燕生菜。今歲時遺問略同。但餻糜。結杏子。點炙杖子。今不行爾。杜甫春日詩云。春日春盤細生菜。又曰。勝裹金花巧耐寒。重陽詩云。茱萸賜朝士。臘日詩云。口脂面藥隨恩澤。如此之類甚多。

略概舉記當時所重也。

鄭望之膳夫録。汴中節食條。上元油䭔。人日六上菜。上巳手裏行厨。寒食冬凌。四月八指天餕餡。重五如意圓。伏日緑荷包子。二社辣雞臠。中秋翫月羹。中元盂蘭餅餡。重九米錦。臘日萱草麪。

陳元靚歲時廣記五。引歲華紀麗。俗説屠蘇者草庵之名也。昔有人居草庵之中。每歲除夕。遺里閭藥一貼。令囊浸井中。至元日。取水置於酒樽。合家飲之。不病瘟疫。今人得其方而不識名。但曰屠蘇而已。

趙彦衛雲麓漫鈔八。正月旦日。世俗皆飲屠蘇酒。自幼及長。或寫廜蘇。千金方廜蘇亦不知何義。按梁宗懍荆楚歲時記云。是日進椒柏酒。飲桃湯。服却鬼元。敷於散。次序從小起。註云。以過臘日。故崔寔月令。過臘一日。謂之小歲。又云。小歲則用之漢朝。元正行之晉世。蓋漢嘗以十月爲歲首也。又云。敷於散卽胡洽方之許山赤散。並有斤兩。則知敷於音訛轉而爲屠蘇。小歲訛而爲自小起云。

陳元靚歲時廣記五。引風土記。正元日俗人拜壽。上五辛盤。松柏頌。椒花酒。五熏煉形。五辛者。所以發五臟氣也。

陳元靚歲時廣記五。引歲時雜記。元日京師人家多食索餅。所謂年䬪飥者。或此類。

陳元靚歲時廣記五。引皇朝歲時雜記。元旦以鴉青紙或青絹剪四十九幡。圍一大幡。或以家長年齡戴之。或貼于門楣。仲殊元日詞云。椒觴獻壽瑤觴滿。綵幡兒輕輕剪。又云。柏觴瀲灩銀幡小。

〔二〕關撲三日

趙彦衛雲麓漫鈔五。擊撲食物法有禁。惟元正冬至寒食三節。開封府出榜放三日。或以數十笏銀。或以樂藝女人爲一擲。其他百物無不然。非如今常得擊撲也。

洪邁夷堅志補三。余三乙條。妻曰。我籠中猶有布數疋。可資以爲生理。余從之。徙居臨安外沙。撲賣頭須篦掠。

洪邁夷堅志補八。李將仕條。會有持永嘉黃柑過門者。生呼而撲之。輸萬錢。愠形于色。曰壞了十千。而一柑不得到口。

張仲文白獺髓。嘉定丁丑九月。臣僚奏孔煒罷知高安。孔本三衢人。乙亥生。仕至都官。以女爲門人鄭復禮盜去。遂有此玷。復禮乃永嘉士人。因善醫而爲孔門館賓。與諸子游。惟館于民家。先數日前。因見行都博雞者。（行都以三文十純博雞并錢）。復禮博之。以骰錢祝之得純成。欲盜此女。隨手得純字。更借取一祝。再博而又純。遂漫因孔君奉祭牙齋壇。是夜。復禮遂盜此女。

說郛一九曾三異因話録。　都下賣餳者。作一圓盤。可三尺許。其上畫禽魚器物之狀數百枚。長不過半寸。闊如小指。甚小者只如兩豆許。禽之有足。鞋之有帶。弓之有弦。纖悉瑣細。大略皆如此類。以針作箭。而別以五色之羽。旋其盤。買者投一錢。取箭射之。中者得餳。數箭並下。其盤方旋而未止。賣餳者唱曰。白中某。赤中某。餘不中。逮旋止盤定。視之無差。賣餳者乃自取箭。再旋盤射之以酬之。昔中禽之足者。不使中禽之翼。昔中弓之弦者。不使中弓之稍。毫釐比昔中者無差焉。紀昌視蝨三年。大如車輪。能射而中之。蓋此類也。然懸蝨者乃定而視之。此却是旋動。亦能見而中之。未知定者易而動者難邪。是或一道也。

李斗揚州畫舫録十六蜀岡録云。跌成。古博戲也。時人謂之拾博。用三錢者爲三星。六錢者爲六成。八錢者爲八乂。均字均幕爲成。四字四幕爲天分。天分必幕與幕偶。字與字偶。長一尺。不雜不斜。以此爲難。蓋跌成之戲。古謂之純。元李文蔚有燕青博魚曲。其詞云。憑着我六文家銅鏝。又云。你若是博啊。要五純六純。五純今謂之拗一。六純卽大成。又爲金盞兒曲云。比及五陵人。先頂禮二郎神。哥也。你便博一千博。我這肐膊也無些兒困。我將那竹根的蠅拂子綽了這地皮塵。不要你蹲着腰虛土裏縱。疊着指漫磚上墩。則要你平着身往下撇。不要你探着手可便往前分。又油葫蘆曲云。則這新染來的頭錢不甚昏。可不算先道的準。手心裏明明白白擺定一文文。呀呀呀。我則見五個鏝兒。乞丢磕塔穩。更和一個字兒。急溜骨碌滾。諕的我咬定下唇。搯定指紋。又被這個不防頭。愛撇的磚兒隱。可是他便一博六渾純。二曲摹寫極工。此技遍于湖上。是地更勝。所博之物。以茉莉玫瑰二花最多。四時不絕。則水老鼠。　案熙寧中王安石始許人撲買坊場河渡未知與撲賣孰爲先後。撲卽博易之博。諱言之乃言關撲也。自車馬地宅歌童舞女以及器用食品。無不以一撲得之。此録目爲鬬賭。名實相符。所謂撲者。以三錢得順。謂面幕一色。或作淳。所謂攧采覆淳。初猶限于元旦寒食冬至三日。南渡以後隨時隨地有之。流風所扇。及于後世。昔年各省俱有抽簽得物者。京師糖胡盧薰雞果子抽簽。其最著者。廟會中用品若胰子牙粉之類。置于地上。人給數錢以圈套中者全得之。至于外府州縣。市易洋貨者。皆不論價而論簽。最爲風俗之蠹。今皆不禁自絶矣。

〔三〕**坊巷**

高承事物紀原六。引宋朝會要曰。至道元年十一月。詔改京城内外坊名。卽今太平羲和等一百三十六是也。太宗以舊名多涉俚俗之言。至是始命美名易之。惟寶積、安業、樂臺、利仁四坊仍舊。東京記曰。太宗命張洎改撰其名也。新城外坊至道中定。後祥符元年。始分置九廂及諸坊也。

周城宋東京考九。按文獻通考。大中祥符元年置京新城外八廂。真宗以都門之外。居民頗多。舊例惟赤縣尉主其事。至是特置廂吏。命京府統之。天禧五年。增置九廂。熙寧三年五月。詔以京朝官曾歷通判知縣者四人。分治京城四廂。

朱弁曲洧舊聞四。宋次道龍圖云。校書如掃塵。隨掃隨有。其家藏書皆校三五徧者。世之畜書以宋爲善本。居春明坊。昭陵時士大夫喜讀書者。多居其側。以便於借置故也。當時春明宅子比他處僦值常高一倍。陳叔易常爲予言此事。嘆曰。此風豈可復見耶。

陸游老學庵筆記九。晁氏世居都下昭德坊。其家以元祐黨人及元符上書籍記不許入國門者數人。以道其一也。嘗於鄭洛道中遇降羌。作詩云。沙場尺箠致羌渾。玉陛俱承雨露恩。自笑百年家鳳闕。一生腸斷國西門。方是時士大夫失職如此。安得不兆亂乎。

王明清揮麈後録三。王景彝故第在京師太子巷。初開寶間。江南李後主遣其弟從善入貢。留不遣。建宅以賜。故都人猶以太子目之也。從善死後歸王氏。

闕名異聞總録四。呂文靖公宅在京師榆林巷。羣從數十。遇時節朔望。則昧旦共集於一處。以須尊者之出。

洪邁夷堅甲志一。孫九鼎條。孫九鼎字國鎮。忻州人。政和癸巳。居太學。七夕日出訪鄉人段浚儀於竹柵巷。沿汴北岸而行。

洪邁夷堅甲志十九。晦日月光條。趙清憲賜第在京師府司巷。

洪邁夷堅乙志十六。趙令族條。趙令族居京師泰山廟巷。

葉紹翁四朝聞見録乙集。京師顏家巷髹器物。不堅實。故至今謂之顏子生活。

〔四〕至寒食冬至三日

陳元靚歲時廣記三十八。引歲時雜記。都城以寒食冬正爲三大節。自寒食至冬至。中無節序。故人間多相問遺。至獻節或財力不及。故諺語云。肥冬瘦年。

王楙野客叢書十六。國家官私以冬至元正寒食三大節爲七日假。所謂前三後四之説。

張知甫可書。刁景純官於都下。遇節必令人持馬銜。每至一門首。撼數聲而留刺以表到。忽有客知其誣。急出視之。僕云。適已脱籠矣。

周密癸辛雜識前集。節序交賀之禮。不能親至者。每以束刺僉名於上。使一僕遍投之。俗以爲常。余表舅吴四丈。性滑稽。適節日無僕可出。徘徊門首。恰友人沈子公僕送刺至。漫取視之。類皆親故。於是酌之以酒。陰以己刺盡易之。沈僕不悟。因往遍投之。悉吴刺也。異日合併。因出沈刺大束。相與一笑。鄉曲相傳以爲笑談。然類説載陶穀易刺之事。正與此相類。恐吴効之爲戲耳。又雜説載司馬公自在臺閣時。不送門狀。習以成風。既勞作僞。且疎拙露見可笑。則知此事由來久矣。

龐元英文昌雜録一。祠部休假歲凡七十有六日。元日寒食冬至各七日。天慶節上元節同。天聖節夏至、先天節、中元節、下元節、降聖節、臘、各三日。立春、人日、中和節、春分、社、清明、上巳、天祺節、立夏、端午、天貺節、初伏、中伏、立秋、七夕、末伏、社、秋分、授衣、重陽、立冬、各一日。上中下旬各一日。大忌十五小忌四。而天慶、夏至、先天、中元、下元、降聖、臘、皆前後一日後殿視事。其日不坐。立春、春分、立夏、夏至、立秋、七夕、秋分、授衣、立冬大忌前一日亦後殿坐。餘假皆不坐。百司休務焉。

高承事物紀原一。引漢律。吏得五日一休沐。言休息以洗沐也。鄧通洗沐不出。張安世休沐嘗出門是也。唐會要。永徽三年二月十日。以天下無虞。百司務簡。每至旬假。許不視事。以寬百寮休沐。然則休沐始于漢。其以旬休則始于唐也。

洪邁容齋隨筆三。今在京百官。唯雙忌作假。以其拜跪多。又晝漏已數刻。若單忌。獨三省歸休耳。百司坐曹決獄。與常日亡異。視古誼爲不同。

元旦朝會

正旦大朝會。車駕坐大慶殿。〔一〕有介胄長大人四人。立于殿角。謂之鎮殿將軍。諸國使人入賀殿庭。列法駕儀仗。百官皆冠冕朝服。〔二〕諸路舉人解首亦士服立班。其服二量冠。〔三〕〔案〕量應作梁。白袍青緣。諸州進奏吏。各執方物入獻。諸國使人〔四〕大遼大使頂金冠。後簷尖長如大蓮葉。服紫窄袍。金蹀躞。副使展裹金帶如漢服。大使拜則立左足。跪右足。以兩手着右肩爲一拜。副使拜如漢儀。夏國使副皆金冠短小樣製。服緋窄袍。金蹀躞。吊敦背叉手展拜。高麗與南番交州使人並如漢儀。回紇皆長髯高鼻。以疋帛纏頭。散披其服。于闐皆小金花氈笠。金絲戰袍束帶。并妻男同來。乘駱駞氈兜銅鐸入貢。三佛齊皆瘦脊〔案〕脊應作瘠。纏頭。緋衣上織成佛面。又有南蠻五姓番皆椎髻烏氈。並如僧人禮拜。入見旋賜漢裝錦襖之類。更有真臈。〔案〕真臈本作真臘。大理。大石〔案〕大石本作大食。等國。有時來朝貢。其大遼使人在都亭驛。夏國在都亭西驛。高麗在梁門外安州巷同文館〔五〕回紇。于闐在禮賓院。〔六〕諸番國在瞻雲館〔七〕或懷遠驛。〔八〕唯大遼。高麗。就館賜宴。大遼使人朝見訖。翌日詣大相國寺燒香。次日。詣南御苑射弓。朝廷旋選能射武臣伴射。〔九〕就彼賜宴。三節人皆與焉。先列招箭班〔一〇〕十餘於垛子前。使人多用弩子射。一裹無脚小幞頭子。錦襖子遼人。踏開弩子。舞旋榙〔案〕榙應作搭。箭。過與使人。被窺得端正。止令使人發牙。例本朝伴射用弓箭中的。則賜闊裝銀鞍馬。衣着。金銀器物有差。伴射得捷。京師市井兒遮路爭獻口號。觀者如堵。翌日。人使朝辭。朝退。內前燈山已上綵。其速如神。

〔一〕**大慶殿**

龐元英文昌雜録三。上御大慶殿會朝。始用新儀。開大慶門。張旗幟。兵部設黃麾仗五千人。夾門填街。太僕列五輅。殿中省輿輦繖扇。又復故事陳天下貢物。百官冠服分爲七等。皆有司新製。不佩劍。不脱履舄。中書侍郎押方鎮表案。中書令讀。給事中押祥瑞表案。門下侍郎讀。户部尚書奏諸州貢物請付所司。禮部尚書奏諸蕃貢物。請付所司。太史奏雲物祥瑞。光禄卿請允羣臣上壽。既畢。延王公升殿。百官就坐。酒三行罷。所司承旨放仗。舊儀宰臣兩省學士待制至殿中侍御史。先就丹墀位。乘輿升御座。方引諸司三品四品入大慶偏門。正安之樂作。

〔二〕**冠冕朝服**

宋史一百五十二輿服志。朝服。一曰進賢冠。二曰貂蟬冠。三曰獬豸冠。皆朱衣朱裳。

〔三〕**二梁**

宋史一百五十二輿服志。進賢冠以漆布爲之。上縷紙爲額花金塗銀銅飾。後有納言以梁數爲差。凡七等。以羅爲纓結之。第一等七梁。加貂蟬籠巾貂鼠尾立筆。第二等無貂蟬籠巾。第三等六梁。第四等五梁。第五等四梁。第六等三梁。第七等二梁。

〔四〕**諸國使人**

龐元英文昌雜録一。主客所掌諸番。東方有四。其一曰高麗。出於夫餘氏。殷道衰弱。箕子去之朝鮮。是其地也。在漢曰樂浪郡。其二曰日本。倭奴國也。自以其國近日所出。故改之。其三曰渤海靺鞨。本高麗之别種。其四曰女真。渤海之别種。西方有九。其一曰夏國。世有銀、夏、綏、宥、静五州之地。慶曆中册命爲夏國。其二曰董氈。居青唐城。與回鶻、夏國、于闐相接。其三曰于闐。西帶葱嶺。與婆羅門接。其四曰回鶻。本匈奴别裔。唐號回紇。居甘沙西州。其五曰龜兹。住居延城。回鶻之别種。其國主自稱師子王。其六曰天竺。舊名身毒。亦曰摩伽陀。又曰婆羅門。其七曰瓜沙門。漢燉煌故地。其八曰伊州。漢伊吾郡也。其九曰西州。本高昌國。漢車師前王之地。有高昌城。取其地勢高人昌盛以爲名。貞觀中平其地爲西州。南方十有五。其一曰交趾。本南越之地。唐交州總管也。其二曰渤泥。在京都之西南大海中。其三曰拂菻。一名大秦。在西海之北。其四曰住輦。在廣州之南。水行約四十萬里方至廣州。其五曰真臘。在海中。本扶南之屬國也。其六曰大食。本波斯之别種。在波斯國之西。其人目深。舉體皆黑。其七曰占城。在真臘北。其八曰三拂齊。蓋南蠻之别種。與占城爲鄰。其九曰闍婆。在大食之北。其十曰丹流眉。在真臘西。其十一曰陀羅離。南荒之國也。其十二曰大理。在海南。亦接川界。其十三曰層檀。東至海。西至胡盧没國。南至霞勿檀國。北至利吉蠻國。其十四曰勿巡。舟船順風泛海二十晝夜至層檀。其十五曰俞盧和。地在海南。又有西南五蕃。曰羅、龍、方、張、石凡五姓。本漢牂柯郡之地。又有荆湖路溪洞及卭部黎雅等蠻傜。北方曰契丹匈奴也。别隸樞密院。朝廷所以待遠人之禮甚厚。皆著例録付之有司。而諸蕃入貢。蓋亦無虚歲焉。

龐元英文昌雜録一。余本部掌朝貢録。見至道中大食國滿希密。遣男進貢云。彼國但出犀象。詔問以何法可取。對云。象用象媒誘致。以繩漸羈縛之。犀則使人卧大樹。操弓矢。伺其至射而殺之。其小者。不須弓矢亦可捕獲。于闐國城之東有白玉河。西有緑玉河。次西有烏玉河其源同出崑崙山。在其國西千三百餘里。每歲至七八月水小之後。取玉於河。謂之撈玉。闍婆國方言謂真珠爲没爹蝦囉。謂牙爲家凌。謂玳瑁爲家囉。謂香爲崑燉盧麻。謂犀爲低密云。

〔五〕**同文館**

宋會要稿職官二五之二。都亭西驛同文館及管勾所。哲宗正史職官志。都亭西驛掌河西蕃部。同文館掌高麗使命各有管勾所。

周城宋東京考十一。同文館在閶闔門外西北安州巷。建以待青唐高麗使臣之所。

〔六〕**禮賓院**

宋會要稿職官二五之二。禮賓院。哲宗正史職官志。掌回鶻、吐蕃、党項、女真等國朝貢館設。及互市譯語之事。

〔七〕**瞻雲館**

周城宋東京考十一。瞻雲館在宜秋門外。建以待諸番國使臣之所。

〔八〕**懷遠驛**

宋會要稿職官二五之二。懷遠驛。哲宗正史職官志。掌南蕃交州。西蕃、龜茲、大石、于闐、甘沙、宗哥等國。

〔九〕**伴射**

文瑩湘山野録中。真宗欲擇臣僚中善弓矢美儀彩伴虜使射弓。時雙備者。惟陳康肅公堯咨可焉。陳方以詞職進用。時晏元獻爲翰林學士太子左庶子。事無巨細皆咨訪之。上謂晏曰。陳某若肯换武。當授與節鉞。卿可諭之。時康肅母燕國馬太夫人尚在。門範嚴毅。陳曰。當白老人。不敢自輙。白之燕國。以杖撻之曰。汝策名第一。父子以文章立朝爲名臣。汝欲叨竊厚禄。貽羞於閥閲忍乎。因而無報。真宗遣小璫以方寸小紙細書問晏曰。主皮之議如何。小璫誤送中書。大臣慌然不諭。次日稟奏。真宗不免笑而就之。朕爲不曉此一句經義。因問卿等。止黜其璫於前省。亦不加罪。

〔一〇〕**招箭班**

案宋史兵志。東西班弩手龍旗直、招箭班。共十二。舊號東西班承旨。擇善弓箭者爲招箭班。

立春

立春。〔一〕前一日。開封府進春牛入禁中鞭春。開封。祥符兩縣。置春牛於府前。至日絶早。府僚打春。〔二〕如方州儀。府前左右百姓賣小春牛。往往花裝欄坐。上列百戲人物。春幡雪柳。各相獻遺。春日宰執親王百官皆賜金銀幡勝。〔三〕入賀訖。戴歸私第。

〔一〕立春

陳元靚歲時廣記八。引皇朝歲時雜記。立春前一日。大内出春盤并酒以賜近臣。盤中生菜染蘿蔔爲之裝飾置奩中。烹豚、白熟餅、大環餅。比人家散子其大十倍。民間亦以春盤相饋。有園者園吏獻花盤。

陳元靚歲時廣記九。引歲時雜記。人日。京師貴家造麪蠒。以肉或素餡。其實厚皮饅頭餕餡也。名曰探官蠒。又立春日作此。名探春蠒。中置紙簽。或削木書官品。人自探取以卜異時官品高下。街市前期賣探官紙。言多鄙俚。或選取古今名人警策句可以占前程者。然亦但舉其吉祥之詞耳。燈夕亦然。歐陽公詩云。來時擘蠒正探官。

〔二〕打春

金盈之醉翁談録三。立春開封府土牛進入禁中。開封縣土牛。一日鼓樂迎置府南門上。天下真定府土牛最大。是日自郎官御史寺監長貳以上。皆賜春幡勝以羅爲之。近臣皆加賜銀勝。開封府鞭牛訖。官屬大合樂宴飲。辨色入朝門謝春幡勝。

陳元靚歲時廣記八。引皇朝歲時雜記。立春鞭牛訖。庶民雜遝如堵。頃刻間分裂都盡。又相攘奪。以至毁傷身體者。歲歲有之。得牛肉者。其家宜蠶。亦治病。本草云。春牛角上土置户上。令人宜田。

邱光庭兼明書一。或問曰。今地主率官吏以杖打之。曰打春牛。何也。答曰。按月令只言示農耕之早晚。不言以杖打之。此謂人之妄作耳。

〔三〕**金銀幡勝**

龐元英文昌雜録三。初十日立春。賜三省官采勝各有差。謝于紫宸殿門。杜臺卿説。正月七日爲人日。家家翦綵或鏤金簿爲人。以帖屏風。亦戴之頭鬢。今世多刻爲華勝。像瑞圖金勝之形。引釋名。華象草木華也。勝言人形容止等一人著之則勝。又引賈充李夫人典誡曰。每見時人。月旦花勝。交相遺與。謂正月旦也。今俗用立春日亦近之。然公卿家尤重此日。莫不鏤金刻繒。加飾珠翠。或以金銀。窮極工巧。交相遺問焉。

陳元靚歲時廣記八。引荆楚歲時記。立春日悉剪綵爲燕以戴之。傅咸燕賦云。四氣代王。敬逆其始。彼應運而方臻。乃設燕以迎止。翬輕翼之岐岐。若將飛而未起。何夫人之工巧。式儀形之有似。銜青書以贊時。著宜春之嘉祉。王沂公春帖子云。綵燕迎春入鬢飛。輕寒未放縷金衣。又歐陽永叔云。不驚樹裏禽初變。共喜釵頭燕已來。鄭毅夫云。漢殿鬬簪雙綵燕。併知春色上釵頭。皆春日帖子句也。曹松春詩云。綵燕表年時。又古詞云。釵頭燕妝。臺弄粉。梅額故相誇。

元宵

正月十五日元宵。〔一〕大内前自歲前冬至後。開封府絞〔案〕絞應作結。縛山棚〔二〕立木正對宣德樓。游人已集御街。兩廊下奇術異能。歌舞百戲。鱗鱗相切。樂聲嘈雜十餘里。擊丸蹴踘。踏索上竿。趙野人倒喫冷淘。張九哥吞鐵劍。李外寧藥法傀儡。小健兒吐五色水。旋燒泥丸子。大特落灰藥榾柮兒雜劇。温大頭。小曹嵇琴。党千簫管。孫四燒煉藥方。王十二作劇術。鄒遇。田地廣雜扮。蘇十。孟宣築毬。尹常賣五代史。劉百禽虫蟻。楊文秀鼓笛。更有猴呈百戲。魚跳刀門。使喚蜂蝶。追呼螻蟻。其餘賣藥賣卦。沙書地謎。奇巧百端。日新耳目。至正月七日。人使朝辭出門。燈山上綵。金碧相射。錦綉交輝。面北悉以綵結山呇。〔案〕呇應作沓。上皆畫神仙故事。或坊市賣藥賣卦之人。横列三門。各有綵結。金書大牌。中曰都門道。左右曰左右禁衛之門。上有大牌曰宣和與民同樂。綵山左右以綵結文殊、普賢。跨獅子、白象。各於手指出水五道。其手摇動。用轆轤絞水上燈山尖高處。用木櫃貯之。逐時放下。如瀑布狀。又於左右門上。各以草把縛成戲龍之狀。用青幕遮籠。草上密置燈燭數萬盞。望之蜿蜒如雙龍飛走。自燈山至宣德門樓横大街。約百餘丈。用棘刺圍遶。謂之棘盆。内設兩長竿。高數十丈。以繒綵結束。紙糊百戲人物。懸於竿上。風動宛若飛仙。内設樂棚。差衙前樂人作樂雜戲。并左右軍百戲在其中。駕坐一時呈拽。宣德樓上皆垂黄緣簾。中一位乃御座。用黄羅設一綵棚。御龍直執黄蓋掌扇。列於簾外。兩朶樓各掛燈毬一枚。約方圓丈餘。内燃椽燭。簾内亦作樂。宫嬪嬉笑之聲。下聞於外。樓下用枋木壘成露臺一所。綵結欄檻。兩邊皆禁衛排立。錦袍幞頭簪賜花。執骨朶子。〔三〕面此樂棚。教坊鈞容直。露臺弟子。更互雜劇。近門亦有内等子班直排立。萬姓皆在露臺下觀看。樂人時引萬姓山呼。〔四〕

〔一〕元宵

陳元靚歲時廣記十。引呂原明歲時雜記曰。道家以正月十五日爲上元。

宋敏求春明退朝録中。太宗時三元不禁夜。上元御乾元門。中元、下元御東華門。

朱弁曲洧舊聞一。真宗皇帝因元夕御樓觀燈。見都人熙熙。舉酒屬宰執曰。祖宗創業艱難。朕今獲覩太平。與卿等同慶。宰執稱賀。皆飲釂。獨李文靖沆終觴不懌。明日。牛行王相問其所以。且曰。上昨日宣勸懽甚。公不肯少有將順何也。文靖曰。太平二字。嘗恐諛佞之臣以之藉口干進。今人主自用此誇耀臣下。則忠鯁何由以進。

陳元靚歲時廣記十。引呂原明歲時雜記。真宗以前御東華門。或御角樓。自仁宗來。唯御正陽門。卽宣德門。

蔡絛鐵圍山叢談五。宣和六年春正月甲子。上元節。故事天子御樓觀燈。則開封尹設次以彈壓於西觀下。天子時從六宮於其上。以觀天府之斷決者。簾幙重密。下無繇知。是日上偶獨在西觀上。而宦者左右皆不從。其下則萬衆。忽有一人躍出。緇布衣若僧寺童行狀。以手指簾謂上曰。汝是耶。有何神乃敢破壞吾教。吾今語汝。報且至矣。吾猶不畏汝。汝豈能壞諸佛菩薩耶。

蔡絛鐵圍山叢談一。上元張燈。天下止三日。都邑舊亦然。後都邑獨五夜。相傳謂吴越錢王來朝。進錢若干。買此兩夜。因爲故事。非也。蓋乾德間蜀孟氏初降。正當五年之春正月。太祖以年豐時平。使士民縱樂。詔開封增兩夜。自是始。

趙德麟侯鯖録四。京師元夕放燈三夜。錢氏納土進錢買兩夜。今十七十八夜燈。因錢氏而添之。

陳元靚歲時廣記十。引歲時雜記。正月十八夜謂之收燈。諸神御殿獻曲。綵樓。最後一曲畢。多就折之。闕前山樓。十八日輦聲歸内。亦稍稍解去。晏相正月十九日詩云。樓臺寂寞收燈夜。里巷蕭條掃雪天。又云。星逐綺羅沈晚色。月隨歌舞下層臺。千蹄萬轂無尋處。祇是華胥一夢迴。

永亨搜採異聞録四。上元張燈。太平御覽所載史記樂書云。漢家祀太一。以昏時祠到明。今人正月望日。夜遊觀燈。是其遺事。而今史記無此文。唐韋述兩京新記曰。正月十五日夜。勑金吾弛禁。前後各一日以看燈。本朝京師增爲五夜。俗言錢忠懿納土進錢。買兩夜。如前史所謂買晏之比。初用十二十三夜。至崇寧初。以兩日皆國忌。遂展至十七十八夜。予按國史。乾德五年正月。詔以朝廷無事。區寓乂安。令開封府更增十七十八兩夕。然則俗云因錢史及崇寧之展日。皆非也。太平興國五年十月下元。京城始張燈如上元之日。至淳化元年六月。始罷中元下元張燈。

李宗諤先公談録。先公致政之明年。正月望夜。上御乾元門樓觀燈。召公預焉。别賜一榻。坐丞相上。上自取御樽斟酒。

劉昌詩蘆蒲筆記十。上元詞云。春曉千門放鑰匙。萬官班從出祥曦。九重綵浪浮龍蓋。一點紅雲護赭衣。車馬過。打毬歸。芳塵洒定不教飛。鈞天品動回鑾曲。十里珠簾待日西。日暮迎祥對御回。宫花載路錦成堆。天津橋畔鞭聲過。宣德樓前扇影開。奏舜樂。進堯盃。傳宣車馬上天街。君王喜與民同樂。八面三呼震地來。紫禁煙光一萬重。五門金碧射晴空。梨園羯鼓三千面。陸海鼇山十二峰。香霧重。月華濃。露臺仙杖綵雲中。朱欄畫棟金泥幕。捲盡紅蓮十里風。香霧氤氲結綵山。蓬萊頂上駕頭還。繡韉狨坐三千騎。玉帶金魚四十班。風細細。珮珊珊。一天和氣轉春寒。千門萬户笙簫裏。十二樓臺月上欄。禁衛傳呼約下廊。層層掌扇簇親王。明珠照地三千乘。一片春雷入未央。宫漏永。御街長。華燈偏共月争光。樂聲都在人聲裏。五夜車塵馬足香。寶炬金蓮一萬條。火龍圍輦轉州橋。月迎仙仗回三殿。風遞韶音下九霄。登複道。聽鳴鞘。再頒酥酒賜臣僚。太平無事多歡樂。夜半傳宣放早朝。玉座臨軒宴近臣。御樓燈火發春温。九重天上聞仙樂。萬寶牀邊侍至尊。花似海。月如盆。不任宣勸醉醺醺。豈知頭上宫花重。貪愛傳柑遺細君。九陌遊人起暗塵。一天燈霧鎖彤雲。瑶臺雪映無窮玉。閬苑花開不夜春。攢寶騎。簇雕輪。漢家宫闕五侯門。景陽鐘動纔歸去。猶挂西窗望月痕。宣德樓前雪未融。賀正人見綵山紅。九衢照影紛紛月。萬井吹香細細風。複道遠。暗相通。平陽主第五王宫。鳳簫聲裏春寒淺。不到珠簾第二重。風約微雲不放陰。滿天星點綴明金。燭龍銜耀烘殘雪。羯鼓催花發上林。河影轉。漏聲沈。縷衣羅薄暮雲深。更期明夜相逢處。還盡今宵未足心。五日都無一日陰。往來車馬鬧如林。葆真行到燭初上。豐樂遊歸夜已深。人未散。月將沈。更期明夜到而今。歸來尚向燈前説。猶恨追遊不稱心。徹曉華燈照鳳城。猶嗔宫漏促天明。九重天上聞花氣。五色雲中應笑聲。頻報道。奏河清。萬民和樂見人情。年豐米賤無邊事。萬國稱觴賀太平。憶得當年全盛時。人情物態自熙熙。家家簾幙人歸晚。處處樓臺月上遲。花市裏。使人迷。州東無暇看州西。都人只到收燈夜。已向樽前約上池。步障移春錦繡叢。珠簾翠幙護春風。沈香甲煎薰爐煖。玉樹明金蜜炬融。車流水。馬游龍。歡聲浮動建章宫。誰憐此夜春江上。魂斷黄粱一夢中。真箇親曾見太平。元宵且説景龍燈。四方同奏昇平曲。天下都無歎息聲。長月好。定天晴。人人五夜到天明。如今一把傷心淚。猶恨江南過此生。右鷓鴣天十五首。備述宣政之盛。非想像者所能道。當與夢華録並行也。

陳元靚歲時廣記十。引歲時雜記。上元燈槊之制。以竹一本。其上破之爲二十條。或十六條。每二條以麻合繫其稍。而彎屈其中。以紙糊之。則成蓮花一葉。每二葉相壓。則成蓮花盛開之狀。爇燈其中。旁插蒲捧荷剪刀草于花之下。唯都人能爲。近甌浙間亦有效之者。今禁城上團團皆植燈槊。猶用此製。

陳元靚歲時廣記十一。引歲時雜記。都城仕女有插戴燈毬燈籠。大如棗栗。如珠茸之類。又賣玉梅雪梅雪柳菩提葉及蛾蜂兒等。皆繒楮爲之。古詞云。金鋪翠。蛾毛巧。是工夫不少。鬧蛾兒賣。賣雪柳宫梅好云云。又云。燈毬兒小。鬧蛾兒顫。又何須頭面。

陳元靚歲時廣記十一。引歲時雜記。上元節食焦䭔最盛且久。又大者名栢頭焦䭔。凡賣䭔必鳴鼓。謂之䭔鼓。每以竹架子出青傘綴裝梅紅縷金小燈毬兒。竹架前後亦設燈籠。敲鼓應拍。團團轉走。謂之打旋羅。列街巷處處有之。

陳元靚歲時廣記十一。引歲時雜記。京師賈人預畜四方珍果。至燈夕街鬻。以永嘉柑實爲上味。橄欖、緑橘皆席上不可闕也。　慶曆中。金柑映日果不復來。其果大小如金橘。而色粉紅。　嘉祐中。花羞栗子皆一時所尚。又以紙帖爲藥囊。實乾縷木瓜。菖蒲鹹酸等物。謂之下酒果子。

陳元靚歲時廣記十一。引歲時雜記。京人以菉豆粉爲科斗羹。煮糯爲丸。糖爲臛。謂之圓子鹽豉。捻頭雜肉煮湯謂之鹽豉湯。又如人日造䴵。皆上元節食也。

〔二〕**山棚**

蔡絛鐵圍山叢談一。國朝上元節燒燈。盛於前代。爲綵山峻極而對峙於端門。綵山故隸開封府儀曹。及儀鸞司共主之。崇寧後。有殿中省。因又移隸殿中與天府同治焉。大觀元年。宋喬年尹開封。迺於綵山中間高揭大牓。金字書曰。大觀與民同樂萬壽綵山。自是爲故事。隨年號而揭之。蓋自宋尹始。

趙彦衛雲麓漫鈔三。唐之東都連虢州。多猛獸。人習射獵而不畊蠶。遷徙無常。俗呼爲山棚。今人謂錫宴所結綵山爲山棚。

陳元靚歲時廣記十。引皇朝歲時雜記。闕下燈山前爲大樂場。編棘爲垣。以節觀者。謂之棘盆。山棚上棘盆中。皆以木爲仙佛人物車馬之像。又左右廂盡集名娼。立山棚上。開封府奏衙前樂。選諸絶藝者。在棘盆中飛丸、走索、緣竿、擲劍之類。每歲正月十一日。或十二日十四日。車駕出時。雖駕前未作樂。然山棚棘盆中百戲皆作。晝漏盡。上乘平頭輦從寺觀出。由馳道入穿山樓下過。衛士皆戴花。鈞容、教坊樂導從。山樓上下皆震作。至棘盆中。回輿南嚮。人人竭盡其長。旨召精絶至輦前優賜。其餘等級霑賚。從官亦從山樓中過。至棘盆中分左右出。輦從霧臺側。迂過闕宣德中閤而入。丞相晏公詩云。金翠光中寶焰繁。山樓高下鼓聲喧。兩軍伎女輕如鵠。百尺竿頭電線翻。至尊時御看位内。門司御藥知省太尉悉在簾前。用弟子三五人祗應。棘盆照耀有同白日。仕女觀者。中貴邀住賜酒一金盃。

〔三〕**骨朵子**

高承事物紀原十。引宋朝會要曰。太平興國二年。詔改簇御龍直骨鍱子直曰御龍骨鍱子直。

程大昌演繁露十二。宋景文公筆録謂。俗以撾爲骨朵者。古無稽據。國朝既名衛士執撾扈從者爲骨朵子班。遂不可攷。予按字書。檛撾皆音竹瓜反。通作簻。簻又音徙果反。簻之變爲骨朵。正如而已爲爾。之乎爲諸之類也。然則謂撾爲骨朵。雖不雅馴。其來久也。

趙彦衛雲麓漫鈔二。軍額有御龍骨朵子直。宋景文公筆記云。關中謂大腹爲孤都。語訛爲骨朵。非也。蓋撾字古作菜。嘗飾以骨。故曰骨菜。後世吏文略去草。而只書朵。又菜朵音相近。訛而不返。今人尚有撾劍之稱。從可知矣。

〔四〕**山呼**

高承事物紀原一。後人以呼萬歲爲山呼者。其事蓋起于漢武時。按前漢武帝本紀曰。元封元年正月登嵩高。御史乘屬在廟傍。吏卒咸聞呼萬歲者三。迄今三呼以爲式。而號山呼也。

十四日車駕幸五嶽觀

正月十四日。車駕幸五嶽觀迎祥池。有對御。謂賜羣臣宴也。至晚還内。圍子〔一〕親從官。皆頂毬頭大帽。簪花。紅錦團答戲獅子衫。金鍍天王腰帶。數重骨朵。天武官皆頂雙卷脚幞頭。紫上大搭天鵝結帶。寛衫。殿前班頂兩脚屈曲向後花裝幞頭。著緋青紫三色撚金線結帶。望仙花袍。跨弓劍乘馬。一扎鞍轡。纓紼前導。御龍直一脚指天。一脚圈曲幞頭。着紅方勝錦襖子。看帶束帶。執御從物。如金交椅。唾盂。水罐。菓壘。掌扇。纓紼之類。御椅子皆黄羅珠蹙背座則親從官執之。諸班直皆幞頭錦襖束帶。每常駕出。有紅紗帖金燭籠二百對。元宵加以琉璃玉柱掌扇燈。快行家各執紅紗珠絡燈籠。駕將至。則圍子數重外。有一人捧月樣兀子。錦覆於馬上。天武官十餘人簇擁扶策。喝曰看駕頭。〔二〕次有吏部小使臣百餘。皆公裳。執珠絡毬杖。乘馬聽喚。近侍餘官皆服紫緋緑公服。〔三〕三衙太尉知閤御帶羅列前導。兩邊皆内等子。選諸軍膂力者。着錦襖頂帽。握拳顧望。有高聲者。捶之流血。教坊。鈞容直樂部前引。駕後諸班直馬隊作樂。駕後圍子外。左則宰執侍從。右則親王宗室南班官。〔四〕駕近則列横門。十餘人擊鞭。駕後有曲柄小紅繡傘。亦殿侍執之於馬上。駕入燈山。御輦院人員。輦前喝隨竿媚來。御輦團轉一遭。倒行觀燈山。謂之鵓鴿旋。又謂之踏五花兒。則輦官有喝賜矣。駕登宣德樓。遊人奔赴露臺下。

〔一〕圍子

案宋史兵志稱爲駕出禁衞圍子。又稱禁圍。以天武本軍内一指揮爲寬衣天武。專司其事。

〔二〕駕頭

沈括夢溪筆談一。正衙法座。香木爲之。加金飾。四足墜角。其前小偃。織籐冒之。每車駕出幸。則使老臣馬上抱之。曰駕頭。

〔三〕公服

宋史一百五十三輿服五。公服。凡朝服謂之具服。公服從省。今謂之常服。宋因唐制。三品以上服紫。五品以上服朱。七品以上服緑。九品以上服青。其制曲領大袖。下施横襴。束以革帶。幞頭烏皮韡。自王公至一命之士通服。周密癸辛雜識後集。近見近客章服有花紗綾絹或素紗者。或者譏笑之。余嘗見演繁露載樂聞白行簡服緋詩云。綵動綾袍爲趁行之句。注云。緋多以鴈銜瑞紗爲之。則知唐章服以綾織花。又舊聞證誤云。今宗室外戚之新貴者。或賜花羅公服。宣和間。又有紗公服。然則此亦不以異也。

〔四〕南班官

沈括夢溪筆談二。宗子授南班官。世傳王文正太尉爲宰相日。始開此議。不然也。故事宗子無遷官法。唯遇稀曠大慶。則普遷一官。景祐中。初定祖宗並配南郊。宗室欲緣大禮乞推恩。使諸王宫教授刁約草表上聞。後約見丞相王沂公。公問前日宗室乞遷官表何人所爲。約未測其意。答以不知。歸而思之。恐事窮且得罪。乃再詣相府。沂公問之如前。約愈恐不復敢隱。遂以實對。公曰無他。但愛其文詞耳。再三嘉獎。徐曰。已得旨别有措置。更數日。當有指揮。自此遂有南班之授。近屬自初除小將軍。凡七遷則爲節度使。遂爲定制。諸宗子以千縑謝約。約辭不敢受。予與刁親舊。刁嘗出表稾以示予。

十五日駕詣上清宮

十五日。詣上清宮。亦有對御。至晚回内。

十六日

十六日。車駕不出。自進早膳訖。登門。樂作卷簾。御座臨軒宣萬姓。先到門下者。猶得瞻見天表。小帽紅袍獨卓子。左右近侍。簾外傘扇執事之人。須臾下簾則樂作。縱萬姓遊賞。兩朶樓相對。左樓相對鄆王以次綵棚幕次。右樓相對蔡太師以次執政戚里幕次。時復自樓上有金鳳飛下諸幕次。宣賜不輟。諸幕次中家妓。競奏新聲。與山棚露臺上下。樂聲鼎沸。西朶樓下。開封尹彈壓。幕次羅列罪人滿前。時復決遣。以警愚民。樓上時傳口勅。特令放罪。於是華燈寶炬。月色花光。霏霧融融。動燭遠近。至三皷。樓上以小紅紗燈毬。緣索而至半空。都人皆知車駕還内矣。須臾聞樓外擊鞭之聲。則山樓上下燈燭數十萬盞。一時滅矣。於是貴家車馬。自内前鱗切。悉南去遊相國寺。寺之大殿前設樂棚。諸軍作樂。兩廊有詩牌燈云。天碧銀河欲下來。月華如水照樓臺。并火樹銀花合。星橋鐵鎖開之詩。其燈以木牌爲之。雕鏤成字。以紗絹冪之。於内密燃其燈。相次排定。亦可愛賞。資聖閣前。安頓佛牙。設以水燈。皆係宰執戚里貴近占設看位。最要鬧九子母殿。及東西塔院惠林。智海。寶梵。競陳燈燭。光彩争華。直至達旦。其餘宮觀寺院。皆放萬姓燒香。如開寶。景德。大佛寺等處。皆有樂棚。作樂燃燈。惟禁宮觀寺院。不設燈燭矣。次則葆真宮。有玉柱玉簾窗隔燈。諸坊巷馬行諸香藥鋪席。茶坊。酒肆燈燭。各出新奇。就中蓮華王家香鋪燈火出羣。而又命僧道場打花鈸。弄椎皷。〔一〕遊人無不駐足。諸門皆有官中樂棚。萬街千巷。盡皆繁盛浩鬧。每一坊巷口。無樂棚去處。多設小影戲棚子。以防本坊遊人小兒相失。以引聚之。殿前班在禁中右掖門裏。則相對右掖門設一樂棚。放本班家口登皇城觀看。官中有宣賜茶酒粧粉錢之類。諸營班院。於法不得夜遊。各以竹竿出燈毬於半空。遠近高低。若飛星然。阡陌縱横。城闉不禁。別有深坊小巷。繡額珠簾。巧製新粧。〔二〕競誇華麗。春情蕩颺。酒興融怡。雅會幽歡。寸陰可惜。景色浩鬧。不覺更闌。寶騎駸駸。香輪轆轆。五陵年少。滿路行歌。萬户千門。笙簧未徹。市人賣玉梅。夜蛾。蜂兒。雪柳。菩提葉。科頭圓子。拍頭焦䭔。唯焦䭔以竹架子出青傘上。裝綴梅紅縷金小燈籠子。架子前後。亦設燈籠。敲皷應拍。團團轉走。謂之打旋羅。街巷處處有之。至十九日收燈。五夜城闉不禁。嘗有旨展日。宣和年間。自十二月於酸棗門二名景龍。門上。如宣德門。元夜點照。門下亦置露臺。南至寶籙宮。兩邊關撲買賣。晨暉門外設看位一所。前以荆棘圍繞。周回約五七十步。都下賣鵪鶉骨飿兒。圓子䭔拍。白腸。水晶鱠。科頭細粉。旋炒栗子銀杏。鹽豉湯。鷄段。金橘。橄欖。龍眼。茘枝諸般市合。團團密擺。準備御前索喚。以至尊有時在看位内。門司御藥知省太尉悉在簾前。用三五人弟子祇應。籸盆〔三〕照耀。有同白日。仕女觀者。中貴邀住。勸酒一金盃令退。直至上元。謂之預賞。惟周待詔瓠羹貢餘者。一百二十文足一箇。其精細果別如市店十文者。

〔一〕**弄椎鼓**

李有古杭雜記。有喪之家。命僧爲佛事。必請親戚婦人觀看。主母則帶養娘隨從。養娘首問有和尚弄花棒鼓者否。曰有。則養娘争肯前去。花棒鼓者。謂每舉法事。則一僧三四棒鼓。輪流抛弄。諸婦女競觀之以爲樂。

〔二〕**巧製新裝**

陸游老學庵筆記九。政和宣和間。妖言至多。織文及纈帛。有遍地桃。冠有竝桃。香有佩香。曲有賽兒。而道流爲公卿受籙。議者謂桃者逃也。佩香者背鄉也。賽者塞也。籙者戮也。蔡京書神霄玉清萬壽宮及玉皇殿之類。玉字旁一點。筆勢險急。有道士觀之曰。此點乃金筆。而鋒芒侵王。豈吾教之福哉。侍晨李德柔勝之親聞其言。嘗以語先君。又林靈素詆釋教。謂之金狄亂華。當時金狄之語。雖詔令及士大夫章奏碑版亦多用之。或以爲靈素前知金賊之禍。故欲廢釋氏以厭之。其實亦妖言耳。

陸游老學庵筆記三。宣和末婦人鞵底尖以二色合成。名錯到底。

百歲寓翁楓窗小牘上。汴京閨閣妝抹凡數變。崇寧間少嘗記憶。作大鬢方額。政宣之際。又尚急把垂肩。宣和以後。多梳雲尖巧額。鬢撑金鳳。小家至爲剪紙襯髮。膏沐芳香。花鞾弓屣。窮極金翠。一襪一領費至千錢。今聞虜中閨飾復爾。如瘦金蓮方。瑩面丸。遍體香。皆自北傳南者。

岳珂桯史五。宣和之季。京師士庶競以鵝黄爲腹圍。謂之腰上黄。婦人便服不施衿紐。束身短製。謂之不製衿。始自宮掖。未幾通國皆服之。明年徽宗内禪稱上皇。竟有青城之邀。而金虜亂華。卒於不能制也。

陸游老學庵筆記二。靖康初。京師織帛及婦人首飾衣服。皆備四時。如節物則春旛燈毬。競渡。艾虎。雲月之類。花則桃杏荷花菊花梅花。皆併爲一景。謂之一年景。

王栐燕翼詒謀録五。仁宗時有染工。自南方來。以山礬葉燒灰染紫以爲黝。獻之宦者。洎諸王無不愛之。乃用爲朝袍。乍見者皆駭觀。士大夫雖慕之。不敢爲也。而婦女有以爲衫褑者。

洪邁夷堅乙志十五。諸般染鋪條。王錫文在京師。見一人推小車。車上有甕。其外爲花門。立小牓曰。諸般染鋪。架上掛雜色繒十數條。人窺其甕。但貯濁汁斗許。或授以尺絹。曰欲染青。受而投之。少頃取出。則成青絹矣。又以尺紗欲染茜。亦投于中。及取出成茜紗矣。他或黃或赤或黑或白。以丹爲碧。以紫爲絳。從所求索。應之如響。而斗水未嘗竭。視所染色。皆明潔精好。如練肆經日所爲者。竟無人能測其何術。

〔三〕**籸盆**

劉昌詩蘆蒲筆記三。籸盆。今人祠祭或燕設。多以高架然薪照庭下。號爲生盆。莫曉其義。予因執合宮。見御路兩旁火盆。皆疊麻籸。始悟爲籸盆。俗呼爲生也。

收燈都人出城採〔案〕採應作探。春

收燈畢。都人争先出城探春。州南則玉津園外。學方池亭榭。玉仙觀轉龍彎西去。一丈佛園子。王太尉園。奉聖寺前孟景初園。四里橋望牛岡。劍客廟。自轉龍灣東去。陳州門外。園館尤多。州東宋門外。快活林。勃臍陂。獨樂岡。〔一〕硯臺。蜘蛛樓。麥家園。虹橋。王家園。曹宋門之間東御苑。乾明崇夏尼寺。州北李駙馬園。〔二〕州西新鄭門大路。直過金明池西。道者院。院前皆妓館。以西宴賓樓。有亭榭。曲折池塘。鞦韆畫舫。酒客稅小舟帳設游賞。相對祥祺觀。〔三〕直至板橋。有集賢樓。蓮花樓。乃之官河東陝西五路之别館。尋常餞送置酒於此。過板橋有下松園。王太宰園。杏花岡。金明池角。南去水虎翼巷。水磨下蔡太師園。南洗馬橋西巷内。華嚴尼寺。王小姑酒店。北金水河兩浙尼寺。巴婁寺。養種園。四時花木。〔四〕繁盛可觀。南去藥梁園。童太師園。南去鐵佛寺。鴻福寺。東西栢榆村。州北模天坡角橋。至倉王廟。十八壽聖尼寺。孟四翁酒店。州西北元有庶人園。有創臺流盃亭榭數處。放人春賞。大抵都城左近。皆是園圃。〔五〕百里之内。並無閴〔案〕閴應作閒。地。次第春容滿野。暖律暄晴。萬花争出。粉牆細柳斜籠。綺陌香輪暖輾。芳草如茵。駿騎驕嘶。香花如繡。鶯啼芳樹。燕舞晴空。紅粧按樂於寶榭層樓。白面行歌近畫橋流水。舉目則鞦韆巧笑。觸處則蹴踘疎狂。尋芳選勝。花絮時墜金樽。折翠簪紅。蜂蝶暗隨歸騎。於是相繼清明節矣。

〔一〕**獨樂岡**

李濂汴京遺蹟志九。獨樂岡在城東十五里。相傳宋時有一富翁居此。都人九日於此登高。男女婚嫁已畢。翁不問家事。日邀故舊飲酒爲樂。徽宗微行見之。羡曰。斯人其獨樂哉。因名其岡。

〔二〕**李駙馬園**

朱弁曲洧舊聞三。銀杏出宣歙。京師始惟北李園地中有之。見於歐梅唱和詩。今則畿甸處處皆種子。

〔三〕**祥祺觀**

周城宋東京考十三。祥祺觀在新鄭門外金明池之右。始建未詳。元末兵燬。

〔四〕**四時花木**

孫升孫公談圃中。滕達道錢醇老孫莘老孫巨源。治平初同在館中。花時。人各歷數京師花最盛處。滕曰。不足道。約旬休日率同舍游。三人者如其言。達道前行。出封丘門。入一小巷中。行數步至一門。陋甚。又數步至大門。特壯麗。造廳下馬。主人戴道帽。衣紫半臂。徐步而出。達道素識之。因曰。今日風埃。主人曰。此中不覺。諸公宜往小廳。下則雜花盛開。雕闌畫楯。樓觀甚麗。水陸畢陳。皆京師所未嘗見。主人云。此未足佳。頤指開後堂門。坐上已聞樂聲矣。時在諒闇中。莘老辭之。衆遂去。莘老嘗語人。平生看花只此一處。

李濂汴京遺蹟志十。鐵佛寺有二。一在大梁門外西北。金水河隄之南。今廢。一在相國寺東。相傳亦本寺禪院。今見存。

〔五〕**都城左近皆是園圃**

百歲寓翁楓窗小牘下。先正有洛陽名園記。汴中園囿亦以名勝當時。聊記於此。州南則玉津園。西去一丈佛園子。王太尉園。景初園。陳州門外園館最多。著稱者奉靈園。靈嬉園。州東宋門外麥家園。虹橋王家園。州北李駙馬園。西鄭門外下松園。王太宰園。蔡太師園。西水門外養種園。州西北有庶人園。城内有芳林園。同樂園。馬季良園。其他不以名著約百十。不能悉記也。

周城宋東京考十。王太尉園。一丈佛園子。俱在城西南。馬季良園在裹城外西南。景初園即教坊使孟景初園也。在城西南奉聖寺岡。奉靈園在陳州門内西北。靈禧園在陳州門外東北。同樂園在固子門内。徽宗置。王家園。麥家園俱在新宋門外。李駙馬園在望春門外。以上諸園皆都人遊賞之所。俱廢。久無存。

幽蘭居士東京夢華録卷之七

清明節

清明節。〔一〕尋常京師以冬至後一百五日爲大寒食〔二〕前一日謂之炊熟。用麪造棗䭔〔三〕飛燕。柳條串之。插於門楣。謂之子推燕。〔四〕子女及笄者。多以是日上頭。寒食第三節。卽清明日矣。〔案〕節日二字。疑當互易。凡新墳皆用此日拜掃。都城人出郊。禁中前半月。發宮人車馬朝陵。宗室南班近親。亦分遣詣諸陵墳享祀。從人皆紫衫。白絹三角子青行纏。皆係官給。節日。亦禁中出車馬。詣奉先寺道者院。〔五〕祀諸宮人墳。莫非金裝紺幰。錦額珠簾。繡扇雙遮。紗籠前導。士庶闐塞。諸門紙馬鋪。皆於當街。用紙衮疊成樓閣之狀。四野如市。往往就芳樹之下。或園囿之間。羅列杯盤。互相勸酬。都城之歌兒舞女。遍滿園亭。抵暮而歸。各攜棗䭔。炊餅。黄胖。〔六〕掉刀。名花。異果。山亭。戲具。鴨卵。雞雛。謂之門外土儀。轎子卽以楊柳雜花裝簇頂上。四垂遮映。自此三日。皆出城上墳。但一百五日最盛。節日。坊市賣稠餳、麥餻、乳酪、乳餅之類。緩入都門。斜陽御柳。醉歸院落。明月梨花。諸軍禁衛。各成隊伍。跨馬作樂四出。謂之摔脚。其旗旄鮮明。軍容雄壯。人馬精鋭。又別爲一景也。

【一】清明

陳元覩歲時廣記十七。引吕原明歲時雜記曰。清明節在寒食第三日。故節物樂事皆爲寒食所包。國朝故事。唯自清明日開集禧太一三日。宫殿池沼。園林花卉諸事備具。繁臺在正東。登樓下瞰爲殊觀。石曼卿詩云。臺高地逈出天半。瞭見皇都十里春。

吴自牧夢粱録二。清明交三月節。前兩日謂之寒食。京師人從冬至後數起。至一百五日便是此日。家家以柳條插于門上。名曰明眼。

陳元覩歲時廣記十五。引歲時雜記。去冬至一百三日爲炊食熟。以將禁烟。則饔飱當先具也。而以是日沐浴者。因其炊熟之盛。又從此三日無燂湯之具也。　慶曆中。京師人家庖廚滅火者三日。各於密室中烹炮爾。後稍緩矣。

金盈之醉翁談録三。寒食節冬至後一百五日。即有疾風甚雨。謂之寒食。民間以一百四日始禁火。謂之大寒食。一月寒食者今姑不講矣。今云斷火三日者。謂冬至後一百四日。一百五日。一百六日也。唐杜甫小寒食詩云。佳辰强飲食猶寒。乃知寒食則是一百六日也。一百四日爲大寒食。一百六日爲小寒食明矣。或以一百五日爲官寒食。一百四日爲私寒食。又云。一百三日爲炊熟。以爲後三日禁火爲烹炮燂湯之具。慶曆中。京師人家庖廚滅火三日。是節合都士庶之家。多蓄食品。故京師諺語有寒食十八頓之説。又諺云。饞婦思寒食。嬾婦思正月。正月女工多禁忌故也。又謂寒食爲一月節者。自一百四日。人家出修墓祭祀。如是經月不絶。故俗傳有一月節之語。

永亨搜採異聞録二。今之人謂寒食爲一百五日。以其自冬至之後至清明歷節氣五。凡爲一百七日。而先兩日爲寒食故云。他節皆不然也。老杜有鄜州一百五日夜對月一篇。江西宗派詩云。一百五日足風雨。三十六峰勞夢魂。一百五日寒食雨。二十四番花信風之類是也。吾州城北芝山寺。爲禁烟遊賞之地。寺僧欲建華嚴閣。請予作勸緣疏。其末一聯云。大善知識五十三。永壯人天之仰。寒食清明一百六。鼎來道俗之觀。或問一百六所出。應之曰。元微之連昌宫詞。初過寒食一百六。店舍無煙宫樹緑。是以用之。

陳元靚歲時廣記十五。引歲華麗紀。寒食作醴酪。以大粳米或大麥爲之。即今之麥粥也。醴即今之餳是也。宋考功詩云。馬上逢寒食。春來不見餳。洛中逢甲子。何日是清明。又沈雲卿詠驩州不作寒食云。海外無寒食。春來不見餳。江西詩體云。齒軟不禁寒食餳。

陳元靚歲時廣記十五。引歲時雜記。寒食煮豚肉并汁露頓候其凍取之。謂之薑豉。以荐餅而食之。或剜以匕。或裁以刀。調以薑豉。故名焉。

陳元靚歲時廣記十五。引歲時雜記。寒食以糯米合采蒻葉裹以蒸之。或加以魚肉鵝鴨卵等。又有置艾一葉于其下者。

陳元靚歲時廣記十六。引歲時雜記。都城寒食大縱蒲博。而博扇子者最多。以夏之甚邇也。民間又賣小秋遷。以悅兒童。團沙爲女兒立於上。亦可舉之往來上下。又以木爲之。而加綵畫者甚精。

〔二〕**大寒食**

陳元靚歲時廣記十五。引歲時雜記引假寧格。清明前二日爲寒食節。前後各三日。凡假七日。而民間以一百四日始禁火。謂之私寒食。又謂之大寒食。北人皆以此日掃祭先塋。經月不絕。俗有寒食一月節之諺。

〔三〕**棗餬**

黄朝英靖康湘素雜記二。玉篇從食從固爲餬字。户烏切。注云餅也。謂之餬餅。疑或出此。

〔四〕**子推燕**

高承事物紀原八。故俗每寒食前一日。謂之炊熟。則以麪爲蒸餅樣。團棗附之。名爲子推。穿以柳條。插户牖間。相緣云。介子推逃禄。晉文公焚山求之。子推焚死。文公爲之寒食斷火。故民從此物祀之。而名子推。相傳之謬。至於如此也。

金盈之醉翁談録三。以棗麪爲餅。如北地棗菰而小。謂之子推。穿以楊枝。插之户間。而不知何得此名也。或者以謂昔人以此祭介子推。如端午角黍祭屈原之義。

〔五〕**道者院**

李濂汴京遺蹟志十一。道者院在鄭門外五里。宋時所建。每歲中元節十月朔。設大會道場。焚錢山。祭軍陣亡歿孤魂。金季兵燬。

〔六〕**黄胖** 張仲文白獺髓。開禧初。權臣將用事之日。以所賜南園新成會諸朝士。席間分題各賦春景。以都城外土物爲題。時一朝士姓俞。在座分得游春黄胖詩。（都城春間湖邊。則以泥制黄土偶。謂之土宜）俞卽賦曰。兩脚捎空欲弄春。一人頭上又安人。不知終入兒童手。筋骨翻爲陌上塵。薄有所譏。繼出知茗雪。後嘉定戊辰。邊警之變果然。（游春黄胖。起於金明池。有杏花園遊人。取其黄土戲揑爲人形爾）

三月一日開金明池瓊林苑

三月一日。州西順天門外。開金明池。〔一〕瓊林苑。每日教習車駕上池儀範。雖禁從士庶許縱賞。御史臺有榜不得彈劾。池在順天門外街北。周圍約九里三十步。池西直徑七里許。入池門内南岸西去百餘步。有面北臨水殿。車駕臨幸觀争標。錫宴於此。往日旋以綵幄。政和間用土木工造成矣。又西去數百步乃仙橋。南北約數百步。橋面三虹。朱漆闌楯。下排鴈柱。中央隆起。謂之駱駝虹。若飛虹之狀。橋盡處。五殿正在池之中心。四岸石甃向背。大殿中坐。各設御幄。朱漆明金龍床。河間雲水戲龍屏風。不禁遊人。〔二〕殿上下回廊。皆關撲錢物。飲食。伎藝人作場勾肆。羅列左右。橋上兩邊。用瓦盆内擲頭錢。關撲錢物。衣服。動使。遊人還往。荷蓋相望。橋之南立櫺星門。門裏對立綵樓。每争標作樂。列妓女於其上。門相對街南有磚石甃砌高臺。上有樓觀。廣百丈許。曰寶津樓。前至池門。闊百餘丈。下闞仙橋水殿。車駕臨幸觀騎射百戲於此。池之東岸。臨水近牆。皆垂楊。兩邊皆綵棚幕次。臨水假賃。觀看争標。街東皆酒食店舍。博易場户。藝人勾肆質庫。不以幾日解下。只至閉池。便典没出賣。北去直至池後門。乃汴河西水門也。其池之西岸。亦無屋宇。但垂楊蘸水。烟草鋪堤。遊人稀少。多垂釣之士。必於池苑所買牌子。方許捕魚。遊人得魚。倍其價買之。臨水斫膾。〔三〕以薦芳樽。乃一時佳味也。習水教〔四〕罷。繫小龍船〔五〕於此。池岸正北對五殿起大屋。盛大龍船。謂之奥屋。車駕臨幸。往往取二十日。諸禁衛班直簪花。披錦綉。撚金線衫袍。金帶勒帛之類。結束競逞鮮新。出内府金鎗。寶裝弓劍。龍鳳綉旗。紅纓錦轡。萬騎争馳。鐸聲震地。

〔一〕**金明池**

邵伯温河南邵氏聞見録一。太祖卽位。諸藩鎮皆罷歸。多居京師。待遇甚厚。一日從幸金明池。置酒舟中。道舊甚歡。帝指其坐曰。此位有天命者得之。朕偶爲人推戴至此。汝輩欲爲者。朕當避席。諸節度皆伏地。汗下不敢起。帝命近臣掖之。歡飲如初。

曾慥高齋漫録。宣和間人材雜進。學士待制班常有數十人。乙巳之春。開金明池。有旨令從官於清明日恣意遊宴。是夜不扃郭門。

文瑩湘山野録中。退傅張鄧公士遜。晚春乘安轝出南薰。繚遶都城。游金明。抵暮指宜秋而入。閽兵捧門牌請官位。退傅止書一闋於牌云。閑游靈沼送春回。關吏何須苦見猜。八十衰翁無品秩。昔曾三到鳳池來。　案周城宋東京考十。玉津園在南薰門外。內有方池圓池。爲車駕臨幸游賞之所。據此。汴京池沼凡四。凝祥、金明、瓊林、玉津。臨安乃獨存玉津之名耳。

〔二〕**不禁遊人**

洪邁夷堅甲志四。吴小員外條。趙應之南京宗室也。偕弟茂之在京師。與富人吴家小員外日日縱游。春時至金明池上。行小徑。得酒肆。花竹扶疎。器用羅陳。極蕭灑可愛。寂無人聲。當壚女年甚艾。三人駐留買酒。應之指女謂吴生曰。呼此侑觴如何。吴大喜。以言挑之。欣然而應。遂就坐。方舉盃。女望父母自外歸。亟起。三人興既闌。皆捨去。

〔三〕**斫膾**

葉夢得石林避暑録話四。往時南饌未通。京師無能斫膾者。以爲珍味。梅聖俞家有老婢。獨能爲之。歐陽文忠公劉原甫諸人。每思食鱠。必提魚往過。聖俞得鱠材。必儲以速諸人。故集中有買鯽魚八九尾。尚鮮活。永叔許相過。留以給膳。又蔡仲謀遺鯽魚十六尾。余憶在襄城時獲此魚。留以遲永叔等數篇。一日。蔡州會客食雞頭。因論古今嗜好不同。及屈到嗜芰。曾晳嗜羊棗等事。忽有言歐陽文忠公嗜鯽魚者。問其故。舉前數題。曰見梅聖俞集。坐客皆絶倒。

洪邁夷堅甲志十一。六鯉乞命條。汪丞相廷俊。宣和中爲將作少監。鄭深道資之爲同寮。一日坐局。汪得六鮮鯉。將鱠之。

〔四〕**習水戲**

李濂汴京遺蹟志八。金明池在城西鄭門外西北。周迴九里餘。周世宗顯德四年。欲伐南唐。始鑿内習水戰。宋太平興國七年。太宗嘗幸其池。閱習水戰。

百歲寓翁楓窗小牘下。余少從家大夫觀金明池水戰。見船舫迴旋。戈甲照耀。爲之目動心駭。

〔五〕**龍船**

陸游老學庵筆記六。故老言。大臣嘗從容請幸金明池。哲廟曰。祖宗幸西池。必宴射。朕不能射。不敢出。又木工楊琪作龍舟。極奇麗。或請一登之。哲廟又曰。祖宗未嘗登龍舟。但臨水殿略觀足矣。後勉一幸金明。所謂龍舟非獨不登。亦終不觀也。

蔡絛鐵圍山叢談三。魯公宇量邁古人。世所共悉也。元符初。上已錫輔臣侍從宴。故事。公裳簪御花。早集竟時。有旨宣侍臣以新龍舟。而龍舟既就岸。於是侍臣以次登舟。至魯公適前。而龍舟忽遠開去。勢大且不可回。魯公遂墮於金明池。萬衆諠駭。倉卒召善泅。泅水者未及用。而魯公自出水。得浮木而憑之矣。

駕幸臨水殿觀争標錫宴

駕先幸池之臨水殿。錫燕羣臣。殿前出水棚排立儀衛。近殿水中横列四綵舟。上有諸軍百戲。如大旗獅豹。棹〔案〕棹應作掉。刀蠻牌。神鬼雜劇之類。又列兩船皆樂部。又有一小船。上結小綵樓。下有三小門。如傀儡棚。正對水中樂船。上參軍色〔一〕進致語〔二〕樂作。綵棚中門開。出小木偶人。小船子上。有一白衣人垂釣。後有小童舉棹划船。遼遶數回。作語樂作。釣出活小魚一枚。又作樂。小船入棚。繼有木偶築毬舞旋之類。亦各念致語唱和樂作而已。謂之水傀儡。又有兩畫船。上立鞦韆。船尾百戲人上竿。左右軍院虞候監教。鼓笛相和。又一人上蹴鞦韆。將平架。筋斗擲身入水。謂之水鞦韆。水戲呈畢。百戲樂船並各鳴鑼鼓。動樂舞旗。與水傀儡船分兩壁退去。有小龍船二十隻。上有緋衣軍士各五十餘人。各設旗鼓銅鑼。船頭有一軍校。舞旗招引。乃虎翼指揮兵級也。又有虎頭船十隻。上有一錦衣人。執小旗立船頭上。餘皆著青短衣長頂頭巾。齊舞棹。乃百姓卸在行人也。又有飛魚船二隻。綵畫間金。

最爲精巧。上有雜綵戲衫五十餘人。間列雜色小旗緋傘。左右招舞。鳴小鑼鼓鐃鐸之類。又有鰍魚船二隻。止容一人撑划。乃獨木爲之也。皆進花石朱緬〔三〕〔案〕朱緬應作。勔所進。諸小船競詣奧屋。牽拽大龍船出詣水殿。其小龍船争先團轉翔舞。迎導于前。其虎頭船以繩牽引龍舟。大龍船約長三四十丈。闊三四丈。頭尾鱗鬣。皆雕鏤金飾。榥版皆退光。兩邊列十閤子。充閤分歇泊。中設御座龍水屏風。榥板到底深數尺。底上密排鐵鑄大銀樣如卓面大者。壓重庶不欹側也。上有層樓臺觀檻曲。安設御座。龍頭上人舞旗。左右水棚排列六槳。宛若飛騰。至水殿艤之一邊。水殿前至仙橋。預以紅旗插於水中。標識地分遠近。所謂小龍船。列於水殿前。東西相向。虎頭飛魚等船。布在其後。如兩陣之勢。須臾水殿前水棚上一軍校。以紅旗招之。龍船各鳴鑼鼓出陣。划棹旋轉。共爲圓陣。謂之旋羅。水殿前又以旗招之。其船分而爲二。各圓陣。謂之海眼。又以旗招之。兩隊船相交互。謂之交頭。又以旗招之。則諸船皆列五殿之東面。對水殿排成行列。則有小舟一軍校。執一竿。上掛以錦綵銀盌之類。謂之標竿。插在近殿水中。又見旗招之。則兩行舟鳴鼓並進。捷者得標。則山呼拜舞。并虎頭船之類。各三次争標而止。其小船復引大龍船入奧屋内矣。

〔一〕**參軍色**

趙彦衛雲麓漫鈔五。優人雜劇。必裝官人。號爲參軍色。按西京雜記。京兆有古生。嘗學縱横。揣摩弄矢摇丸摴蒲之術。爲都椽史四十餘年。善訑謾二千石。隨以諧謔。皆握其權要。而得其歡心。趙廣漢爲京兆。下車而黜之。終於家。至今排戲皆稱古椽曹。又樂府雜録。漢館陶令石耽有贓犯。和帝惜其才免罪。每宴令衣白衫。命優伶戲弄辱之。經年乃放。後爲參軍。按本朝景德三年。張景以交通曹人趙諫。斥爲房州參軍。景爲屋壁記曰。近到州。知參軍無員數。無職守。悉以曠官敗事違戾改教者爲之。凡朔望饗宴使預焉。人一見必指曰。參軍也。倡優爲戲亦假爲之以資玩戲。今人多裝狀元進士。失之遠矣。

〔三〕**致語**

彭乘墨客揮犀十。趙叔平罷參政致政。居睢陽。歐陽永叔罷參政。居汝陰。叔平一日乘女輿來訪永叔。時吕晦叔以金華學士知潁州。啟宴以召二公。於是歐公自爲優人致語及口號。高誼清才。搢紳以爲美談。口號曰。欲知盛集繼荀陳。請有當年主與賓。金馬玉堂三學士。清風明月兩閑人。紅芳已過鶯猶囀。青杏初嘗酒正醇。好景難逢良會少。乘歡舉白莫辭頻。

張邦基墨莊漫録九。優詞樂語。前輩以爲文章餘事。然鮮能得體。王安中履道。政和六年天寧節。集英殿宴。作教坊致語。其誦聖德云。蓋五帝其臣莫及。自致丕平。凡三代受命之符。畢彰殊應。又云。歌太平既醉之詩。賴一代之有慶。得久視長生之道。參萬歲以成純。可謂妙語也。至放小兒隊詞云。戢戢兩髦。已對襄城之問。翩翩羣舞。却從沂水之歸。放女童詞云。奏閬圃之雲謡。已瞻天而獻祝。曳廣寒之電袖。將偶月以言歸。益更巧麗而切當矣。履道之掌内制。可謂盡職。凡樂語不必典雅。惟語時近俳乃妙。如王履道天寧節宴小兒致語云。五百里采。五百里衛。外并有截之區。八千歲春。八千歲秋。共上無疆之壽。又正旦宴小兒致語云。君子有酒多且旨。得盡羣心。化國之日舒以長。對揚萬壽。孫近叔詣宣和春晏女童致語云。黛耜載耕於帝籍。廣十千維耦之疆。青娃往祓於雜兆則百斯男之慶。皆爲得體。然未若東坡元祐秋宴教坊致語云。南極呈祥。候秋分而老人見。西夷慕義。涉流沙而天馬來。又春宴致語云。稍寛中昃之憂。一均湛露之澤。方將麴櫱羣賢而惡旨酒。鼓吹六藝而放鄭聲。雖白雪陽春。莫致天顔之一笑。而獻芹負日。各盡野人之寸心。則又不可跂及矣。樂語中有俳諧之言一兩聯。則伶人於進趨誦詠之間。尤覺可觀而警絶。如石懋敏若外州天寧節賜宴云。飛碧篆之爐煙。薰爲和氣。動紅鱗之酒面。起作恩波。何安中得之外州上元云。五雲縹緲。出危嶠於靈鼂。九陌熒煌。下繁星於陸海。暗塵隨馬。素月流天。如熙熙登春臺。舉欣欣有喜色。孫仲益和州送交代云。渭城朝雨。寄別恨於垂楊。南浦春波。眇愁心於碧草。皆爲人所膾炙也。

洪邁夷堅三壬九。諸葛賁致語條。聞若讀致語者。隱約見一木板在下。長數尺。書字滿盈。而略不可曉。僅憶其兩句云。金牛雜劇仍逢斗。芍藥花開偶至明。

〔三〕朱勔

曾敏行獨醒雜志十。朱勔本一巨商。與其父殺人抵罪。以賄得免死。因遁跡入京師。交結童蔡。援引得官。以至通顯。欲假事歸以報復讎怨。先搜奇石異卉以獻。探知上意。因説曰。東南富有此物。可訪求。受旨而出。即以御前供奉爲名。多破官舟。強占民船。往來商販于淮浙間。凡官吏居民。舊有睚眦之怨者。無不生事害之。或以藏匿花石破家。越州有一大姓。家有數石。勔求之不得。即遣兵卒徹其屋廬而取之。惠山有柏數株。在人家墳墓畔。勔令掘之。欲盡其根。遂及棺槨。若是之類。不可勝數。故陳朝老以謂東南之人。欲食其肉。

趙彦衞雲麓漫鈔七。朱勔之父朱沖者。吴中常賣人。方言以微細物博易於鄉市中。自唱曰常賣。一日至虎丘。主僧聽其聲甚驚。出觀之。但見憩於廊廡下。延之設茶。語以它日必貴。自是主僧頗周給之。其子勔有幹材。蔡太師憩平江。沖攜以見蔡。因得出入門下。被使令。再入相。京屬童貫以軍功補官。遂取吴中水窠以進。并以工巧之物輸上方。就平江爲應奉局。百工技藝皆役之。間以金珠爲器。分遺後宫。宫人皆德之。譽言日聞。遂取太湖巧石。大者尋丈。皆運至闕下。又令發運司津置。謂之花石綱。勔與其子汝賢得以自恣。每還吴中。輒自稱降御香。張錦帆。郡縣官鼓吹以迎之。勔所衣錦袍。云前徽宗嘗以手撫之。繡御手于袍上。宣和乙巳秋。降香過泗州。官吏迎見。汝賢傳指揮到城中相見。及至亭通名。又云承宣歇息。久之。再通。曰睡著矣。是冬金人入寇。勔父子以木舟東下。不敢見人。人亦不往見。　至靖康初。勔等始被行遣籍入其家云。

張邦基墨莊漫録五。宣和間朱勔應奉進爲節度使。子汝賢慶陽軍承宣使。汝功静江軍承宣使。汝文閤門宣贊舍人。弟勣閤門宣贊舍人。汝翼朝奉大夫直龍圖閣。汝舟明州觀察使。汝楫華州觀察使。汝明榮州刺史。孫綿、繹、約、絢、緯、綬。並閤門宣贊舍人。綽、紳並閤門祗候。一時軒裳之盛未之有也。靖康初。籍其家。並追奪。悉竄嶺外。

王明清揮塵録餘話二。潘兑字説之。吴門人。仕祐陵爲侍從。宣和初奉祠居里中。時郡民朱勔以倖進。寵眷無比。父冲殂。勔護喪歸葬。鄉閭傾城出迓。而潘獨不往。潘之先塋適有山林。形勢近冲新阡。勔欲得之。迺修敬于潘。杜門不納。勔恃恩自恣。遣人諷之。且席以薰天之勢。潘一切拒之。勔歸京師果愬于上。降御筆奪之。已而又諗御史誣之以罪。而褫潘之職。雖抑之於一時。而吴人至今稱之。曾育當時云。

方勺泊宅編中。宣和五年。平江府朱勔。造巨艦。載太湖石一塊至京。以千人舁進。是日賜銀椀千。并官其家僕四人。皆承節郎及金帶。勔遂爲威遠軍節度使。而封石爲盤固侯。

張邦基墨莊漫録一。宣和癸卯。平江朱勔採石太湖黿山。得一石。長四丈有奇。廣得其半。玲瓏嵌空。竅穴百千。非雕刻所能成也。并郡宅後池光亭臺上白公檜。世傳白樂天手植也。

百歲寓翁楓窗小牘上。宣和五年。朱勔于故湖取石。高廣數丈。載以大舟。挽以千夫。鑿河斷橋。毁堰拆牐。數月乃至。會初得燕山之地。因賜號敷慶神運石。石傍植兩檜。一夭矯者。名朝日升龍之檜。一偃蹇者。名卧雲伏龍之檜。皆玉牌金字書之。

洪邁容齋續筆十五。宣和間。朱勔挾花石進奉之名。以固寵規利。東南部使者郡守多出其門。如徐鑄應安道王仲閎輩。濟其惡。豪奪漁取。士民家一石一木稍堪翫。即領健卒直入其家。用黄封表誌。而未即取。護視微不謹。則被以大不恭罪。及發行。必撤屋決牆而出。人有一物小異。共指爲不祥。惟恐芟夷之不速。楊戩、李彦創汝州西城。所任輝彦李士涣、王滸、毛孝立之徒。亦助之。發物供奉。大抵類勔。而又有甚焉者。

周密癸辛雜識前集。艮岳之取石也。其大而穿透者。致遠必有損折之慮。近聞汴京父老云。其法乃先以膠泥實填衆竅。其外復以麻筋雜泥固濟之。令圓混。日曬極堅實。始用大木爲車。致於舟中。直俟抵京。然後浸之水中。旋去泥土。則省人力而無他慮。此法奇甚。前所未聞也。又云。萬歲山大洞數十。其洞中皆築以雄黃及盧甘石。雄黃則辟蛇虺。盧甘石則天陰能致雲霧。滃鬱如深山窮谷。後因經官折賣。有回回者知之。因請買之。凡得雄黃數千斤。盧甘石數萬斤。

張邦基墨莊漫録五。平江自朱勔用事。花木之奇異者。盡移供禁籞。下至墟墓間。珍木亦遭發掘。山林所餘。惟合抱成圍。或臃腫樗散者。乃保天年。

張邦基墨莊漫録三。朱勔喪父。作黄籙醮。請茅山道士陳赤夷字彥真拜章。回得報應。但見金甲神人。杖劍叱云。朱勔父子罪惡貫盈。上天不赦汝。焉得爲拜章。彥真不敢言于勔。私爲親密者道。不踰三年。勔果敗。

潘永因宋稗類鈔二。時有朱勔者。取浙中珍異花木竹石以進。號曰花石綱。專置應奉局於平江。所費動以億萬計。調民搜巖剔藪。幽隱不置。一花一木。曾經黄封。護視稍不謹。則加之以罪。斵山輦石。雖江湖不測之淵。力不可致者。百計以出之。至名曰神運。舟楫相繼。日夜不絕。廣濟四指揮。盡以充輓士猶不給。時東南監司郡守。二廣市舶。率有應奉又有不待旨但進物至都。計會宦者以獻者。大率靈壁大湖諸石。二浙奇竹異花。登萊文石。湖湘文竹。四川佳果異木之屬。皆越海渡江。鑿城郭而至。後上亦知其擾。稍加禁戢。獨許朱勔及蔡攸入貢。　案朱勔事具宋史佞倖傳。勔進奉花石綱。流毒東南州郡二十年。官至節鉞。一門顯貴。奴僕皆得朱紫。方臘起。以誅勔爲名。金兵南下。勔奉徽宗奔吳。欽宗即位。籍其家財。田至三十萬畝。安置衡州。徙韶州。循州。詔即所至斬之。此録不言艮嶽而言勔。則艮嶽自見。深得春秋微而婉之意。李濂頗以漏却艮嶽及鐵塔爲惜。今補録之。

王明清揮麈後録二。艮嶽宣和壬寅歲始告成。御製爲記云。京師天下之本。昔之王者。申畫畿疆。相方視址。考山川之所會。占陰陽之所和。據天下之上游。以會同六合。臨觀八極。故周人胥宇於岐山之陽。而又卜澗水之西。秦臨函谷二殽之關。有百二之險。漢人因之。又表以太華終南之山。帶以黄河清渭之川。宰制四海。然周以龍興。卜年八百。秦以虎視。失於二世。漢德弗嗣。中分二京。何則。在德不在險也。昔我藝祖。撥亂造邦。削平五季。方是時。周京市邑。千門萬肆不改。棄之而弗顧。漢室提封。五方阻山。浮渭。屹然尚在也。捨之而弗都。于胥斯原。在浚之郊。通達大川。平皐千里。此維與宅。故今都邑。廣野平陸。當八達之衝。無崇山峻嶺。襟帶於左右。又無洪流巨浸。浩蕩洶湧。經緯於四疆。因舊貫之居。不以襲嶮爲屏。且使後世子孫。世世脩德。爲萬世不拔之基。垂二百年于兹。祖功宗德。民心固於泰華。社稷流長。過於三江五湖之遠。足以跨周軼漢。蓋所恃者德而非嶮也。然文王之囿。方七十里。其作靈臺則庶民子來。其作靈沼則於仞魚躍。高上金闕則玉京之山。神霄大帝亦下遊廣愛。而海上有蓬萊三島。則帝王所都。仙聖所宅。非形勝不居也。傳曰。爲山九仞。功虧一簣。是山可爲。功不可書。於是太尉梁師成董其事。師成博雅忠藎。思精志巧。多才可屬。乃分官列職。曰雍曰琮曰琳。各任其事。遂以圖材付之。按圖度地。庀徒僝工。累土積石。畚插之役不勞。斧斤之聲不鳴。設洞庭湖口絲谿仇池之深淵。與泗濱林慮靈壁芙蓉之諸山。取瓌奇特異瑶琨之石。即姑蘇武林明越之壤。荆楚江湘南粤之野。移枇杷橙柚橘柑榔栝荔枝之木。金蛾玉羞虎耳鳳尾素馨渠那茉利含笑之草。不以土地之殊。風氣之異。悉生成長養於雕欄曲檻。而穿石出罅。崗連阜屬。東西相望。前後相續。左山而右水。後谿而旁隴。連綿彌滿。吞山懷谷。其東則高峰峙立。其下則植梅以萬數。綠萼承趺。芬芳馥郁。結構山根。號萼綠華堂。又旁有承嵐崑雲之亭。有屋外方內圓如半月。是名書舘。又有八仙舘。屋圓如規。又有紫石之岩。析真之嶝。攬秀之軒。龍吟之堂。清林秀出其南。則壽山嵯峨。兩峯並峙。列嶂如屏。瀑布下入鴈池。池水清泚漣漪。鳧鴈浮泳水面。棲息石間。不可勝計。其上亭曰噰噰。北直絳霄樓。峯巒崛起。千疊萬複。不知其幾千里。而方廣無數十里。其西則參术杞菊黄精芎藭被山彌塢。中號藥寮。又禾麻菽麥黍豆秔秫築室若農家。故名西莊。上有亭曰巢雲。高出峰岫。下視羣嶺。若在掌上。自南徂北。行崗脊兩石間。綿亘數里。與東山相望。水出石口。噴薄飛注如獸面。名之曰白龍沜。濯龍峽蟠。秀練光。跨雲亭。羅漢岩。又西半山間。樓曰倚翠。青松蔽密布于前後。號萬松嶺。上下設兩關。出關下平地有大方沼。中有兩洲。東爲蘆渚。亭曰浮陽。西爲梅渚。亭曰雲浪。沼水西流爲鳳池。東出爲研池。中分二舘。東曰流碧。西曰環山。舘有閣曰巢鳳。堂曰三秀。以奉九華玉真安妃聖像。東池後結棟山下曰揮雲廳。復由嶝道盤行縈曲捫石而上。既而山絶路隔。繼之以木棧。木倚石排空。周環曲折。有蜀道之難。躋攀至介亭最高。諸山前列。巨石凡三丈許。號排衙。巧怪嶄巖。藤蘿蔓衍。若龍若鳳。不可殫窮。麓雲半山居右。極目蕭森居左。北俯景龍江。長波遠岸。彌十餘里。其上流注山間西行潺湲爲漱玉軒。又行石間爲煉丹凝亭。觀圖山亭。下視水際。見高陽酒肆。清斯閣。北岸萬竹蒼翠蓊鬱。仰不見明。有勝筠庵。躡雲臺。蕭閑館。飛岑亭。無雜花異木。四面皆竹也。又支流爲山莊。爲回溪。自山蹊石罅。搴條下平陸。中立而四顧。則岩峽洞穴。亭閣樓觀。喬木茂草。或高或下。或遠或近。一出一入。一榮一彫。四向周匝。徘徊而仰顧。若在重山大壑幽谷深巖之底。而不知京邑空曠坦蕩而平夷也。又不知郛郭寰會紛華而填委也。真天造地設。神謀化力。非人所能爲者。此舉其梗槩焉。及夫時序之景物。朝昏之變態也。若夫土膏起脉。農祥晨正。萬類胥動。和風在條。宿凍分沾。泳渌水之新波。被石際之宿草。紅苞翠萼。争笑並開於煙暝。新鶯歸燕。呢喃百轉於木末。攀柯弄蘂。藉石臨流。使人情舒體墮。而忘料峭之味。及雲峯四起。列日照耀。紅桃緑李。半垂間出於密葉。芙蕖菡萏。薵蓼芳苓。摇莖弄芳。倚縻於川湄。蒲菰荇蕖。茭菱葦蘆。沿岸而泝流。青苔緑蘚。落英墜實。飄巖而鋪砌。披清風之廣莫。蔭繁木之餘陰。清虚爽塏。使人有物外之興。而忘扇箑之勞。及一葉初驚。蓐收調辛。燕翩翩而辭巢。蟬寂寞而無聲。白露既下。草木摇落。天高氣清。霞散雲薄。逍遥徜徉。坐堂伏檻。曠然自怡。無蕭瑟沉寥之悲。及朔風凜冽。寒雲闇幕。萬物調疎。禽鳥縮凓。層冰峨峨。飛雪飄舞。而青松獨秀於高巔。香梅含華於凍霧。離樹擁幕。體道復命。無歳律云暮之歎。此四時朝昏之景殊。而所樂之趣無窮也。朕萬機之餘。徐步一到。不知崇高貴富之榮。而騰山赴壑。窮深探嶮。緑葉朱苞。華閣飛陞。玩心愜志。與神合契。遂忘塵俗之繽紛。而飄然有凌雲之志。終可樂也。及陳清夜之醮。奏梵唄之音。而煙雲起於巖竇。火炬焕於半空。環珮雜遝。下臨於脩塗狹徑。迅雷掣電。震動於庭軒户牖。既而車輿冠冕。往來交錯。嘗甘味酸。覽香酌醴。而遺瀝墜核。紛積床下。俄頃揮霍。騰飛乘雲。沉然無聲。夫天不人不因。人不天不成。信矣。朕履萬乘之尊。居九重之奥。而有山間林下之逸。澡溉肺腑。發明耳目。恍然如見玉京廣愛之舊。而東南萬里。天台鴈蕩。鳳凰廬阜之奇偉。二川三峽雲夢之曠蕩。四方之遠且異。徒各擅其一美。未若此山并包羅列。又兼其絶勝。颯爽溟涬。參諸造化。若開闢之素有。雖人爲之山。顧豈小哉。山在國之艮。故名之曰艮嶽。則是山與泰華嵩衡等同固。作配無極。壬寅歲正月朔日記。

駕幸瓊林苑

駕方幸瓊林苑。〔一〕在順天門大街面北。與金明池相對。大門牙道皆古松怪柏。兩傍有石榴園。櫻桃園之類。各有亭榭。多是酒家所占。苑之東南隅。政和間。捌築華觜岡。高數十丈。上有横觀層樓。金碧相射。下有錦石纏道。寶砌池塘。柳鎖虹橋。花縈鳳舸。其花皆素馨。末莉。〔二〕山丹。瑞香。含笑。射香等。閩廣二浙所進南花。有月池梅〔三〕亭牡丹〔四〕之類。諸亭不可悉數。

〔一〕**瓊林苑**

周城宋東京考十一。瓊林苑在新鄭門外。俗呼爲西青城。乾德中建。爲宴進士之所。與金明池之南北相對。其中松柏森列。百花芬芳。

〔二〕**末莉**

說郛十七愛日齋叢鈔。茉莉花見于南方。艸木狀云。耶悉茗花茉莉花。皆胡人自西國移植于南海。南人憐其芳香。競植之。南越行紀云。南越之境。五穀無味。百花不香。此花特芳香者。緣自胡國移至。不隨水土而變。茉莉花似薔薇之白者。香愈于耶悉茗。予詳此花由西國而南產久矣。乃復越南海而北。蓋尤盛于宣和。李仁父侍郎詩序云。末利素馨皆嶺外海瀕物。自宣和名益著。艮嶽記卽姑蘇武林明越之壤。荆楚江湘南粵之野。移枇杷橙柚橘柑榔栝荔枝之木。金蛾玉羞虎耳鳳尾素馨渠那末利含笑之草。不以土地之殊。風氣之異。悉生成長養于雕闌曲檻。又吕居仁舍人詩序所記。召伯洛中逢御前綱載茉莉花甚衆。正自東南輦致也。

〔三〕梅

朱弁曲洧舊聞三。頃年近畿江梅甚盛。

〔四〕牡丹

百歲寓翁楓窗小牘上。淳化三年冬十月。太平興國寺牡丹紅紫盛開。不踰春月。冠蓋雲擁。僧舍填駢。有老妓題寺壁云。曾趁東風看幾巡。冒霜開唤滿城人。殘脂剩粉憐猶在。欲向彌陀借小春。此妓遂復車馬盈門。

駕幸寶津樓宴殿

寶津樓之南有宴殿。駕臨幸。嬪御車馬在此。尋常亦禁人出入。有官監之。殿之西有射殿。殿之南有横街。牙道柳徑。乃都人擊毬之所。西去苑西門。水虎翼巷。横道之南。有古桐〔案〕古桐卽梧桐。猶之有稱胡桐者。古胡皆方言。牙道。兩傍亦有小園圃臺榭。南過畫橋。水心有大撮焦亭子。方池柳步圍繞。謂之蝦蟆亭。亦是酒家占。尋常駕未幸。習旱教於苑大門。御馬立於門上。門之兩壁。皆高設綵棚。許士庶觀賞。呈引百戲。御馬上池。則張黄蓋。擊鞭如儀。每遇大龍船出。及御馬上池。則遊人增倍矣。

駕登寶津樓諸軍呈百戲

駕登寶津樓。諸軍百戲〔一〕呈於樓下。先列鼓子十數輩。一人摇雙鼓子。近前進致語。多唱青春三月驀山溪也。唱訖。鼓笛舉。一紅巾者弄大旗。次獅豹入場。坐作進退。奮迅舉止畢。次一紅巾者手執兩白旗子。跳躍旋風而舞。謂之撲旗子。及上竿打筋斗之類訖。樂部舉動琴家弄令。有花粧輕健軍士百餘。前列旗幟。各執雉尾蠻牌木刀。初成行列拜舞。互變開門奪橋等陣。然後列成偃月陣。樂部復動蠻牌令。數内兩人。出陣對舞。如擊刺之狀。一人作奮擊之勢。一人作僵仆出場。凡五七對。或以鎗對牌劍對牌之類。忽作一聲如霹靂。謂之爆仗。則蠻牌者引退。煙火大起。有假面披髮。口吐狼牙煙火。如鬼神狀者上場。着青帖金花短後之衣。帖金皂袴。跣足携大銅鑼。隨身步舞而進退。謂之抱鑼。遶場數遭。或就地放煙火之類。又一聲爆仗。樂部動拜新月慢曲。有面塗青碌〔案〕碌應作緑。戴面具金睛。飾以豹皮錦綉看帶之類。謂之硬鬼。或執刀斧。或執杵棒之類。作脚步蘸立。爲驅捉視聽之狀。又爆仗一聲。有假面長髯展裹緑袍鞾簡如鍾馗像者。傍一人以小鑼相招和舞步。謂之舞判。繼有二三瘦瘠。以粉塗身。金睛白面如髑髏狀。繫錦綉圍肚看帶。手執軟杖。各作魁〔案〕魁疑當作詼。諧。趨蹌舉止若排戲。謂之啞雜劇。又爆仗響。有煙火就湧出。人面不相覩。煙中有七人。皆披髮文身。着青紗短後之衣。錦綉圍肚看帶。内一人金花小帽。執白旗。餘皆頭巾。執真刀。互相格鬭擊刺。作破面剖心之勢。謂之七聖刀。忽有爆仗〔三〕響。又復煙火出。散處以青幕圍繞。列數十輩。皆假面異服。如祠廟中神鬼塑像。謂之歇帳。又爆仗響卷退次。有一擊小銅鑼。引百餘人。或巾裹。或雙髻。各着雜色半臂。圍肚看帶。以黄白粉塗其面。謂之抹蹌。各執木棹〔案〕

棹應作掉。刀一口。成行列。擊鑼者指呼各拜舞起居畢。喝喊變陣子數次。成一字陣。兩兩出陣格鬭。作奪刀擊刺之態百端訖。一人棄刀在地。就地擲身。背著地有聲。謂之扳落。如是數十對訖。復有一裝田舍兒者入場。念誦言語訖。有一裝村婦者入場。與村夫相值。各持棒杖。互相擊觸。如相毆態。其村夫者以杖背村婦出場畢。後部樂作。諸軍繳隊雜劇一段。繼而露臺弟子雜劇一段。是時弟子蕭住兒、丁都賽、薛子大、薛子小、楊總惜、崔上壽之輩。後來者不足數。合曲舞旋訖。諸班直常入祇候子弟所呈馬騎。先一人空手出馬。謂之引馬。次一人磨旗出馬。謂之開道。旗次有馬上抱紅綉之毬。繫以紅綿索擲下於地上。數騎追逐射之。左曰仰手射。右曰合手射。謂之拖綉毬。又以柳枝插於地。數騎以剗子箭。或弓或弩射之。謂之褃柳枝。〔三〕又有以十餘小旗。遍裝輪上而背之出馬。謂之旋風旗。又有執旗挺立鞍上。謂之立馬。或以身下馬。以手攀鞍而復上。謂之騗馬。〔四〕或用手握定鐙袴。以身從後鞦來往。謂之跳馬。忽以身離鞍。屈右脚掛馬鬃。左脚在鐙。左手把鬃。謂之獻鞍。又曰棄鬃。背坐或以兩手握鐙袴。以肩著鞍橋。雙脚直上。謂之倒立。忽擲脚著地。倒拖順馬而走。復跳上馬。謂之拖馬。或留左脚著鐙。右脚出鐙離鞍。横身在鞍一邊。右手捉鞍。左手把鬃。存身直一脚順馬而走。謂之飛仙膊馬。又存身拳曲在鞍一邊。謂之鐙裏藏身。或右臂挾鞍。足著地順馬而走。謂之趕馬。或出一鐙。墜身著鞦。以手向下綽地。謂之綽塵。或放令馬先走。以身追及握馬尾而上。謂之豹子馬。或横身鞍上。或輪弄利刃。或重物大刀雙刀百端訖。有黃衣老兵。謂之黃院子。數輩執小銹龍旗前導宮監馬騎百餘。謂之妙法院女童。皆妙齡翹楚。結束如男子。短頂頭巾。各着雜色錦銹。撚金絲番段窄袍。紅緣吊敦束帶。莫非玉羈金勒。寶鞚花韉。艷色耀日。香風襲人。馳驟至樓前。團轉數遭。輕簾鼓聲。馬上亦有呈驍藝者。中貴人許畋押隊招呼成列。鼓聲。一齊擲身下馬。一手執弓箭。攬韁子就地。如男子儀。拜舞山呼訖。復聽鼓聲。騗馬而上。大抵禁庭如男子裝者。便隨男子禮起居。復馳驟團旋。分合陣子訖。分兩陣。兩兩出陣。左右使馬。直背射弓。使番鎗或草棒交馬野戰。呈驍騎訖。引退。又作樂。先設綵結小毬門於殿前。有花裝男子百餘人。皆裹角子向後拳曲花幞頭。半着紅半着青錦襖子。義襴束帶絲鞋。各跨雕鞍花鞔〔案〕鞔卽韉。驢子。分爲兩隊。各有朋頭一名。各執綵畫毬杖。謂之小打。一朋頭用杖擊弄毬子。如綴毬子方墜地。兩朋争占。供與朋頭。左朋擊毬子過門入孟爲勝。右朋向前争占。不令入孟。互相追逐。得籌謝恩而退。續有黄院子引出宮監百餘。亦如小打者。〔五〕但加之珠翠裝飾。玉帶紅靴。各跨小馬。謂之大打。人人乘騎精熟。馳驟如神。雅態輕盈。妍姿綽約。人間但見其圖畫矣。呈訖。

〔一〕**百戲**

馬端臨文獻通考一百四十七樂考。宋朝雜樂百戲。有踏球、蹴球、踏蹻、藏挾、雜旋、弄槍鋺瓶、齪劍、踏索、尋橦、筋斗、拗腰、透劍門、飛彈丸、女伎、百戲之類。皆隸左右軍而散居。每大饗燕。宣徽院按籍召之。

耐得翁都城紀勝。雜手藝皆有巧名。踢瓶、弄椀、踢磬、弄花鼓椎、踢墨筆、弄毬子、拶築毬、弄斗、打硬、叫虫蟻及魚、弄熊、燒煙火、放爆仗、火戲兒、水戲兒、聖花、撮藥藏壓、藥法傀儡、壁上睡、小則劇術、射穿弩子、打彈、攢壺瓶（卽古之投壺）手影戲、弄頭錢、變線兒、寫沙書、改字。

高承事物紀原九。角觝今相撲也。漢武故事曰。角觝共六國時所造。史記秦二世在甘泉宮作樂角觝。注云。戰國時增講武以爲戲樂相誇。角其材力以相觝鬬。兩兩相當也。漢武帝好之。白居易六帖曰。角觝之戲。漢武始作。相當角力也。誤矣。

盛如梓庶齋老學叢談下。徐常侍鉉入汴。居五龍堂側。宣徽角觝士遇内宴必先習藝於此。一日坐道齋誦黄庭。聞外喧甚。使童視之。回白衆常侍習角觝。鉉笑曰。此諸同僚難與接懽也。蓋鉉與角觝士皆稱常侍。可資一笑。

彭乘墨客揮犀八。丁晉公爲玉清昭應宫使。夏英公時以翰林學士爲判官。一日會宴齋公。伶人有雜手伎號藏擫者在焉。丁顧夏曰。古無詠藏擫詩。内翰可作一首。英公卽席獻詩曰。舞拂桃珠復吐丸。遮藏巧伎百千般。主公端坐無由見。却被傍人冷眼看。

〔二〕**爆仗**

顧張思土風録二。紙裹硫黄謂之爆仗。除夕歲朝放之。案高承撰事物紀原云。魏馬鈞製爆仗。隋煬帝益以火藥雜戲。是爆仗之名。元魏已有。然范石湖村田樂府云。截筒五尺煨以薪。當階擊地雷霆吼。則是時猶以竹爆也。

陳元靚歲時廣記。引李畋該聞集。爆竹辟妖。鄰人有仲叟。家爲魈所祟。擲瓦石。開户牖。不自安。叟求禱之。以佛經爲報謝。而妖祟彌盛。畋謂叟曰。公且夜於庭落中。若除夕爆竹數十竿。叟然其言。爆竹至曉。寂然安帖遂止。

〔三〕**揷柳枝**

程大昌演繁露一三。壬辰三月三日。在金陵預閲李顯忠馬司兵。最後折柳環插毬場。軍士馳馬射之。其矢鏃闊於常鏃略可寸餘。中之輒斷。名曰躤柳。其呼藉若乍聲。樞帥洪公謂予曰何始。予曰。殆蹛林故事耶。歸閲漢書匈奴傳。秋馬肥。大會蹛林。服虔曰。蹛音帶。師古曰。蹛者繞林而祭也。

〔四〕**騗馬**
程大昌演繁露續集五。嘗見藥肆鬻脚藥者。榜曰騙馬丹。歸檢字書。其音爲匹轉。且曰躍而上馬。已又見唐人武懿宗將兵。遇敵而遁。人爲之語曰。長弓度短箭。蜀馬臨階騙。言蜀馬既已低小。而又臨階爲高。乃能躍上。始悟騙之爲義。通典曰。武舉制土木馬於里閭間。教人習騙。

〔五〕**宫監百餘亦如小打者**
王明清揮麈録餘話一。遂賜坐。命宫人擊鞠。臣何執中等辭請立侍。上曰坐。乃坐。於是馳馬舉仗。翻手覆手。丸素如綴。

駕幸射殿射弓

駕詣射殿射弓。垛子前列招箭班二十餘人。皆長脚幞頭。紫綉抹額。紫寛衫。黄義襴。雁翅排立。御箭去則齊聲招舞。合而復開。箭中的矣。又一人口銜一銀盌。兩肩兩手共五隻。箭來皆能承之。射畢。駕歸宴殿。

池苑内縱人關撲遊戲

池苑内。除酒家藝人占外。多以綵幕繳〔案〕繳應作結。絡。鋪設珍玉、奇玩、疋帛、動使、茶酒器物關撲。有以一笏撲三十笏者。以至車馬。地宅。歌姬。舞女。皆約以價而撲之。出九和合。有名者任大頭。快活三之類。餘亦不數。池苑所進奉魚藕果實。宣賜有差。後苑作進小龍船。雕牙縷翠。極盡精巧。隨駕藝人。池上作場者。宣政間。張藝多。渾身眼。宋壽香。尹士安小樂器。〔一〕李外寧水傀儡。其餘莫知其數。池上飲食。水飯涼水菉豆螺螄肉、饒梅花酒、查片、杏片、梅子、香藥脆梅、旋切魚膾、青魚、鹽鴨卵、雜和辣菜之類。池上水教罷。貴家以雙纜黑漆平船。紫帷帳。設列家樂遊池。宣政間。亦有假賃大小船子。許士庶遊賞。其價有差。

〔一〕**小樂器**　耐得翁都城紀勝。小樂器只一二人合動也。如雙韻合阮咸。稽琴合簫管。秋琴合葫蘆。琴單撥十四弦。吹賺動鼓板。渤海樂一拍子至於十拍子。又有拍番鼓子。敲水盞鑼板。和鼓兒皆是也。

駕回儀衛

駕回則御裹小帽簪花乘馬。前後從駕臣寮。百司儀衛。悉賜花。〔一〕大觀初。乘驄馬至太和宮前。忽宣小烏。〔二〕其馬至御前。拒而不進。左右曰。此願封官。勑賜龍驤將軍。然後就轡。蓋小烏平日御愛之馬也。莫非錦綉盈都。花光滿目。御香拂路。廣樂喧空。寶騎交馳。綵棚夾路。綺羅珠翠。户户神仙。畫閣紅樓。家家洞府。遊人士庶。車馬萬數。妓女舊日多乘驢。宣政間惟乘馬。披涼衫。〔三〕將蓋頭背繫冠子上。少年狎客往往隨後。亦跨馬。輕衫小帽。有三五文身惡少年控馬。謂之花褪馬。用短韁促馬頭刺地而行。謂之鞅韁。呵喝馳驟。競逞駿逸。遊人往往以竹竿挑掛終日關撲所得之物而歸。仍有貴家士女。小轎插花。不垂簾幙。自三月一日。至四月八日閉池。雖風雨亦有遊人。略無虛日矣。

是月季春。萬花爛熳。牡丹。芍藥。棣棠。木香種種上市。賣花者以馬頭竹籃鋪排。歌叫之聲。清奇可聽。晴簾靜院。曉幙高樓。宿酒未醒。好夢初覺。聞之莫不新愁易感。幽恨懸生。最一時之佳況。諸軍出郊合教陣隊。

〔一〕**賜花**

蔡絛鐵圍山叢談一。國朝燕集。賜臣僚花有三品。生辰大燕遇大遼人使在庭。則内用絹帛花。蓋示之以禮儉。且祖宗舊程也。春秋二燕則用羅帛花。甚爲美麗。至凡大禮後恭謝。上元節游春。或幸金明池、瓊林苑。從臣皆扈蹕而隨車駕。有小燕謂之對御。凡對御則用滴粉縷金花。極其珍藾矣。又賜臣寮燕花。率從班品高下。莫不多寡有數。至滴粉縷金花爲最。則倍於常所頒。此盛朝之故事云。

王鞏聞見近録。故事季春上池。賜生花。而自上至從臣。皆簪花而歸。紹聖二年。上元幸集禧觀。始出宮花賜從駕臣僚。各數十枝。時人榮之。

〔二〕**小烏**

百歲寓翁楓窗小牘上。徽廟嘗乘驄馬至太和宮前。忽宣平日所愛小烏馬至御前。馬足不肯進。左右鞭之。益鳴跳不如調訓。時圉人進曰。此願封官耳。上曰。猴子且官供奉。況小烏白身邪。勑賜龍驤將軍。帖然就轡。

周煇清波雜志八。崇寧三年。駕幸金明池。乘烏馬還内。道路安平。賜名龍驤將軍。艮嶽一石。高四十尺。名神運招功。宣和五年。朱勔自平江府造巨艦。載太湖大石一塊至京。以千人舁進。勔被賞建節。石封盤固侯。　案宋詩鈔。劉子翬屏山集鈔汴京紀事二十首之十六云。　盤石曾聞受國封。承恩不與幸臣同。時危運作高城砲。猶解捐軀立戰功。　即詠此石。

〔三〕涼衫

高承事物紀原三。筆談曰。近歲京師士人朝服乘馬。以黲衣蒙之。謂之涼衫。亦古遺法也。儀禮曰。朝服加景。但不知古人制度何如耳。

幽蘭居士東京夢華録卷之八

四月八日

四月八日。佛生日。十大禪院。各有浴佛〔一〕齋會。煎香藥糖水相遺。名曰浴佛水。迤邐時光晝永。氣序清和。榴花院落。時聞求友之鶯。細柳亭軒。乍見引雛之燕。在京七十二户諸正店。初賣煮酒。市井一新。唯州南清風樓。最宜夏飲。初嘗青杏。乍薦櫻桃。時得佳賓。觥酹交作。是月茄瓠初出上市。東華門争先供進。一對可直三五十千者。時菓則御桃。李子。金杏。林檎之類。

〔一〕**浴佛**

金盈之醉翁談録四。八日。諸經説佛生日。不同其指。言四月八日生者爲多。宿願果報經云。我佛世尊生是此日。故用四月八日灌佛也。南方多用此日。北人專用臘八。皇祐間。員照禪師來會林。始用此日。蓋行摩訶利頭經。浴佛之日。僧尼道流雲集相國寺。是會獨甚。常年平明。合都士庶婦女駢集。四方挈老扶幼交觀者莫不蔬素。衆僧環列既定。乃出金盤。廣四尺餘。置於佛殿之前。仍以漫天紫幙覆之於上。其紫幙皆銷金爲龍鳳花木之形。又置小方座。前陳經案。次設香盤。四隅立金頻伽。磴道闌檻。無不悉具。盛陳錦繡襜褥。精巧奇絶。冠於一時。良久。吹螺擊鼓。鐙燭相映。羅列香花。迎擁一佛子。外飾以金。一手指天。一手指地。其中不知何物爲之。唯高二尺許。置於金盤中。衆僧舉揚佛事。其聲振地。士女瞻敬。以祈恩福。或見佛子於金盤中周行七步。觀者愕然。今之藥傀儡者。蓋得其遺意。既而揭去紫幙。則見九龍飾以金寶。間以五彩。從高噀水。水入盤中。香氣襲人。須臾。盤盈水止。大德僧以次舉長柄金杓。挹水灌浴佛子。浴佛既畢。觀者並求浴佛水飲漱也。

端午

端午〔一〕節物。百索。〔二〕艾花。銀樣鼓兒。花花巧畫扇。〔三〕香糖果子。〔四〕糉子。〔五〕白團。紫蘇。菖蒲。木瓜。並皆茸切。以香藥相和。用梅紅匣子盛裹。自五月一日及端午前一日。賣桃。柳。葵花。蒲葉。佛道艾。次日家家鋪陳於門首。與糉子。五色水團。茶酒供養。又釘艾人〔六〕於門上。士庶遞相宴賞。

〔一〕**端午**

陳元靚歲時廣記二十一。引歲時雜記。京師市廛人。以五月初一日爲端一。初二日爲端二。數以至五。謂之端五。洪邁舍人容齋隨筆云。唐玄宗八月五日生。以其日爲千秋節。張説上大衍曆序云。謹以開元十六年八月端五。赤光照室之一夜獻之。唐類表有宋璟請以八月五日爲千秋節。表云。月惟仲秋。日在端五。然則凡月五日皆可稱端午也。

陳元靚歲時廣記二十一。引歲時雜記。都人端五作罩子。以木爲骨。用色紗糊之以罩食。又爲小兒睡罩。有甚華者。

〔二〕**百索**

江休復江隣幾雜志。都下弄蝎尾。有五毒者三毒者。云城西剥馬務蝎。食馬血尤毒。己亥歲中。屢有螫死者。

高承事物紀原八。引續漢書曰。夏至陰氣萌作。恐物不成。以朱索連以桃印。文施門户。故漢五月五日以朱索五色。卽爲門户飾。以難止惡氣。今有百索。卽朱索之遺事也。蓋始於漢。本以飾門户。而今人以約臂。相承之誤也。又以綵絲結紐而成者。爲百索紐。以作服者名五絲云。

陳元靚歲時廣記二十一。引歲時雜記。端五百索及長命縷等物遺風尚矣。時平既久。而俗習益華。其製不一。紀原云。百索卽朱索之遺事。本以飾門户。而今人以約臂。又云。綵絲結紉而成者爲百索紉。以作服者名五絲。古詞云。自結成同心百索。祝願子更親自繫著。

〔三〕**銀樣鼓兒花花巧畫扇**

陳元靚歲時廣記二十一。引歲時雜記。鼓扇百索市。在潘樓下。麗景門外。閶闔門外。朱雀門内外。相國寺東廊外。睦親廣親宅前皆賣此物。自五月初一日。富貴之家多乘車萃買。以相饋遺。鼓皆小鼓。或懸于架。或置于座。或鼗鼓雷鼓。其制不一。又造小扇子。皆青黄赤白色。或繡或畫或縷金或合色。製亦不同。又秦中歲時記云。端五前二日。東市謂之扇市。車馬於是特盛。

陸游老學菴筆記三。竹骨扇以木爲柄舊矣。忽變爲短柄。止插至扇半。名不徹頭。

〔四〕**香糖果子**

陳元靚歲時廣記二十一。引歲時雜記。都人以菖蒲生姜杏梅李紫蘇。皆切如絲。入鹽曝乾。謂之百草頭。或以糖密漬之。納梅皮中。以爲釀梅。皆端午果子也。

〔五〕**糉子**

高承事物紀原九。糉一名角黍。風土記曰。仲夏端午端初也。以菰葉裹黏米。以栗棗灰汁煑之令熟。節日啖。取陰陽尚包裹之象。一曰因屈原也。齊諧記曰。原以五月五日投汨羅。楚人哀之。每至此日。以筒貯米祭。今市俗置米於新竹筒中蒸食之。謂之裝筒。其遺事。亦曰筒糉。齊諧又記曰。今世人五月五日作糉。汨羅之遺風也。異苑曰。糉屈原姊所作。

陳元靚歲時廣記二十一。引歲時雜記。端五因古人筒米。而以菰葉裹黏米。名曰角。黍相遺俗作糉。或加之以棗。或以糖。近年又加松栗胡桃姜桂麝香之類。近代多燒艾灰淋汁煑之。其色如金。古詞云。角黍包金。香蒲切玉。

陳元靚歲時廣記二十一。引歲時雜記。京師人自五月初一日。家家以團糉、蜀葵、桃柳枝杏子、林禽、柰子、焚香、或作香印。祭天者。以五日。古詞云角黍廳前祭天神。粧成異果。

陳元靚歲時廣記二十一。引歲時雜記。端五糉子名品甚多。形製不一。有角糉、錐糉、茭糉、筒糉、秤鎚糉。又有九子糉。

〔六〕**艾人**

陳元靚歲時廣記二十一。引歲時雜記。端午日以蚌粉納帛中。綴之以棉若數珠。令小兒帶之。以褭汗也。古端五詞云。門兒高掛艾人兒。鵝兒粉撲兒。結兒綴着小符兒。蛇兒百索兒。紗帕子玉環兒。孩兒畫扇兒。奴兒自是豆娘兒。今朝正及時。

陳元靚歲時廣記二十一。引歲時雜記。端五刻蒲爲小人子或葫盧形。帶之辟邪。王沂公端五帖子云。明朝知是天中節。旋刻菖蒲要辟邪。又秦少游端五詞云。粽團桃柳。盈門共壘。把菖蒲旋刻個人人。

陳元靚歲時廣記二十一。引歲時雜記。端五都人畫天師像以賣。又合泥做張天師。以艾爲頭。以蒜爲拳。置于門户之上。蘇子由作皇太妃閤端五帖子云。太醫争獻天師艾。瑞霧長縈堯母門。艮齋先生魏元履詞云。掛天師撑著眼直下覷。騎個生獰大艾虎。閑神浪鬼。辟爍他方遠方。大胆底更敢來上門下户。

六月六日崔府君生日二十四日神保觀神生日

六月六日。州北崔府君〔一〕生日。多有獻送。無盛如此。二十四日。州西灌口二郎〔二〕生日。最爲繁盛。廟在萬勝門外一里許。勑賜神保觀。二十三日。御前獻送後苑作與書藝局等處製造戲玩。如毬杖。彈弓。弋射之具。鞍轡。銜勒。樊籠之類。悉皆精巧。作樂迎引至廟。於殿前露臺上設樂棚。教坊。鈞容直作樂。更互雜劇舞旋。太官局供食。連夜二十四盞。各有節次。至二十四日。夜五更争燒頭爐香。有在廟止宿。夜半起以争先者。天曉。諸司及諸行百姓獻送甚多。其社火呈於露臺之上。所獻之物。動以萬數。自早呈拽百戲。如上竿。趯弄。跳索。相撲。鼓板小唱。鬬雞。説諢話。雜扮。商謎。合笙。喬筋骨。喬相撲。浪子雜劇。叫果子。學像生。倬刀〔案〕倬刀應作掉刀。裝鬼。砑鼓牌棒。道術之類。色色有之。至暮呈拽不盡。殿前兩幡竿。高數十丈。左則京城所。右則修内司。搭材分占。上竿呈藝解。或竿尖立横木。列於其上。裝神鬼。吐煙火。甚危險駭人。至夕而罷。

〔一〕崔府君

高承事物紀原七。在京城北。卽崔府君祠也。相傳唐滏陽令没爲神。主幽冥。本廟在磁州。淳化中民於此置廟。至道二年。晉國公主石氏祈有應。以事聞。詔賜名護國。景祐二年七月。封護國顯應公。

〔二〕灌口二郎

高承事物紀原七。元豐時國城之西。民立灌口二郎神祠。云神永康導江縣廣濟王子。王卽秦李冰也。會要所謂冰次子郎君神也。宋後勅封靈惠侯。

洪邁夷堅丙志九。二郎廟條。政和七年。京師市中一小兒。騎獵犬揚言於衆曰。哥哥遣我來。昨日申時灌口廟爲火所焚。欲於此地建立。兒方七歲。問其鄉里及姓名。皆不答。至晚神降于都門。憑人以言。如兒所欲者。有司以聞。遂爲修神保觀。都人素畏事之。自春及夏。傾城男女負土助役。名曰獻土。至飾爲鬼使巡門催納土者之物。憧憧或㩻於通衢曰。某人獻土。識者以爲不祥。旋有旨禁絕。既而蜀中奏永康神廟火。其日正同。此兒後養於廟祝家。頑然常質也。

洪邁夷堅支丁志六。永康太守條。永康軍崇德廟乃灌口神祠。爵封至八字王。置監廟官視五岳。蜀人事之甚謹。每時節獻享。及因事有祈者。無論貧富必宰羊。一歲至烹四萬口。一羊過城。則納稅錢五百。率歲終可得二三萬緡。爲公家無窮利。

是月巷陌雜賣

是月時物。巷陌路口。橋門市井。皆賣大小米水飯。炙肉。乾脯。萵苣筍。芥辣。瓜兒。義塘甜瓜。〔一〕衞州白桃。南京金桃。水鵝梨。金杏。小瑶李子。紅菱。沙角兒。藥木瓜。水木瓜。冰雪凉水荔枝膏。皆用青布繖。當街列床凳堆垜冰雪。惟舊宋門外兩家最盛。悉用銀器。沙糖菉豆。水晶皁兒。黄冷團子。雞頭穰冰雪。細料餶飿兒。麻飲雞皮。細索凉粉素簽。成串熟林檎。脂麻團子。江豆碙兒。羊肉小饅頭。龜兒沙餡之類。都人最重二伏。〔二〕〔案〕二伏。二應作三。蓋六月中別無時節。往往風亭水榭。峻宇高樓。雪檻冰盤。浮瓜沉李。流盃曲沼。苞鮓新荷。遠邇笙歌。通夕而罷。

〔一〕**甜瓜**

陶穀清異録二。夷門瓜品中濺腳綃夾鶉。其色香味可魁本類也。

〔二〕三伏

陳元靚歲時廣記二十五。引歲時雜記。京師三伏。唯史官賜冰麨。百司休務而已。自初伏日爲始。每日賜近臣冰人四匣。凡六次。又賜麨麵。三品並黄絹爲囊蜜一器。穎濱作皇帝閤端午帖子云。九門已散秦醫藥。百辟初頒凌室冰。

七夕

七月七夕。〔一〕潘樓街東宋門外瓦子。州西梁門外瓦子。北門外。南朱雀門外街。及馬行街内。皆賣磨喝樂。〔二〕乃小塑土偶耳。悉以雕木彩裝欄座。或用紅紗碧籠。或飾以金珠牙翠。有一對直數千者。禁中及貴家與士庶爲時物追陪。又以黄蠟〔案〕蠟本作蠟。鑄爲鳧。雁。鴛鴦。鸂鶒。龜。魚之類。彩畫金縷。謂之水上浮。又以小板上傅土旋種粟令生苗。置小茅屋花木。作田舍家小人物。皆村落之態。謂之穀板。又以瓜雕刻成花樣。謂之花瓜。又以油麵糖蜜造爲笑靨兒。謂之果食。花様奇巧百端。〔三〕如捺香方勝之類。若買一斤。數内有一對被介冑者如門神之像。蓋自來風流。不知其從。謂之果實將軍。又以菉豆。小豆。小麥於磁器内。以水浸之。生芽數寸。以紅藍綵縷束之。謂之種生。〔四〕皆於街心綵幙帳設出絡貨賣。七夕前三五日。車馬盈市。羅綺滿街。旋折未開荷花。都人善假做雙頭蓮。取玩一時。提攜而歸。路人往往嗟愛。又小兒須買新荷葉執之。蓋効顰磨喝樂。兒童輩特地新粧。競誇鮮麗。至初六日七日晚。貴家多結綵樓於庭。謂之乞巧樓。鋪陳磨喝樂、花、瓜、酒、炙、筆、硯、針、線、或兒童裁詩。女郎呈巧。焚香列拜。謂之乞巧。〔五〕婦女望月穿針。或以小蜘蛛安合子内。次日看之。若網圓正。謂之得巧。里巷與妓館。往往列之門首。争以侈靡相尚。磨喝樂本佛經摩睺羅。今通俗而書之。

〔一〕七夕

陳元靚歲時廣記二十六。引梁吴均齊諧記曰。桂陽成武丁有仙道。常在人間。忽謂其弟曰。七月七日織女渡河。諸仙悉還宫。吾向已被召。不得暫停。與爾别矣。後三千年當復還。弟問曰。織女何事渡河。兄何當還。答曰。織女暫詣牽牛。一去後三千年當還。明旦果失武丁所在。世人至今猶云。七月七日織女嫁牽牛。宗懔荆楚歲時記云。七月七日世謂織女牽牛聚會之日。是夕陳瓜果于庭中。以乞巧。

岳珂愧郯録十五。國初宫禁節料錢内藏有取會之禁。宫禁好賜之制。外廷莫得而知。凡今歲時士庶家。以錢分遺家人輩。目曰節料。或歲正冬節縱之呼博。目曰則劇。習尚已久。亦不究所由始。珂嘗讀蔡絛鐵圍山叢談。而後知國初蓋已有之。藝祖艱難造邦示儉一意。雖千萬世猶可拜而仰也。謹備録焉。絛之言曰。副車弟嘗得太祖賜后詔一以藏之。詔曰。朕親提六師。問罪上黨。末又曰。今七夕節在近。錢三貫與娘娘充則劇錢。千五與皇后。七百與妗子充節料。問罪上黨者。國初征李筠時也。娘娘即昭憲杜太后也。皇后即孝明王皇后也。副車蓋絛謂其弟鞗。尚徽宗女茂德帝姬云。

王楙燕翼詒謀録三。北俗遇月三七日。不食酒肉。蓋重道教之故。而七夕改用六日。太平興國三年七月乙酉詔曰。七夕佳辰。近代多用六日。宜以七日爲七夕。頒行天下。蓋方其改用六日之時。始于朝廷。故釐正之。自朝廷始。

洪邁容齋三筆一。太平興國三年七月。詔七夕嘉辰著於甲令。今之習俗多用六日。非舊制也。宜復用七日。且名爲七夕而用六。不知自何時以然。唐世無此說。必出於五代耳。

莊綽雞肋編下。徽宗嘗問近臣。七夕何以無假。時王黼爲相。對云。古今無假。徽宗喜甚。還語近侍。以黼奏對有格制。蓋柳永七夕詞云。須知此景。古今無假。而俗謂事之得體者。爲有格致也。

〔二〕**磨喝樂**

陳元靚歲時廣記二十六。磨喝樂南人目爲巧兒。今行在中瓦子後市街衆安橋。賣磨喝樂最爲旺盛。惟蘇州極巧。爲天下第一。進入內庭者。以金銀爲之。謔詞云。天上佳期。九衢燈月交輝。摩喉孩兒。鬥巧争奇。戴短簷珠子帽。披小縷金衣。嗔眉笑眼。百般地斂手相宜。轉睛底工夫不少。引得人愛後如癡。快輸錢。須要撲。不問歸遲。歸來猛醒。争如我活底孩兒。

金盈之醉翁談録四。京師是日多博泥孩兒。端正細膩。京語謂之摩睺羅。小大甚不一。價亦不廉。或加飾以男女衣服。有及於華侈者。南人目爲巧兒。

阿彌陀經疏一。羅睺羅者。此云覆障。亦曰宮生。五百弟子本起經云。我昔爲王。有一仙人犯罪。禁安後園。忘經六日。不與其食。然我無惡心。以忘因緣。遂墮黑繩地獄。經六萬歲。最後身受胎。六年乃生。故言覆障。謂被胎膜久所覆障也。佛出家六歲。羅睺羅乃生。諸釋皆疑非是佛種。佛成道後。還宮說法。其妻耶輸陀羅。此云名聲。欲自雪身。知其清白。乃以歡喜丸與羅睺羅。令奉汝父。佛知其意。乃變弟子皆作佛身。羅睺羅獻奉而不錯。佛既受已。化佛皆滅。諸釋方信真是宮生。入大乘論云。羅睺羅久住世者。是變化身。　案或言摩睺羅卽羅睺羅對音。故引此以釋之。

〔三〕**果實花樣**

陳元靚歲時廣記二十六。引歲時雜記。京師人以糖麵爲果食。如僧食。但至七夕。有爲人物之形者。以相餉遺。

〔四〕**種生**

陳元靚歲時廣記二十六。引歲時雜記。京師每前七夕十日。以水漬菉豆或豌豆。日一二回易水。芽漸長至五六寸許。其苗能自立。則置小盆中。至乞巧可長尺許。謂之生花盆兒。亦可以爲葅。

〔五〕**乞巧**

陳元靚歲時廣記二十六。引歲時雜記。東京潘樓前有乞巧市。賣乞巧物。自七月初一日爲始。車馬喧闐。七夕前兩三日。車馬相次壅遏。不復得出。至夜方散。其次麗景保康閶闔門外。及睦親廣親宅前亦有乞巧市。然皆不及潘樓。

金盈之醉翁談録四。七夕潘樓前賣乞巧物。自七月一日。車馬嗔咽。至七夕前三日。車馬不通行。相次壅遏。不復得出。至夜方散。嘉祐中。有以私忿易乞巧市乘馬行者。開封尹得其人竄之遠方。自後再就潘樓。其次麗景保康諸門。及睦親門外亦有乞巧市。然終不及潘樓之繁盛也。夫乞巧多以采帛爲之。其夜婦女以七孔針於月下穿之。其實此鍼不可用也。鍼褊而孔大。其餘乞巧。南人多倣之。

陳元靚歲時廣記二十六。引歲時雜記。京師人七夕以竹或木或麻藍編而爲棚。剪五色綵爲層樓。又爲仙樓。刻牛女像及仙從等於上以乞巧。或只以一木剪紙爲仙橋。於其中爲牛女。仙從列兩傍焉。

陳元靚歲時廣記二十六。引歲時雜記。京師人祭牛女時。其案上先鋪楝葉。乃設果饌等物。街市唱賣鋪陳楝葉。

中元節

七月十五日。中元節。先數日市井賣冥器。靴鞋。幞頭。帽子。金犀假帶。五綵衣服。以紙糊架子盤遊出賣。潘樓并州東西瓦子。亦如七夕。要鬧處亦賣果食。種生。花果之類。及印賣尊勝目連經。又以竹竿斫成三脚。高三五尺。上織燈窩之狀。謂之盂蘭盆。〔一〕掛搭衣服冥錢在上焚之。構肆樂人自過七夕。便般目連救母雜劇。直至十五日止。觀者增倍。中元前一日。即賣練葉。享祀時鋪襯卓面。又賣麻穀窠兒。亦是繫在卓子脚上。乃告祖先秋成之意。又賣雞冠花。〔二〕謂之洗手花。十五日供養祖先素食。纔明即賣㯏〔案〕㯏應作穄。米飯。巡門叫賣。亦告成意也。又賣轉明菜花。花油餅。餕豏。沙豏之類。城外有新墳者。即往拜掃。禁中亦出車馬詣道者院謁墳。本院官給祠部十道。〔三〕〔案〕祠部十道。當時習語。應作祠部度牒十道。設大會。焚錢山。祭軍陣亡歿。設孤魂之道場。

〔一〕**盂蘭盆**

顧張思土風録一。七月十五日寺僧設盂蘭盆會。案宗懍歲時記引盂蘭盆經云。目連救母。于是日具百味五果以著盆中供佛。（臞仙運化樞以爲丁令威救母）。釋氏要覽云。盂蘭華言解倒懸也。宋本顏氏家訓終制篇云。有時供齋及七月半。盂蘭盆望於汝也。是六朝時已行之。

陸游老學菴筆記七。故都殘暑不過七月中旬。俗以望日具素饌享。先織竹作盆盎狀。貯紙錢。承以一竹焚之。視盆倒所向以占氣候。謂向北則冬寒。向南則冬温。向東西則寒温得中。謂之盂蘭盆。蓋俚俗老媪輩之言也。

陳元靚歲時廣記三十。引歲時雜記。律院多依經教作盂蘭盆齋。人家大率即享祭父母祖先。用瓜果楝葉生花花盆米食客。與七夕祭牛女同。又取麻穀長本者。維之几案四角。又以竹一本。分爲四五足。中置竹圈。謂之盂蘭盆。畫目蓮尊者之像插其上。祭畢加紙幣焚之。

高承事物紀原八。今世每七月十五日。營僧尼供。謂之盂蘭齋者。按盂蘭經曰。目連母亡。生餓鬼中。佛言須十方衆僧之力。至七月十五日具百味五果以著盆中。供養十方大德。後代廣爲華飾。乃至割木割竹。極工巧也。今人弟以竹爲圓架。加其首以荷葉。中貯雜饌。陳目蓮救母畫像。致之祭祀之所。失之遠甚矣。

〔二〕**雞冠花**

百歲寓翁楓窗小牘下。雞冠花汴中謂之洗手花。中元節前兒童唱賣以供祖先。今來山中此花滿庭。有高及丈餘者。每遥念墳墓。涕淚濳然。乃知杜少陵感時花濺淚非虚語也。

〔三〕**祠部十道**

宋史一百六十三職官三。　祠部郎中。　凡宫觀寺院道釋。籍其名額應給度牒。若空名者。毋越常數。

高承事物紀原七。僧史略曰。度牒自南北朝有之。見高僧傳。名籍限局。必有憑由。憑由卽今祠部牒也。唐會要曰。天寶六年五月制。僧尼令祠部給牒。則僧尼之給牒自唐明皇始也。

王栐燕翼詒謀録五。僧道度牒。每歲試補刊印板。用紙摹印。新法既行。獻議者立價出賣。每牒一紙爲價百三十千。然猶歲立爲定額。不得過數。熙寧元年七月。始出賣於民間。初歲不過三四千人。至元豐六年。限以萬數。而夔州轉運司增價至三百千。以次減爲百九十千。建中靖國元年。增至二百二十千。大觀四年。歲賣三萬餘紙。新舊積壓。民間折價至九十千。朝廷病其濫。住賣三年。仍追在京民間者毁抹。諸路民間聞之。一時争折價急售。至二十千一紙。而富家停榻。漸增至百餘貫。有司以聞。遂詔已降度牒量增價直。别給公據。以俟書填。六年。又詔改用綾紙。依將仕郎校尉例。宣和七年。以天下僧道踰百萬。遂詔住給五年。繼更兵火。廢格不行。南渡以後。再立新法。度牒自六十千增至百千。淳熙初。增至三百千。又增爲五百千。又增爲七百千。然朝廷謹重愛惜。不輕出賣。往往持錢入行都。多方經營。而後得之。後又著爲停榻之令。許容人增百千興販。又增作八百千。近歲給降轉多。州郡至減價以求售矣。

立秋

立秋日。滿街賣楸葉。婦女兒童輩。皆剪成花樣戴之。是月瓜果梨棗方盛。京師棗有數品。靈棗。牙棗。青州棗。亳州棗。雞頭上市。則梁門裏李和〔一〕家最盛。中貴戚里。取索供賣。内中泛索。金合絡繹。士庶買之。一裹十文。用小新荷葉包。糝以麝香。紅小索兒繫之。賣者雖多。不及李和一色揀銀皮子嫩〔案〕嫩應作嫩。者貨之。

〔一〕李和　陸游老學菴筆記二。故都李和爒栗。名聞四方。他人百計效之。終不可及。紹興中。陳福公及錢上閤愷。出使虜廷。至燕山。忽有兩人持爒栗各十裹來獻。三節人亦人得一裹。自贊曰。李和兒也。揮淚而去。

秋社

八月秋社。〔一〕各以社糕社酒〔二〕相賫送。貴戚宮院以猪羊肉。腰子。妳房。肚肺。鴨餅。瓜薑之屬。切作棊子片樣。滋味調和。鋪於飯上。謂之社飯。請客供養。人家婦女皆歸外家。晚歸即外公姨舅皆以新葫蘆兒棗兒爲遺。俗云宜良外甥。市學先生預歛諸生錢作社會。以致雇倩祇應白席歌唱之人。歸時各携花籃果實食物社糕而散。春社重午重九亦是如此。

〔一〕秋社　陳元靚歲時廣記十四。二社日禮記月令曰。擇元日命民社。注云。爲祀社稷。春事興。故祭之以祈農祥。元日謂近春分先後。戊日元吉也。統天萬年曆曰。立春後五戊爲春社。立秋後五戊爲秋社。如戊日立春立秋。則不算也。一云。春分日時在午時以前。用六戊。在午時以後。用五戊。國朝乃以五戊爲定法。

魏泰東軒筆録六。京師春秋社祭。多差兩制攝事。

陳元靚歲時廣記十四。引歲時雜記。社日人家旋作皺餅。佐以生菜韮豚肉。

〔二〕**社酒**

彭乘墨客揮犀十。楊某尚書以耳聾致政。居鄠縣别業。同里有高氏者。貲頗厚。有二子。小名大馬小馬者。業明經。屢上謁楊。以里閈之故。雖庸下。常待以温顏。一日里中社。小馬擕酒一榼。就楊公曰。此社酒。善治聾。願得侍盃杓之餘瀝。楊瞑目良久。呼小僕取箋。書絶句與之曰。十數年來聾耳聵。可將社酒便能醫。一心更願清盲了。免見豪家小馬兒。

中秋

中秋〔一〕節前。諸店皆賣新酒。重新結絡門面綵樓。花頭畫竿。醉仙錦旆。市人争飲。至午未間。家家無酒。拽下望子。是時螯蟹新出。石榴、榅勃、梨、棗、栗、孛萄、弄色棖橘。皆新上市。中秋夜。貴家結飾臺榭。民間争占酒樓翫月。絲篁鼎沸。近内庭居民。夜深遥聞笙竽之聲。宛若雲外。閭里兒童。連宵嬉戲。夜市駢闐。至於通曉。

〔一〕**中秋**

潘永因宋稗類鈔一。王岐公在翰林時。中秋有月。上問當直學士是誰。左右以姓名對。命小殿對設二位。召來賜酒。俄頃宣至。公奏故事無君臣對坐之禮。乞正其席。上云。月色清美。與其醉聲色。何如與學士論文。若要正席。則外庭賜宴。正欲略去苛禮於懷飲酒。公固請不許。再拜就坐。

重陽

九月重陽。〔一〕都下賞菊有數種。其黄白色蘂若蓮房曰萬齡菊。〔二〕粉紅色曰桃花菊。〔三〕白而檀心曰木香菊。〔四〕黄色而圓者曰金鈴菊。〔五〕純白而大者曰喜容菊。〔六〕無處無之。酒家皆以菊花縛成洞户。都人多出郊外登高。〔七〕如倉王廟。四里橋。愁臺。梁王城。硯臺。毛駝岡。獨樂岡等處宴聚。前一二日。各以粉麪蒸餻遺送。上插剪綵小旗。摻飣果實。如石榴子。栗子黄。銀杏。松子肉之類。又以粉作獅子蠻王之狀。置於糕上。謂之獅蠻。諸禪寺各有齋會。惟開寶寺。仁王寺有獅子會。諸僧皆坐獅子上。作法事講説。遊人最盛。下旬即賣冥衣。靴鞋。席帽。衣段。以十月朔日燒獻故也。

〔一〕**重陽**

陳元靚歲時廣記三十四。引皇朝歲時記。重九日。賜臣下糕酒。大率如社日。但插以菊花。

陳元靚歲時廣記三十四。引歲時雜記。重九日天欲明時。以片糕搭小兒頭上乳保祝禱云。百事皆高。

〔二〕**萬齡菊**

説郛七十劉蒙菊譜。金萬鈴未詳所出。開以九月末。深黄。千葉菊以黄爲正。而鈴以金爲質。是菊正黄色而葉有鐸形。則于名實兩無愧也。菊有花密枝褊者。人間謂之鞍子菊。實與此花一種。特以地脈微盛使之然爾。又有大萬鈴。大金鈴。蜂鈴之類。或形色不正。比之此花。特爲竊有其名也。

〔三〕**桃花菊**

說郛七十劉蒙菊譜。桃花粉紅。單葉中有黃蕊。其色正類桃花。俗以此名。蓋以言其色耳。花之形度雖不甚佳。而開於諸菊未有之前。故人視此菊如木中之梅焉。枝葉最繁密。或有無花者。則一葉之大踰數寸也。

〔四〕**木香菊**

說郛七十劉蒙菊譜。玉毬出陳州。開以九月末。多葉白花。近蕊微有紅色。花外大葉有雙紋。瑩白齊長。而蕊中小葉如剪茸。初開時有青殼。久而退去。盛開後小葉舒展。皆與花外長葉相次倒垂。以玉毬目之者。以有圓聚之形也。枝幹不甚粗。葉尖長無刓闕。枝葉皆有浮毛。頗與諸菊異。然顏色標致。固自不凡。近年以來。方有此本。好事者競求致一二本之直。比于常菊蓋十倍焉。　按劉史兩譜俱無木香菊。譜以木香與酴醾並列。故疑玉毬即是木香。

〔五〕**金鈴菊**

說郛七十劉蒙菊譜。大金鈴未詳所出。開以九月末。深黃。有鈴者皆如鐸鈴之形。而此花之中實皆五出。細花下有大葉承之。每葉上有雙紋。枝與常菊相似。葉大而疎。一枝不過十餘葉。俗名大金鈴。蓋以花形似秋萬鈴耳。

〔六〕**喜容菊**

說郛七十劉蒙菊譜。御愛出京師。開以九月末。一名笑靨。一名喜容。淡黃千葉。葉有雙紋齊短而闊。葉端皆有兩闕。內外鱗次。亦有瓌異之形。但恨枝幹差粗。不得與都勝争先耳。葉比諸菊最小而青。每葉不過如指面大。或云出禁中。因此行名。

〔七〕**登高**

陳元靚歲時廣記三十四。引續齋諧記曰。汝南桓景。　隨費長房遊學累年。長房因謂景曰。九月九日汝家當有災厄。宜急去。令家人各作絳囊。盛茱萸以繫臂。登高飲菊酒。禍乃可消。景如其言。舉家登山。夕還。見雞犬牛羊一時暴死。長房聞之曰。此可代之矣。今世人九日登高飲酒。婦人帶茱萸囊因此也。

陳元靚歲時廣記三十四。引歲時雜記。都城人家婦女。剪綵繒爲茱萸菊。木芙蓉花。以相送遺。

幽蘭居士東京夢華録卷之九

十月一日

十月一日。宰臣已下受衣著錦襖〔一〕三日。今五日。士庶皆出城饗墳。禁中車馬出道者院。及西京朝陵。宗室車馬亦如寒食節。有司進煖爐炭。民間皆置酒作煖爐〔二〕會也。

〔一〕**宰臣已下受衣著錦襖**

王闢之澠水燕談録五。升朝官每歲誕辰端午初冬賜時服。止于單袍。太祖訝方冬猶賜單衣。命易以夾服。自是士大夫公服冬則用夾。

〔二〕**煖爐**

陳元靚歲時廣記三十七。引皇朝歲時雜記。朝堂諸位自十月朔設火。每起居退賜茶酒。盡正月終。每遇大寒陰雪。就漏舍賜酒肉。

金盈之醉翁談録四。舊俗十月朔開鑪向火。乃沃酒及炙臠肉於鑪中。圍坐飲啗。謂之煖鑪。至今民家送親黨薪炭酒肉縑緜。新嫁女并送火鑪。

天寧節

初十日天寧節。〔一〕前一月教坊集諸妓閱樂。初八日樞密院率修武郎以上。初十日尚書省宰執率宣教郎以上。並詣相國寺罷散祝聖齋筵。次赴尚書省都廳賜宴。

〔一〕**天寧節**

王明清揮麈前録一。本朝太祖二月十六日生爲長春節。太宗十月七日生爲乾明節。後改爲壽寧節。真宗十二月二日生爲承天節。仁宗四月十四日生爲乾元節。英宗正月三日生爲壽聖節。神宗四月十日生爲同天節。哲宗十二月七日生避僖祖忌辰。以次日爲興龍節。徽宗十月十日生爲天寧節。欽宗四月十三日生爲乾龍節。

宰執親王宗室百官入内上壽

十二日。宰執親王宗室百官入内上壽大起居。〔一〕搢笏舞蹈。樂未作。集英殿〔二〕山樓上教坊樂人。効〔案〕効應作效。百禽鳴。内外肅然。止聞半空和鳴。若鸞鳳翔集。百官以下謝坐訖。宰執禁從親王宗室觀察使已上。并大遼。高麗。夏國使副。坐於殿上。諸卿少百官諸國中節使人坐兩廊。軍校以下排在山樓之後。皆以紅面青墩黑漆矮偏釘。〔案〕釘疑誤。每分列環餅油餅棗塔爲看盤。次列果子。惟大遼加之猪羊雞鵝兔連骨熟肉爲看盤。皆以小繩束之。又生葱韭蒜醋各一堞。〔案〕堞應作楪。三五人共列漿水一桶。立杓數枚。教坊色長二人。在殿上欄干邊。皆諢裹寬紫袍金帶義襴看盞。斟御酒看盞者舉其袖。唱引曰。綏御酒。〔三〕聲絶。拂雙袖於欄干而止。宰臣酒。則曰綏酒如前。教坊樂部。〔四〕列於山樓下綵棚中。皆裹長脚幞頭。隨逐部服紫緋緑三色寬衫黃義襴。鍍金凹面腰帶。前列柏板〔五〕十串一行。次一色畫面琵琶〔六〕五十面。次列箜篌〔七〕兩座。箜篌高三尺許。形如半邊木梳。黑漆鏤花金裝畫。下有臺座。張二十五絃。一人跪而交手擘之。以次高架大鼓〔八〕二面。綵畫花地金龍。擊鼓人背結寬袖。別套黃窄袖。垂結帶。金裹鼓棒。兩手高舉互擊。宛若流星。後有羯鼓〔九〕兩座。如尋常番鼓子。置之小卓子上。兩手皆執杖擊之。杖鼓應焉。次列鐵石方響。〔一〇〕明金彩畫架子。雙垂流蘇。〔一一〕次列簫。〔一二〕笙。〔一三〕塤。〔一四〕箎。〔一五〕觱篥。〔一六〕龍笛。〔一七〕之類。兩旁對列杖鼓〔一八〕二百面。皆長脚幞頭。紫繡抹額。背繫紫寬衫。黃窄袖。結帶。黃義襴。諸雜劇色皆諢裹。各服本色紫緋緑寬衫義襴鍍金帶。自殿陛對立。直至樂棚。每遇舞者入場。則排立者叉手。舉左右肩。動足應拍。一齊羣舞。謂之挼曲子。挼字仍回反。

第一盞御酒。歌板色一名。唱中腔一遍訖。先笙與簫笛各一管和。又一遍。衆樂齊舉。獨聞歌者之聲。宰臣酒。樂部起傾盃。百官酒。三臺舞〔一九〕旋。多是雷中慶。其餘樂人舞者諢裹寬衫。唯中慶有官。故展裹。舞曲破攧前一遍。舞者入場。至歇拍。續一人入場。對舞數拍。前舞者退。獨後舞者終其曲。謂之舞末。

第二盞御酒。歌板色唱如前。宰臣酒。慢曲子。百官酒。三臺舞如前。

第三盞。左右軍百戲入場。一時呈拽。所謂左右軍。乃京師坊市兩廂也。非諸軍之軍。百戲乃上竿。跳索。倒立。折腰。弄盌注。踢瓶。筋斗。擎戴之類。即不用獅豹大旗神鬼也。藝人或男或女。皆紅巾綵服。殿前自有石鐫柱窠。百戲入場。旋立其戲竿。凡御宴至第三盞。方有下酒肉。鹹豉。爆肉。雙下駝峰角子。

第四盞。如上儀。舞畢。發譚子。〔三〇〕〔案〕發譚子。譚。應從夢粱録作諢。參軍色執竹竿拂子。念致語口號。〔三一〕諸雜劇色打和。再作語。勾合大曲舞。下酒榼。劖子骨頭。索粉。白肉胡餅。

第五盞御酒。獨彈琵琶。宰臣酒。獨打方響。凡獨奏樂。並樂人謝恩訖。上殿奏之。百官酒。樂部起三臺舞如前畢。參軍色執竹竿子作語。勾小兒隊舞。小兒各選年十二三者二百餘人。列四行。每行隊頭一名。四人簇擁。並小隱士帽。著緋緑紫青生色花衫。上領四契。義襴束帶。各執花枝排定。先有四人裹卷脚幞頭紫衫者。擎一綵殿子内金貼字牌。擂鼓而進。謂之隊名。牌上有一聯。謂如九韶翔綵鳳。八佾舞青鸞之句。樂部舉樂。小兒舞步進前。直叩殿陛。參軍色作語問。小兒班首近前進口號。雜劇人皆打和畢。樂作羣舞合唱。且舞且唱。又唱破子畢。小兒班首入進致語。勾雜劇入場。一場兩段。是時教坊雜劇色鼈膨。劉喬。侯伯朝。孟景初。王顔喜而下。皆使副也。内殿雜戲。爲有使人預宴。不敢深作諧謔。惟用羣隊裝其似像市語謂之拽串。雜戲畢。參軍色作語。放小兒隊。又羣舞應天長曲子出場。下酒羣仙劖。天花餅。太平畢羅。乾飯。縷肉羹。蓮花肉餅。駕興歇座。百官退出殿門幕次。須臾追班起居再坐。

第六盞御酒。笙起慢曲子。宰臣酒。慢曲子。百官酒。三臺舞。左右軍築毬〔三二〕殿前旋立毬門。〔三三〕約高三丈許。雜綵結絡。留門一尺許。左軍毬頭蘇述長脚幞頭紅錦襖。餘皆卷脚幞頭。亦紅錦襖十餘人。右軍毬頭孟宣并十餘人。皆青錦衣。樂部哨笛杖鼓斷送。左軍先以毬團轉衆小築數遭。有一對次毬頭小築數下。待其端正。即供毬與毬頭。打大膁過毬門。右軍承得毬。復團轉衆小築數遭。次毬頭亦依前供毬與毬頭。以大膁打過。或有即便復過者勝。勝者賜以銀盌錦綵。拜舞謝恩。以賜錦共披而拜也。不勝者毬頭喫鞭。仍加抹搶。下酒假黿魚。密〔案〕密應作蜜。浮酥捺花。

第七盞御酒。慢曲子。宰臣酒。皆慢曲子。百官酒。三臺舞訖。參軍色作語。勾女童隊入場。女童皆選兩軍妙齡容艷過人者四百餘人。或戴花冠。或仙人髻。鵶〔案〕鵶應作鴉。霞之服。或卷曲花脚幞頭。四契〔三四〕紅黄生色銷金錦繡之衣。結束不常。莫不一時新粧。曲盡其妙。杖子頭四人。皆裹曲脚向後指天幞頭簪花。紅黄寬袖衫義襴。執銀裹頭杖子。皆都城角者。當時乃陳奴哥。俎姐哥。李伴奴。雙奴。餘不足數。亦每名四人簇擁。多作仙童丫髻仙裳。執花舞步。進前成列。或舞採蓮。則殿前皆列蓮花。檻曲亦進隊名。參軍色作語問隊。杖子頭者進口號。且舞且唱。樂部斷送採蓮訖曲終。復羣舞唱中腔畢。女童進致語。勾雜戲入場。亦一場兩段訖。參軍色作語。放女童隊。又羣唱曲子。舞步出場。比之小兒。節次增多矣。下酒排炊羊。胡餅。炙金腸。

第八盞御酒。歌板色一名唱踏歌。宰臣酒。慢曲子。百官酒。三臺舞合曲破舞旋。下酒假沙魚。獨下饅頭。肚羹。

第九盞御酒。慢曲子。宰臣酒。慢曲子。百官酒。三臺舞。曲如前。左右軍相撲。下酒水飯。簇飣下飯。駕興。

御筵酒盞。皆屈卮如菜盌様。而有手把子。殿上純金。廊下純銀。食器金銀鋟漆盌楪〔案楪本作楪〕也。宴退。臣僚皆簪花歸私第。呵引從人皆簪花並破官錢。諸女童隊出右掖門。少年豪俊争以寶貝供送飲食酒果迎接。各乘駿騎而歸。或花冠。或作男子結束。自御街馳驟。競逞華麗。觀者如堵。省宴亦如此。

〔一〕**大起居**

陳世崇隨隱漫録一。紫宸殿上壽。三十三拜。三舞蹈。初面西立。閤門進班齊牌。上升座鳴鞭。侍衛起居。移班北面。躬身聽贊兩拜起。直身搢笏。三舞蹈。跪左膝。三叩頭。出笏就一拜。又兩拜躬身俟班首奏聖躬萬福。再聽贊拜兩拜。移班如初。殿中監升殿詣酒尊所。教坊起居。殿侍進御茶牀。又北面躬身聽贊拜兩拜。直身立。上公升殿注酒詣御座前躬進。俛伏致詞。並躬身俟上公降階復位。聽贊拜兩拜起躬身。俟樞密宣答。聽贊拜兩拜。移班如初。上公升殿立御座東。樂作上飲畢。上公受盞。降階復位。北面躬身聽贊拜兩拜。舞蹈如初。不該赴座官先退。赴座官躬身聽樞密詣折檻東宣答訖。聽贊拜兩拜升階立席後。俟進酒。樂作上飲畢。舍人贊各賜酒。躬身聽贊拜兩拜起。贊各就座。立如故。復贊乃坐。酒行。先上公。次百官。搢笏執盞立席後。躬身飲訖。聽贊拜兩拜。復坐食。至搢笏執楪。出笏再進酒如上。禮三行。舍人曰可起立席後。俟上公御座前俛伏跪奏復位。降階北面。聽贊拜兩拜。舞蹈如初。鳴鞭捲班。凡正旦朝賀一十九拜。三舞蹈。初面西立。上升座。閤門起居。班首以下躬身北面。俟舍人宣名訖。聽贊拜兩拜。舞蹈如前禮。躬身俟班首奏聖躬萬福。聽贊拜兩拜起直身立。竢樞密升殿。班首出班俛伏致詞。並躬身竢班首復位。聽贊拜兩拜舞蹈如初。起。躬身竢樞密承旨詣折檻東。稱有制。兩拜起。躬身竢樞密宣答訖。聽贊拜兩拜。舞蹈如初。凡冬至朝賀一十二拜。一舞蹈。初百官面西立儀仗以下。起居知閤次之。次讀奏。自舍人宣班首以下起居稱賀。北面躬身聽贊拜兩拜起。舞蹈如初起。躬身竢班首奏聖躬萬福。聽贊拜兩拜起。直身立。竢樞密升殿。班首致詞宣答如正旦禮。凡朔望起居九拜。一舞蹈。初讀奏。自知閤御帶行門以下常起居。殿中侍御史大起居七拜。百官躬身聽舍人宣班首名。北面聽贊拜兩拜。舞蹈如初。不候贊兩拜。班首不離位。奏聖躬萬福。躬身聽贊拜兩拜起。躬身聽贊。各祗候捲班。凡上殿輪對。初面西立。舍人引北面。躬身聽贊拜聲絶兩拜起。躬身聽贊祗候直身立。引稍前兩步。再躬身聽贊拜兩拜起。躬身聽贊祗候面西立。竢三省奏事退。引升殿。立東南角。舍人前奏銜位姓名上殿。因依引赴御座左。側身立。搢笏當殿。未出笏入手。及横執劄子爲失儀。如有宣諭。即口奏云。臣官不該殿上拜。容臣奏事畢。下殿謝恩。奏事畢。依舊路下殿。北面不候贊兩拜隨班。凡謝恩初面西立。舍人奏姓名。引北面。贊拜兩拜。出殿致詞歸位。贊兩拜舞蹈。聽贊祗候退。凡朝辭面西立。舍人奏姓名引北面。贊兩拜不出班。奏聖躬萬福。又贊兩拜出班致詞復位。又贊兩拜。贊好去。如有賜物。宣有敕。即搢笏舞蹈三拜。凡賜茶引北面。躬身奏聖躬萬福。贊兩拜。贊就坐。升殿立席後。再贊乃坐。茶至搢笏出笏降階。贊兩拜。贊祗候退。

蔡絛鐵圍山叢談二。國朝故事。天子誕節。宰臣率文武百僚班紫宸殿下。拜舞稱慶。宰相獨登殿捧觴上天子萬壽。禮畢。賜百官茶湯罷。於是天子還內。則宰臣夫人在內亦率執政夫人班福寧殿下。拜而稱賀。宰臣夫人獨登殿捧觴上天子萬壽。仍以紅羅銷金鬚帕。繫天子臂。退復再拜。遂燕坐於殿廊之左。此儒臣之至榮。

蔡絛鐵圍山叢談一。唐制。北門學士在內朝樞密使班。遇天子壽節。學士待制自從樞密院。先啓建道場。罷散花宴。及壽節日。則宰臣預命直省官具帖子。請學士待制赴尚書省錫宴齋筵。故中外文武百寮。罔有不隸尚書省班屬御史臺者。獨學士待制不隸外省班。自屬閤門。號稱內朝官。又曰西班官。則儒者清貴。其爲世之榮如此。

〔二〕集英殿

龐元英文昌雜録三。十八日集英殿大宴。酒九行。初有司預於殿庭。設山樓排場。爲羣仙隊仗。六蕃進貢九龍五鳳之狀。設雞鳴樓於其側。殿上陳繡帟。垂香毬。設銀香獸於檻內。布以文茵。設御茶酒器於殿東北楹間。羣官骨頭索粉白肉餬餅。羣仙㑹天花餅。太平畢羅乾飰。縷肉羹、糖油餅。再坐假圓魚、蜜浮斯柰花、肉鮓、排炊羊炙、金腸餃子、饅頭、肚羹、水飰下、教坊已下。凡支賜絹二千四百餘疋。綵百疋。錢七白七十餘貫。錦一端。銀椀三十五口。春秋常例也。

〔三〕**綴御酒**

程大昌演繁露十一。乾道丙戌。內燕既酌酒已。樂師自殿上折檻間抗聲索樂。不言何曲。但云臛酒。 所謂三臺者。衆樂未作。樂部首一人。舉板連拍三聲。然後管色以次振作。卽三臺度曲也。 案李匡義資暇集下。三臺今之臛酒。臛合作啐。啐馳送酒聲。音碎。今訛以平聲。促樂是也。故且作臛字。貴淺近易識爾。至宋又訛作綴。本無正字。叶聲而已。

〔四〕**教坊樂部**

馬端臨文獻通考一四六樂考一九。宋朝循舊制。教坊凡四部。其後平荆南得樂工三十二人。平西川得一百三十九人。平江南得一十六人。平太原得一十九人。餘藩臣所貢者八十三人。又太宗藩邸有七十一人。由是四方執藝之精者。皆在籍中。每春秋聖節三大宴。其第一皇帝升座。宰相進酒。庭中吹觱篥以衆樂和之。賜羣臣酒。皆就坐。宰相飲。作傾杯樂。百官飲。作三臺。第二皇帝再舉酒。羣臣立於席後。樂以歌起。第三皇帝舉酒如第二之制。以次進食。第四百戲皆作。第五皇帝舉酒如第二之制。第六樂工致辭。繼以詩一。謂之口號。皆述德美及中外蹈詠之情。初致辭羣臣皆起。聽辭畢再拜。第七合奏大曲。第八合奏皇帝舉酒殿上。獨彈琵琶。第九小兒隊舞。亦致辭以述德美。第十雜劇罷。皇帝起更衣。第十一皇帝再坐舉酒殿上。獨吹笙。第十二。楚蹴鞠。第十三皇帝舉酒殿上。獨彈箏。第十四女弟子隊舞。亦致辭如小兒隊。第十五雜劇。第十六皇帝舉酒如第二之制。第十七奏鼓笛曲。或用龜兹。第十八皇帝舉酒如第二之制。食罷。第十九角觝。宴畢。其御則酺大宴。崇德殿宴契丹使。惟無後場雜劇及女弟子舞隊。臺南設燈山。每上元觀燈。樓前設露臺。臺上奏教坊樂。樂舞小兒隊。臺南設燈山。燈山前陳百戲山棚。上用散樂舞女弟子。餘曲宴賞花。習射觀稼。凡所遊幸。但奏樂行酒雜劇。慶節上壽。及將相入辭賜酒。則止奏樂。所奏凡十八調四十大曲。一曰正宮調。其曲三。曰梁州、瀛府、齊天樂。二曰中呂調。其曲二。曰萬年歡劍器。三曰道調宮。其曲三。曰梁州、薄媚、大勝樂。四曰南呂宮。其曲二。曰瀛府、薄媚。五曰仙呂宮。其曲三。曰梁州、保金枝、延壽樂。六曰黄鍾宮。其曲三。曰梁州、中和樂、劍器。七曰越調。其曲二。曰伊州、石州。八曰大石調。其曲二。曰清平樂、大明樂。九曰雙調。其曲三。曰降聖樂、新水、採蓮。十曰小石調。其曲二。曰胡渭州、嘉慶樂。十一曰歇指調、其曲三。曰伊州。君臣相遇樂、慶雲樂。十二曰林鍾商。其曲三。曰賀皇恩、汎清波、胡渭州。十三曰中呂調。其曲二。曰六么、道人歡。十四曰南呂調。其曲二。曰六么、罷金鉦。十五曰仙呂調。其曲二。曰六么、彩雲歸。十六曰黄鍾羽。其曲一。曰千春樂。十七曰般涉調。其曲二。曰長壽仙、滿宮春。十八曰正平調。無大曲、小曲無定數。不用者有十調。一曰高宮。二曰高大石。三曰高般涉。四曰越角。五曰大石角。六曰高大石角。七曰雙調角。八曰小石角。九曰歇指角。十曰林鍾角。樂用琵琶。箜篌。五弦。笙。箏。觱篥。笛。方響。羯鼓。杖鼓。大鼓。拍板。法曲部其曲二。一曰道宮調望瀛。二曰小石調獻仙音。樂用琵琶。箜篌。五弦。笙。觱篥。笛。方響。拍板。龜茲曲部其曲皆雙調。一曰宇宙清。二曰感皇恩。樂用觱篥。笛。羯鼓。腰鼓。楷鼓。雞婁鼓。鼗鼓。拍板。鼓笛部。樂用三色笛。杖鼓。拍板。隊舞之制。其名各十。小兒隊凡七十二人。一曰柘枝隊。衣五色繡羅寬袍。戴胡帽。繫銀帶。二曰劍器隊。衣五色繡羅襦。裹交脚幞頭。紅羅繡抹額。器仗。三曰婆羅門隊。衣紫羅僧衣。緋掛子。執錫鐶拄杖。四曰醉胡騰隊。衣紅錦襦。繫鞊鞢。戴氈帽。五曰諢臣萬歲樂隊。衣紫緋緑羅寬衫。諢裹簇花幞頭。六曰兒童感聖樂隊。衣青羅生色衫。繫勒帛。總兩角。七曰玉兔渾脱隊。衣四色繡羅襦。繫銀帶。冠玉兔冠。八曰異域朝天隊。錦襦。繫銀束帶。冠番冠。執寶盤。九曰兒童解紅隊。衣紫緋繡襦。繫銀帶。冠花砌鳳冠。帶綬帶。十曰射鵰迴鶻隊。衣盤鵰錦襦。繫銀鞊鞢。射鵰盤。女弟子隊凡一百五十三人。一曰菩薩蠻隊。衣生緋生色穿窄砌衣。冠卷雲冠。二曰感化樂隊。衣青羅生色通衣。背梳髻。繫綬帶。三曰拋毬樂隊。衣四色繡羅寬衫。繫銀帶。捧繡毬。四曰佳人翦牡丹隊。衣紅生色砌衣。戴金鳳冠。翦牡丹花。五曰拂霓裳隊。衣紅仙砌衣。碧霞帔。戴仙冠。繫抹額。六曰採蓮隊。衣紅羅生色綽子。繫暈裙。戴雲鬟髻。乘綵船。執蓮花。七曰鳳迎樂隊。衣仙砌衣。戴雲鬟鳳髻。八曰菩薩獻香花隊。衣生色窄砌衣。戴寶冠。執香花盤。九曰彩雲仙隊。衣黄生色道衣。紫霞帔。冠仙冠。執幢節鶴扇。十曰打毬樂隊。衣四色窄繡羅襦。繫銀帶。裹順風脚簇花幞頭。執毬仗。大抵若此。而從宜變易。建隆中。教坊都知李德昇作長春樂曲。明年。教坊高班都知郭延。又作紫雲長壽樂。鼓笛以奏御焉。 案通考本陳氏樂書。言小兒隊七十二人。女童隊一百五十三人。此種規定。豈容隨時更變。此録乃言小兒隊二百餘人。女童隊四百餘人。顯是傳聞之訛。至通考盞酒之數。與此録異。則儀文增減。原無一定。所謂從宜變易也。翁同龢日記。記大宴及食肉禮節。每次不同。昔見清代御茶膳房禮節。自道光迄同治。筵宴之儀。歲歲修改。率由繁瑣。歸于簡易。蓋天子不耐久坐也。以今例古。毋乃相同。

〔五〕**拍板**

文獻通考一百三十九樂考十二。拍版長闊如手。重大者九版。小者六版。以韋編之。胡部以爲樂節。蓋以代抃也。唐人或用之爲樂句。明皇嘗令黄幡綽撰譜。幡綽乃畫一耳進之。明皇問其故。對曰。但能聰聽。則無失節奏。可謂善諷諫矣。宋朝教坊所用六版。長寸。上鋭薄而下圓厚。以檀若桑木爲之。豈亦柷敔之變體歟。

〔六〕**琵琶**

文獻通考一百三十七樂考十。唐樂有大小琵琶之制。今教坊所用。乃其曲頸者。非直頸也。梁史稱侯景之亂。使大樂令彭雋賫曲頸琵琶。就簡文帝飲。則南朝無是制明矣。

〔七〕**箜篌**

高承事物紀原二。箜篌。釋名曰。師涓所作。靡靡之樂也。蓋空國之侯所好之。晉應劭曰。漢武令侯調始造此器。史記封禪書漢武禱祠太一后土。始用樂作空侯。杜佑曰。或云侯暉。其聲坎坎應節。故曰坎侯。訛爲空侯。侯者。因樂人姓耳。謂師延作。非也。風俗通曰。漢武令樂人侯調。依琴作坎侯。宋臨川守劉義慶空侯賦曰。侯牽化而始造。通典説其形似瑟而小。用撥彈之。非今器也。又有云。空侯胡樂也。漢靈帝好之。體曲而長。二十三絃。抱于懷中。兩手齊奏之。謂之擘。正今物也。續漢書曰。靈帝胡服作胡空侯。隋音樂志曰。立箜篌出自西域。非華夏舊器也。

〔八〕**大鼓**

文獻通考一百三十六樂考九。教坊鼓。其制如大鼓。蟠龍匝鞚。有架有趺。今教坊所用鼓制如此。

〔九〕**羯鼓**

高承事物紀原二引羯鼓録曰。以戎羯之鼓。故曰羯鼓。唐禮樂志曰。蓋本戎羯之樂。其音太簇一均。明皇帝稱八音之領袖。諸不可方也。通典曰。以出羯中。故號羯。

〔一〇〕**方響**

葉夢得石林避暑録話三。本朝大樂循用王朴舊律。大抵失于太高。其聲噍殺而哀甚。太祖時。和峴既下一律。景祐中。李照校古製。以爲高五格。又請下其三。樂成反低。人不以爲然。廢不用。皇祐初。阮逸、胡瑗再定。比和峴止下一律。議者亦不以爲善也。燕樂例亦高。歌者每苦其難繼。而未有知之者。熙寧末。教坊副使苑日新始獻言。謂方響尤甚。與絲竹不協。乃使更造方響以準諸音。于是第降一律。訖後用之至崇寧云。

文獻通考一百三十四樂考七。方響後世或以鐵爲之。教坊燕樂用焉非古制也。非可施之公庭。用之民間可也。

〔一一〕**流蘇**

龐元英文昌雜録五。流蘇五采毛雜而垂之。摯虞決疑要注曰。凡下垂爲蘇。張衡東京賦。飛流蘇之騷殺。其注云。騷殺垂貌。蓋流蘇騷殺皆下垂也。

〔一二〕**簫**

文獻通考一百三十八樂考十一。今教坊所用。長五六寸。十六管有底。而四管不用。非古人制作之意也。

〔一三〕**笙**

文獻通考一百三十八樂考十一。宋朝大樂所傳之笙。並十七簧。外設二管。不定置。謂之義管。每變均易調。則更用之。世俗之樂。非先王之制也。

〔一四〕**塤**

文獻通考一百三十五樂考八。今大樂舊塤七孔。上下皆圓而髹之。以應七音而已。非先王雅樂之制也。

〔一五〕**篪**

文獻通考一百三十八樂考十一。陳氏樂書曰。篪之爲器。有底之笛也。暴辛公善之。非其所作者也。大者尺有四寸。陰數也。其圍三寸。陽數也。小者尺有二。

〔一六〕**觱篥**

高承事物紀原二。引令孤撰樂要曰。篳篥出于胡中。或云龜茲國也。徐景山云。本胡人牧馬。截骨爲筒。用蘆貫吹之。以驚羣鳥。因而爲竅。以成音律。今胡部在管音前。故世亦云頭管。

〔一七〕**龍笛**

文獻通考一百三十八樂考十一。横吹自北國。梁横吹曲曰。下馬吹笛是也。今教坊用横八孔鼓吹。世俗號爲龍頸笛。

〔一八〕**杖鼓**

沈括夢溪筆談五。唐之杖鼓。本謂之兩杖鼓。兩頭皆用杖。今之杖鼓。一頭以手拊之。則唐之漢震第二鼓也。明帝宋開府皆善此鼓。其曲多獨奏。如鼓笛曲是也。今時杖鼓。常時只是打拍。鮮有專門獨奏之妙。

〔一九〕**三臺舞**

趙彦衛雲麓漫鈔一二。古之禮樂。於野人尚有可髣髴者。今之響鐵即編鍾。今之舞蠻牌即古武舞。舞三臺與調笑即古文舞。蓋古舞皆有行綴。自胡舞入中國。大曲柘枝之類是也。古舞亡矣。今反以三臺爲簡淡。古以鍾鼓爲樂。凡樂先擊鍾。繼之鼓。孟子曰。百姓聞鍾鼓之聲。今但用鼓。是以杖鼓易編鍾矣。鍾聲和緩。鼓聲急逼。磬則人皆不識。蓋釋氏擊銅鉢。號曰磬。嘗見碑本宣尼十哲。有持鉢者。是誤認爲磬也。

高承事物紀原二。三臺三十拍曲名也。劉公嘉話録曰。三臺送酒。蓋因北齊文宣毁銅雀臺。別築二箇臺。宮人拍手呼上臺。因以送酒。李氏資暇曰。昔鄴中有三臺。石季龍遊宴之所。樂工造此曲促飲也。又一說。蔡邕自御史累遷尚書。三日之間歷三臺。樂府以邕曉音律。製此曲以悦之。未知孰是。

〔三〇〕發譚子

案發譚子據夢粱録三宰執親王南班百官入内上壽賜宴條云。教樂所樂人以龍笛腰鼓發諢子。參軍色執行竿拂子奏俳語口號。諢者打諢。即調笑也。譚蓋諢之誤字。

〔三一〕念致語口號

蘇軾東坡樂語　教坊致語　臣聞天所眷命。生而神靈。惟三代受命之符。萃于兹日。實萬世無疆之福。延及我民。候南極之祥輝。交北鄰之瑞節。同趍鎬燕。争頌堯封。恭惟皇帝陛下。稽古温文。乘乾剛粹。體生知而猶學。藏妙用於何言。故得六聖承休。三靈眷佑。德隆星晷。齊六符而泰階平。河行地中。錫九疇而彝倫正。屬誕彌之令旦。履長發之嘉祥。風設九賓於廷。遍舞六代之樂。日無私於臨照。葵藿自傾。天有信於發生。勾萌必達。臣等歷塵法部。獲造彤墀。下採民言。得三萬里之謡頌。登歌壽斝。以八千歲爲春秋。不度無音。敢進口號。　口號　風卷雲舒合兩班。曈曈瑞日映天顔。觀書已獲千秋鏡。積德長爲萬歲山。臘雪未消三務起。任人不用五兵閑。相逢父老争相賀。御笑華胥是夢間。　勾合曲　笙磬同音。考中聲於神鼓。鳥獸率舞。浹和氣於敷天。上奉宸歡。教坊合曲。　勾小兒隊　衆技旅庭振。歡聲於無外。游童頌聖陶。至化於自然。上奉皇威。教坊小兒入隊。　隊名　壤歌皆白髮。象舞及青衿。樂隊。　問小兒隊　跳踉廣陌。初疑竹馬之遊。合散彤墀。忽變驚鴻之狀。欲知來意。宜悉敷陳。　小兒致語　臣聞流虹啓聖。非人力所致之符。湛露均恩。與天下共享其樂。旁行海宇。外薄戎夷。咸欣載夙之辰。共獻無疆之祝。恭惟皇帝陛下。神武不殺。將聖多能。天生德於予。既稟徇齊之質。人樂告以善。輔成經緯之文。法慈儉於東朝。紬詩書於西學。載臨誕日。俛荅輿情。非爲靡曼之觀。庶備太平之福。臣等樂生齠齓。學樂父師。就列紛紜。雖無殊於鳥獸。赴音俛仰。亦少效於涓塵。未敢自專。伏候進止。

勾雜劇　樂且有儀。方君臣之相悦。張而不弛。豈文武之常行。欲佐歡聲。宜陳善謔。金絲徐韻。雜劇來歟。　放小兒隊　末技畢陳。下情無壅。既成文於綴兆。猶斂袂以回翔。再拜天堦。相將好去。　勾女童隊　飛步壽山。起香塵於羅襪。散花御路。泛回雪於錦茵。上奉宸顔。兩軍女童入隊。　隊名　生商來瑞見。浴佛降羣龍。樂隊。　問女童隊　玉座天臨。雖仙凡之有隔。翠鬟雲合。豈草木之無知。密邇天堦。悉陳來意。　女童致語　妾聞千里一曲。變澄瀾於濁河。萬歲三稱。隱歡聲於靈岳。天人並應。夷夏來同。雖云北里之微。敢獻華封之祝。恭惟皇帝陛下。睿文冠古。神智無方。同堯舜之性仁。而能濟衆。陋成康之刑措。猶待積年。共欣建丑之正。再覩興龍之會。桑田東海。傾壽斝而未乾。汗竹南山。書頌聲而無極。妾等幸緣賤藝。獲望載顔。振萬于庭。欲赴干旄之節。間歌以雅。庶諧笙磬之音。未敢自專。伏候進止。　勾雜劇　舞綴暫停。歌鐘少闋。必有應諧之妙。以資載笑之歡。上悦天顔。雜劇來歟。　放女童隊　振袂再成。曲盡回風之妙。分庭久立。漸移愛日之陰。再拜天堦。相將好去。

周密武林舊事一。進念致語等時和。伏以華樞紀節。瑶墀先五日之春。玉曆發祥。聖世啓千齡之運。歡騰薄海。慶溢大廷。恭惟皇帝陛下。睿哲如堯。儉勤邁禹。躬行德化。躋民壽域之中。治洽泰和。措世春臺之上。皇后殿下。道符坤順。位儷乾剛。宮闈資陰教之修。海宇仰母儀之正。有德者必壽。八十箇甲子環周。申命其用修。億萬載皇圖鞏固。臣等生逢華旦。叨預伶官。輒採聲詩。恭陳口號。上聖天生自有真。千齡寶運紀休辰。貫樞瑞彩昭璇象。滿室紅光裊翠麟。黄閣清夷瑶荚曉。未央閒暇玉卮春。箕疇五福咸敷斂。皇極躬持錫庶民。

〔三三〕左右軍築球

宋史一百二十一禮志七四。打毬本軍中戲。太宗令有司詳定其儀。三月會鞠大明殿。有司除地豎木。東西爲毬門。高丈餘。首刻金龍。下施石蓮華坐。加以采繢。左右分朋主之。以承旨二人守門。衛士二人持小紅旗唱籌。御龍官錦繡衣。持哥舒棒。周衛毬場。殿階下東西建日月旗。教坊設龜茲部鼓樂於兩廊。鼓各五。又於東西毬門旗下。各設鼓五。閤門豫定分朋狀取裁。親王、近臣、節度、觀察、防禦、團練使、刺史、駙馬都尉、諸司使副使、供奉官、殿直悉預。其兩朋官宗室節度以下服異色繡衣。左朋黃襴。右朋紫襴。打毬供奉官左朋服紫繡。右朋服緋繡。烏皮鞾。冠以華插脚折上巾。天廐院供馴習馬并鞍勒。帝乘馬出。教坊大合涼州曲。諸司使以下前導從臣奉迎。既御殿。羣臣謝宣召。以次上馬。馬皆結尾分朋。自兩廂入。序立於西廂。帝乘馬當庭西南駐。内侍發金合。出朱漆毬擲殿前。通事舍人奏云。御朋打東門。帝擊毬。教坊作樂奏鼓。毬既度。颭旗鳴鉦止鼓。帝回馬。從臣奉觴上壽貢物以賀。賜酒卽列拜。飲畢上馬。帝再擊之。始命諸王大臣馳馬爭擊。旗下擂鼓。將及門。逐厢急鼓。毬度。殺鼓三通。毬門兩旁置繡旗二十四。而設虛架於殿東西階下。每朋得籌。卽插一旗架上以識之。帝得籌。樂少止。從官呼萬歲。羣臣得籌。則唱好。得籌者下馬稱謝。凡三籌畢。乃御殿召從臣飲。又有步擊者。乘驢騾擊者。時令供奉者朋戲以爲樂云。

宋史一百四十八儀衛六。毬杖金塗銀裹。以供奉官騎執之。分左右前導。

高承事物紀原三。引宋朝會要曰。毬杖非古。蓋唐世尚之。以資玩樂。

吕祖謙紫薇雜記。賭新法條。熙寧神宗與二王禁中打毬子。上問二王欲賭何物。徐王曰。臣不賭别物。若贏時只告罷了新法。

彭百川太平治績統類十四。上嘗與二王擊球。戲賭玉帶。頵曰。若臣勝。不用玉帶。只乞罷青苗市易法。上不悦。案二王神宗母弟。吴王顥。嘉王頵。據此知打球有采。

〔二三〕**毬門**

陳元靚事林廣記戊集二。球門。

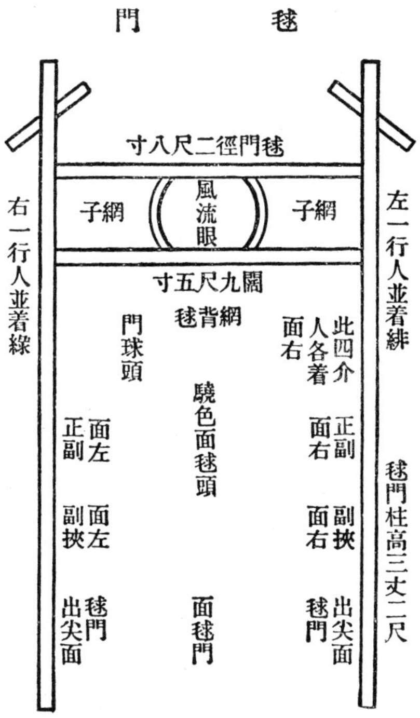

〔二四〕**四契** 案契即褉。又作衩。四契爲四開衩之衣。

立冬

是月立冬。前五日西御園進冬菜。京師地寒。冬月無蔬菜。上至宮禁。下及民間。一時收藏。以充一冬食用。於是車載馬駝。充塞道路。時物薑豉。㓨子。紅絲。末臟。鵝梨。榲桲。蛤蜊。螃蟹。

幽蘭居士東京夢華録卷之十

冬至

十一月冬至。〔一〕京師最重此節。雖至貧者。一年之間。積累假借。至此日更易新衣。備辦飲食。享祀先祖。官放關撲。慶賀往來。一如年節。

〔一〕冬至

趙與時賓退録九。冬至賀禮古無有也。其殆始於漢乎。漢雜事曰。冬至陽生。君道長故賀。沈約宋書曰。魏晉冬至日。受萬國及百寮稱賀。因小會。其儀亞於歲朝。北齊書庫狄伏連。冬至之日。親表稱賀。其妻減馬豆設豆餠。伏連大怒。蓋歷代行之。至今不廢。

陳元靚歲時廣記三十八。引歲時雜記。冬至既號亞歲。俗人遂以冬至前之夜爲冬除。大率多倣歲除故事而差略焉。提要録謂之二除夜。

陳元靚歲時廣記三十八。引皇朝歲時雜記。冬至天子受朝賀。俗謂之排冬仗。百官皆衣朝服如大禮祭祀。凡燕饗而朝服。唯冬至正會爲然。

大禮預教車象

遇大禮年。預於兩月前教車象。〔一〕〔案〕象卽象。下同。自宣德門至南薰門外。往來一遭。車五乘以代五輅輕重。每車上置旗二口。鼓一面。駕以四馬。挾車衞士。皆紫衫帽子。車前數人擊鞭。象七頭。前列朱旗數十面。銅鑼鼙鼓十數面。先擊鑼二下。鼓急應三下。執旗人紫衫帽子。每一象則一人裹交脚幞頭紫衫人跨其頸。手執短柄銅钁尖其刃。象有不馴擊之。象至宣德樓前。團轉行步數遭成列。使之面北而拜。亦能唱喏。諸戚里宗室貴族之家。勾呼就私第觀看。贈之銀綵無虚日。御街遊人嬉集。觀者如織。賣撲土木粉捏小象兒。並紙畫看人。攜歸以爲獻遺。

〔一〕**象**

蔡絛鐵圍山叢談六。世罕識龍象師。薛八丈黄門昂錢塘人也。始位左轄。其小君因出遊還。適過宣德端門。時郊禋祀近。有司日按象。自外旗鼓迎至闕下而馴習之。夫人偶過焉。適見而大駭。歸告其夫曰。異哉左丞。我儂今日過大内前。安有此大鼻驢耶。人傳以爲笑。

車駕宿大慶殿

冬至前三日。駕宿大慶殿。〔一〕殿庭廣闊。可容數萬人。盡列法駕〔二〕儀仗於庭。不能周徧。有兩摟〔案〕摟應作樓。對峙。謂之鍾鼓樓。上有大史局生。測驗刻漏。每時刻作鷄唱。鳴鼓一下。則一服緑者。執牙牌而奏之。每刻曰某時幾棒鼓。一時則曰某時正。宰執百官。皆服法服。其頭冠各有品從。宰執親王加貂蟬籠巾九梁。〔三〕從官七梁。餘六梁至二梁有差。臺諫增廌角也。所謂梁者。謂冠前額梁上排金銅葉也。皆絳袍皂緣。方心曲領。中單環佩。雲頭履鞋。隨官品執笏。餘執事人。皆介幘緋袍。亦有等差。惟閤門〔四〕御史臺。加方心曲領爾。入殿祇應人給黄方號。餘黄長號。緋方長號。各有所至去處。儀仗車輅謂信幡。龍旗。相風烏。〔五〕〔案〕相風烏。烏應作鳥。指南車。木輅。象輅。革輅。金輅。玉輅之類。自有三禮圖〔六〕可見。更不縷縷。排列殿門内外。及御街遠近。禁衛全裝。鐵騎數萬。圍繞大内。是夜内殿儀衛之外。又有裹錦緣小帽。錦絡縫寬衫兵士。各執銀裹頭黑漆杖子。謂之喝探兵士。十餘人作一隊。聚首而立。凡數十隊。各一名喝曰。是與不是。衆曰是。又曰是甚人。衆曰殿前都指揮使高俅。更互喝叫不停。或如鷄叫。又置警場於宣德門外。謂之武嚴兵士。畫鼓二百面。角稱之。其角皆以綵帛如小旗脚裝結其上。兵士皆小帽。黄繡抹額。黄繡寬衫。青窄襯衫。日晡時。三更時。各奏嚴也。每奏先鳴角。角罷。一軍校執一長軟藤條。上繫朱拂子。擂鼓者觀拂子。隨其高低。以鼓聲應其高下也。

〔一〕**大慶殿**

王明清揮麈後録一。建中靖國。徽宗初郊。亦見曾文肅奏事録。言之甚詳。在於當日爲一時之慶事。十一月戊寅。凌晨。導駕官立班大慶殿前。導步輦至宣德門外。升玉輅。登馬導至景靈宮。行禮畢。赴太廟。平旦雪意甚暴。既入太廟。即大雪。出巡仗至朱雀門。其勢未已。衛士皆沾濕。上顧語云。雪甚好。但不及時。及赴太廟。雪益甚。二鼓未已。上遣御藥黄經臣至二相所。傳宣問雪不止。來日若大風雪。何以出郊。布云今二十一日。郊禮尚在後日。無不晴之理。經臣云。只恐風雪難行。布云雪雖大。有司掃除道路。必無妨阻。但稍衝冒。無如之何。兼雪勢暴。必不久。況乘輿順動。理無不晴。若更大雪。亦須出郊。必不可升壇。則須於端誠殿望祭。此不易之理。已降御札。須告天下。何可中輟。經臣亦稱善。乃云。左相韓忠彦欲於大慶殿望祭。布云。必不可。但以此回奏。經臣退。遂約執政會左相齋室。仍草一劄子以往。左相猶有大慶之議。左轄陸佃云。右相之言不可易。兼恐無不晴之理。若還就大慶。是日却晴霽奈何。布遂手寫劄子與二府簽書訖進入。議遂定。上聞之甚喜。有識者亦云。臨大事當如此。中夜雪果止。五更上朝享九室。布以禮儀使贊引。就罍洗之際。已見月色。上喜云。月色皎然。布不敢對。再詣罍洗。上云。已見月色。布云。無不晴之理。上奠瓚至神宗室。流涕被面。至再入室酌酒。又泣不已。左右皆爲之感泣。是日聞上却常膳。蔬食以禱。己卯黎明。自太廟齋殿步出廟門。升玉輅。然景色已開霽。時見日色。已午間至青城。晚遂晴見日。五使巡仗至玉津園。夕陽滿野。人情莫不欣悦。庚辰四鼓赴郊壇幕次。少頃乘輿至大次。布跪奏於簾前。請皇帝行禮。景靈太廟皆然。遂導至小次前升壇奠幣。再詣罍洗又升壇酌獻。天色晴明。星斗燦然。無復纖雲。上屢顧云。星斗燦然。至小次前又宣諭。布云。聖心誠敬。天意感格。固須如此。又升壇飲福。行過半。蔣之奇屢仆於地。既而當中妨上行。布以手約之。遂挽布衣不肯捨。而力引之。行數級。復僵仆。上問爲誰。布云蔣之奇。上令禮生掖之登壇。坐於樂架下。至上行禮畢。還至其所。尚未能起。上令人扶掖出就外舍。先還府。又令遣醫者往視之。及亞獻升。有司請上就小次而終不許。東向端立。至望燎。布跪奏禮畢導還大次。故事禮儀使立於簾外。俟禮部奏解嚴乃退。上諭都知閻守懃、閻安中令照管布出壝門。恐馬隊至難出。恩非常也。衆皆歎息。以爲眷厚。五鼓二府稱賀於端誠殿。黎明升輦還内。先是禮畢。又遣中使傳宣。布以車駕還内。一行儀衛。並令儹行。不得壅閼。布遂關鹵簿司及告報三帥。令依聖旨。及登輦。一行儀仗無復阻滯。比未及巳時。已至端門。左相乃大禮使。傳宣乃以屬布。衆皆怪之。少選登樓肆赦。

陳世崇隨隱漫録三。孟享駕出。則軍器庫、御酒庫、御廚、祗候庫、儀鸞司、御藥院從物前導。騏驥院馬引從。舍人内外諸司庫務官繼之。前驅親從左右各二十一人。控攏親從三百十四。沿路喝贊。舍人二。文武左右各八。都下親從如其數。閤門宣贊捧駕頭於馬上。乃太祖卽位所坐。香木爲之。金飾四足。隨其角前小偃。織藤冒之。至則迎駕者起居。引駕主首左右各五人。閤門提點、御史臺諸房副、承直、御椅子、簿書官、閤門祗候、金鎗、銀鎗、招箭、東一至五、西一至二、茶酒等班。環衞、御帶、内等子、逍遥子、御輦院官、御燎子、翰林司官、閤門覺察宣贊二人、殿侍五十二、快行如上數而殺其二。御馬數十。院官隨之。警蹕八人。殿侍執從物者十人。行門往來禁衞内編排三十人。知閤步帥行於中。御龍直執從物者八十人。引駕長八人。祗候左右班各二十人。殿前指揮使如上數。各殺其六。親方圍子二百四十人。内殿直、御龍直各二百。崇政殿親從、内外等子各如上數。内等子十七人作内圍子主管殿司公事主管、禁衞官押之。燭籠兩行。各六十人。快行如初數。行門二十四人。擎輦六十人。中仰天顔。蓋二扇二挾輦。殿前指揮使左右各二十四人。内殿直如之。挾輦御藥左右各二人。插帶内外御帶倍上數。帶御器械、閤下官又倍之。文武親從又各如前數。筤一扇二。左賢右戚。乘馬從駕彈壓宫殿之行門以下。舒脚幞頭。大團花羅袍。擊鞭編排。小團花羅袍。御龍直茶酒等班。紅地方勝練鵲纈羅衫。各塗金束帶。控攏御馬左右直執七寶素紅瑪瑙鞭各二。擎硃紅水地戲珠龍杌子各一。皂紗帽。青地荷蓮纈羅衫。塗金束帶。文武親從貼錦帽。紫寶相花大神衫。銅革帶。内外圍子皂紗帽。紅地黄白獅子纈羅衫。緋綫羅背子。塗金戲獅束帶。前引從並姜牙帽。三色纈衫。銅帶。親事官曲脚幞頭。簇四金雕袍。塗金帶。百官諸司並朝服。

〔二〕**法駕**

高承事物紀原二。引炙轂子曰。車駕行。羽儀導獲。謂之鹵簿。自秦漢始有其名。後漢胡廣作天子出行鹵大楯也。所以扞敵部伍之次。皆著之簿儀。其五兵獨以楯爲名者。行道之時。甲楯居外。餘兵在内。故但言鹵簿。　五禮精義曰。鹵大盾也。以大盾領一部之人。故名鹵簿。

〔三〕**九梁**

案政和五禮新儀。宋史輿服志。俱無九梁之制。趙師俠謂事關宫禁典禮。得之傳聞者。不無謬誤。卽指此類而言。四庫提要乃欲以其所説。證史之誤。何其固也。

〔四〕**閤門**

高承事物紀原六。唐會要昭宗天祐元年四月勅有閤門使。五代會要。梁諸使亦有東西二上閤門使。疑亦唐官也。

〔五〕**相風烏**

宋史一百四十九輿服一。相風烏輿上載長竿。竿杪刻木爲烏。垂鵝毛筩紅綬帶。下承以小盤。周緋裙繡鳥形。　案鳥應作烏。

〔六〕**三禮圖**

文獻通考卷一百八十一經籍考八。三禮圖二十卷。鼂氏曰。聶崇義周世宗時被旨纂集。以鄭康成阮諶等六家圖刊定。皇朝建隆二年。奏之。賜紫綬犀帶。獎其志學。竇儼爲之序。

駕行儀衛

次日五更。攝大宗伯執牌奏中嚴外辦。鐵騎前導番衮。〔一〕自三更時。相續而行。象七頭。各以文錦被其身。金蓮花座安其背。金轡籠絡其腦。錦衣人跨其頸。次第高旗大扇。畫戟長矛。五色介冑〔案〕冑應作胄。跨馬之士。或小帽錦繡抹額者。或黑漆圓頂幞頭者。或以皮如兜鍪者。或漆皮如戽斗而籠巾者。或衣紅黃罨畫錦繡之服者。或衣純青純皂以至鞋袴皆青黑者。或裹交脚幞頭者。或以錦爲繩如蛇而繞繫其身者。或數十人唱引持大旗而過者。或執大斧者。胯劍者。執鋭牌者。持鐙棒者。或持竿上懸豹尾者。或持短杵者。其矛戟皆綴五色結帶銅鐸。其旗扇皆畫以龍或虎或雲彩或山河。又有旗高五丈。謂之次黄龍。駕詣太廟青城。並先到立齋宮前。又竿舍索旗坐約百餘人。或有交脚幞頭。胯劍足靴。如四直使者。千百數。不可名狀。餘諸司祗應人。皆錦襖。諸班直。親從親事官。皆帽子結帶紅錦。或紅羅上紫團答戲獅子。短後打甲背子。執御從物。御龍直皆真珠結絡短頂頭巾。紫上雜色小花繡衫。金束帶。看帶絲鞋。天武官皆頂朱漆金裝笠子。紅上團花背子。三衙並帶御器械官。〔二〕皆小帽背子。或紫繡戰袍。跨馬前導。千乘萬騎。出宣德門。由景靈宮太廟。

〔一〕**番衮**

按番衮不得其解。夢粱録作護衛鐵騎。自四更時接續番裏導行。大約卽曾布奏事録所謂一行儀衞。並令儹行。不得壅閼之謂。番衮是當時語言。裹蓋衮之訛字。

〔二〕**三衙并帶御器械官**

馬端臨文獻通考五八。職官考十二。宋初嘗選三班以上武幹親信者。佩橐鞬御劍。或以内臣爲之。初是職止名御帶。咸平元年。改爲御帶器械。景祐二年。詔自今無得過六人。

駕宿太廟奉神主出室

駕乘玉輅。〔一〕冠服如圖畫間星官之服。頭冠皆北珠裝結。頂通天冠。又謂之卷雲冠。服絳袍。執元圭。其玉輅頂皆縷金大蓮葉攢簇四柱欄檻。鏤玉盤花龍鳳。駕以四馬。後出旗〔案旗應作旂。〕常。輅上御座。惟近侍二人。一從官傍立。謂之執綏。以備顧問。挾輅衞士皆裹黑漆團頂無脚幞頭。著黄生色寛衫。青窄襯衫。青袴。繫以錦繩。輅後四人。擎行馬。前有朝服二人。執笏面輅倒行。是夜宿太廟。喝探警嚴如宿殿儀。至三更車駕行事。執事皆宗室。宫架樂作。主上在殿上東南隅西面立。有一朱漆金字牌曰皇帝位。然後奉神主出室。亦奏中嚴外辦。逐室行禮畢。甲馬。儀仗。車輅。番衮出南薰門。

〔一〕玉輅

蔡絛鐵圍山叢談二。玉輅始作自唐高宗。由高宗、武后、明皇及聖朝真宗皇帝。凡三至岱宗。一至崧高。然行道揺頓。仁廟晚患之。詔拟爲一輅。及告成。因幸開寶寺。垂簾於寺門。命有司按行於通衢。親視之焉。新輅既先。次引舊輅。而舊輅輒有聲如牛鳴不肯前。衆力挽之。堅不動而止。仁廟未幾登遐。終不克御前新輅也。其後神祖苦風眩。每郊祀。益惡舊輅之不安。又詔別創之。乃更考古制。加以嚴飾甚美。新輅既就。天子未及御。元豐八年之元日適大朝會。有司宿供張設與輅儀物於大慶殿下。新輅在焉。遲明撤去幙屋。屋壞遂毀。玉輅爲之碎。因傷鑾儀司士數十人。未幾神祖復登遐。是後有司乃不敢易。但進舊輅以奉至尊。靖康中。議者將持玉輅以遺金人。地遠不得聞厥詳。舊輅之能神否也。

沈括夢溪筆談十九。大駕玉輅唐高宗時造。至今進御。自唐至今凡三至太山登封。其他巡幸莫記其數。至今完壯。乘之安若山岳。以措栝水其上而不揺。慶曆中。嘗別造玉輅。極天下良工爲之。乘之揺不安。竟廢不用。元豐中復造一輅。尤極工巧。未經進御。方陳於大庭。車屋適壞。遂壓而碎。只用唐輅。其穩利堅久。歷世不能窺其法。

龐元英文昌雜録卷三。因言仁宗朝新玉輅既成。與舊輅同呈於崇政殿。舊輅在後忽有大聲。隱隱如海獸狀。仁宗訝之。乃令新輅在後。遂無聲。既出殿門。舊輅復在後。又有大聲如前。

駕詣青城齋宮

駕御玉輅。詣青城〔一〕齋宮。〔二〕所謂青城。舊來止以青布幕爲之。畫砌甃之文。旋結城闕殿宇。宣政間。悉用土木蓋造矣。鐵騎圍齋宮外。諸軍有紫巾緋衣素隊約千餘。羅布郊野。每隊軍樂一火。行宮巡檢部領甲馬。來往巡邏。至夜嚴警。喝探如前。

〔一〕**青城**

宋會要輯稿方城三之四一。熙寧七年九月二十四日戊申。中書門下言。準詔參定南郊青城内殿宇門名。請大内門曰恭禋。東偏門曰承和。西偏門曰迎禧。正東門曰祥曦。正西門曰景曜。後三門曰拱極。内門裏東側門曰夤明。西側門曰肅成。大殿門曰端誠。大殿曰端誠殿。前東西門曰左右嘉德。便殿曰熙成。園門曰寶華。詔並依。（先時青城殿宇門名。每郊命學士院撰進。至是普爲定式。學士院更不撰進。）十一月二十五日。親詔徹黄道。不御小次。十年七月八日。詔南郊青城寢殿後至寶華門裏御道。更不用華磚砌。以有司計花磚萬餘口。役工三千。故特罷之。

王闢之澠水燕談録五。國初南郊青城久占民土。妨其耕稼。又其中暖殿。止是構木結綵。至尊所御。非所以備不虞。天聖中。魏餘慶上言。乞優給價值。收買民田。除放租賦。爲瓦殿七間。依奏。

〔二〕**齋宮**

高承事物紀原二。引春秋命誠圖曰。黄帝請問太一長生之道。太一曰。齋六丁。可以成功。内傳曰。帝誓蔚蚩尤。乃齋三日。以告上帝。此齋戒之始也。

駕詣郊壇行禮

三更。駕詣郊壇行禮。有三重壝牆。駕出青城南行曲尺西去約一里許。乃壇也。入外壝東門。至第二壝裏。面南設一大幕次。謂之大次。更換祭服。平天冠二十四旒。青衮龍服。中單。朱舄。純玉佩。二中貴扶侍。行至壇前。壇下又有一小幕殿。謂之小次。內有御座。壇高三層七十二級。壇面方圓三丈許。有四踏道。正南曰午階。東曰卯階。西曰酉階。北曰子階。壇上設二黄褥位北面。南曰昊天上帝。東南面曰太祖皇帝。惟兩矮案。上設禮料。有登歌道士十餘人。列鍾磬二架。餘歌色及琴瑟之類。三五執事人而已。壇前設宮架樂。前列編鍾〔一〕玉磬。〔二〕其架有如常樂方響。增其高大。編鍾形稍褊。上下兩層掛之。架兩角綴以流蘇。玉磬狀如曲尺。繫其曲尖處。亦架之。上下兩層掛之。次列數架。大鼓或三或五。用木穿貫。立於架座上。又有大鍾〔三〕曰景鍾。〔四〕曰節鼓。〔五〕有琴而長者。如箏而大者。截竹如簫管。兩頭存節而横吹者。有土燒成如圓彈而開竅者。如笙而大者。如簫而增其管者。有歌者。其聲清亮。非鄭衛之比。宮架前立兩竿。〔案〕竿應作竿。樂工皆裹介幘如籠巾。緋寬衫勒帛。二舞者頂紫色冠。上有一横板。皂服。朱裙履。樂作。初則文舞皆手執一紫囊。盛一笛管結帶。武舞一手執短矟。一手執小牌。比文舞加數人。擊銅鐃響環。又擊如銅竈突者。又兩人共攜一銅甕就地擊者。舞者如擊刺。如乘雲。如分手。皆舞容矣。樂作。先擊柷。以木爲之。如方壺畫山水之狀。每奏樂。擊之內外共九下。樂止則擊敔。如伏虎。脊上如鋸齒。一曲終以破竹刮之。禮直官奏請駕登壇。前導官皆躬身側〔案〕側疑當作倒。引至壇止。惟大禮使〔六〕登之。先正北一位拜跪酒。殿中監東向一拜進爵盞。再拜興。復詣正東一位。纔登壇而宮架聲止。則壇上樂作。降壇則宮架樂復作。武舞上復歸小次。亞獻終獻上亦如前儀。當時燕越王〔七〕爲亞終獻也。第二次登壇。樂作如初。跪酒畢。中書舍人讀册。左右兩人舉册而跪讀。降壇復歸小次。亞終獻如前。再登壇進玉爵盞。皇帝飲福矣。亞終獻畢降壇。駕小次前立。則壇上禮料幣帛玉册由西階而下。南壝門外。去壇百餘步。有燎爐高丈許。諸物上臺。一人點唱。入爐焚之。壇三層回〔案〕回疑當作四。踏道之間有十二龕。祭十二宮神。〔八〕內壝外祭百星。執事與陪祠官皆面北立班。宮架樂罷。鼓吹未作。外內數十萬衆肅然。惟聞輕風環佩之聲。一贊者喝曰。贊一拜。皆拜。禮畢。

〔一〕**編鐘**

文獻通考一百三十四樂考七。編鐘。小鐘也。各應律呂大小。以次編而懸之。上下皆八合。十六鐘縣於一簨簴。

〔二〕**玉磬**

文獻通考一百三十五樂考八。陳氏樂書曰。春秋之時。齊侯以玉磬賂晉師。止兵。隋蘇夔妙達音律。造玉磬獻於齊。唐制宗廟殿庭用玉磬。則玉磬堂上之樂。登歌用焉。

〔三〕**大鐘**

文獻通考一百三十四樂考七。單穆公曰。先王之制鐘也。大不出鈞。重不過石。律度量衡於是乎生。則樂器待律然後制。而律度又待鐘然後生。故有十二辰之鐘。以應十二月之律。十二辰之鐘。大鐘也。大鐘特縣。詩書爾雅所謂鏞是也。

〔四〕**景鐘**

吴曾能改齋漫録四。徽宗崇寧四年。命鑄景鐘。鐘成。詔翰林張康伯爲之序銘。以爲景大也。九九之數兆於此。萬有不同之所宗也。其説如此。蓋景福可以言大。王氏之意云爾。而景鐘則不可也。議者又謂大晟樂書。黄帝有五鐘。一曰景鐘。景大也。鍾四方之聲以象成厥功。大者其鐘特大。蓋黄鐘者樂之所自出。景鐘者又黄鐘之本。故景鐘爲樂之祖。此説亦非。何者。按管子五行篇有曰。黄帝以其緩急作五聲以正五鐘。令其五鐘一曰青鐘大音。注曰東方鐘名。二曰赤鐘重心。三曰黄鐘洗光。四曰景鐘昧其明。五曰黑鐘隱其常。五聲既調。然後作樂。立五行以正天時。五官以正人位。人與天調。然後天地之美生。審此則五鐘皆以五方之色言之。景非大明矣。景鐘既是秋之一鐘。而議者又以爲樂之所自出。與夫爲黄鐘之本。皆不得其説者也。予又按士昏禮姆加景。注曰景明衣也。襌衣也。襌音單。陳祥道曰。景白也。然則秋之色白。景鐘者色之明白而非大矣。此可爲據。

王明清揮麈後録三。宣和元年八月丁丑。皇帝詔大晟作景鍾。是月二十五日。鍾成。皇帝以身爲度。以度起律。以律審聲。以聲制鍾。以鍾出樂而樂宗焉。于以祀天地。享鬼神。朝萬國。罔不用乂。在廷之臣。再拜稽首上頌。明明天子。以身爲度。有景者鍾。衆樂所怙。於昭于天。乃眷斯顧。揚于大庭。罔不時序。億萬斯年。受天之祜。此翰林學士承旨强淵明之文也。偶獲斯本。謹録于右。

〔五〕**節鼓**

文獻通考一百三十六樂考九。乾德四年。祕書監尹拙上言。散鼓不詳所置之由。且於古無文。去之便。時雖奏可。而散鼓於今仍在。又雷鼓。靈鼓。路鼓。雖擊之皆不成聲。故常賴散鼓以爲樂節。而雷鼗。靈鼗。路鼗。闕而未製。今既修正雅樂。謂宜申勑大匠改作諸鼓。使擊考有聲。及創爲三鼗。如古之制。使先播之以通三鼓。罷四散鼓。如乾德詔書。奏可。

〔六〕**大禮使**

費袞梁谿漫志一。本朝郊祀五使。沿唐及五代之制。大禮使用宰相。儀仗使用御史中丞。頓遞使又增橋道之名用京尹。禮儀使及鹵簿使則以學士及他尚書爲之。大中祥符中東封。五使皆命輔臣。以重非常之禮。

〔七〕**燕越王**

案徽宗弟燕王俣。越王俁。後隨徽宗北去。

〔八〕**十二宫神**

高承事物紀原二引宋朝會要曰。開寶新定禮。所增大饗明堂記曰。十二神輿。載十二月之神象。自鉦鼓漏鐘及神輿。舊禮令無文。開寶通禮新加。

郊畢駕回

駕自小次祭服還大次。惟近侍椽燭二百餘條。列成圍子。至大次更服袞冕。登大安輦。輦如玉輅而大。無輪。四垂大帶。輦官服色亦如挾路者。纔升輦。教坊在外壝東西排列。鈞容直先奏樂。一甲士舞一曲破訖。教坊進口號。樂作。諸軍隊伍鼓吹皆動。聲震天地。回青城。天色未曉。百官常服入賀。賜茶酒畢。而法駕儀仗。鐵騎鼓吹。入南薰門。御路數十里之間。起居幕次。貴家看棚。華綵鱗砌。略無空閑去處。

下赦

車駕登宣德樓。〔一〕樓前立大旗數口。內一口大者。與宣德樓齊。謂之蓋天旗。旗立御路中心不動。次一口稍小。隨駕立。謂之次黄龍。青城太廟隨逐立之。俗亦呼爲蓋天旗。亦設宫駕樂作。須臾擊柝之聲。旋立鷄竿。約高十數丈。竿尖有一大木盤。上有金鷄。〔二〕口銜紅幡子。書皇帝萬歲字。盤底有綵索四條垂下。有四紅中〔案〕中應作巾。者争先緣索而上。捷得金鷄紅幡。則山呼謝恩訖。樓上以紅綿索通門下一綵樓。上有金鳳啣赦而下。至綵樓上。而通事舍人得赦宣讀。開封府大理寺排列罪人在樓前。罪人皆緋縫黃布衫。獄吏皆簪花鮮潔。聞鼓聲。踈枷放去。各山呼謝恩訖。樓下鈞容直樂作雜劇舞旋。御龍直裝神鬼斫真刀倬〔案〕倬應作掉。刀。樓上百官賜茶酒。諸班直呈拽馬隊。六軍歸營。至日晡時。禮畢。

〔一〕車駕登宣德樓

江休復江鄰幾雜志。肆赦宣德門。登降用樂懸。又排仗盡如外朝之儀。

岳珂愧郯録一五。藝祖在位十九年。大赦一。郊赦四。曲赦三。德音六。太宗在位二十七年。大赦一。郊及耕籍星變。册皇太子之赦凡九。德音十四。真宗在位二十五年。大赦及封禪。祀汾陰。聖祖降恭謝。上聖號之赦凡六。郊及罷兵。得雨。上聖祖號。册皇太子。御樓泛赦凡十二。常赦九。德音十四。仁宗在位四十一年。大赦一。郊及恭謝。明堂籍田。袷享。母后不豫。星變之赦凡十七。常赦七。德音十二。英宗在位四年。大赦一。郊及册皇太子之赦二。德音三。神宗在位十八年。大赦一。郊及明堂。星變。神御殿成。年穀屢豐。册皇太子之赦凡十。曲赦二。德音十七。哲宗在位十五年。大赦一。郊及明堂。祖后不豫。星變之赦凡七。德音十。徽宗在位二十五年。大赦一。兩郊。明堂受寶圭。定鼎。謁原廟。皇子生。復熙豐制度。收復燕雲之赦凡二十五。常赦十四。德音二十七。欽宗在位一年。大赦及講和之赦二。德音一。高宗在位三十六年。大赦一。郊及明堂。皇太子生。復辟。星變。復河南。母后不豫。梓宮來歸之赦十九。常赦四。德音十七。孝宗在位二十七年。大赦一。郊及明堂。册皇太子。慶壽之赦十四。德音二。光宗在位五年。大赦一。郊及聖父不豫之赦凡二。略計建隆庚申以及紹熙甲寅。凡二百三十有四年。凡三百有一赦。實肇於趙韓王普。

蔡絛鐵圍山叢談一。國朝肆眚。故事三省樞筦諸房吏。分陳其應行事件。諸官長孏以爲當。則宰輔於是共議於都堂。

而可否之。事目已定。始將上進御。乃入熟降。付翰林學士院命詞而宣付於外焉。其約束之辭。大致悉吏文也。獨大觀戊子元日受八寶大赦。如罷重法。分宗室陞班行。省刑名。寬黨錮。凡數十事。以事體既重。方賴朝廷彰明其制。不如吏文。

〔二〕**金雞**

宋史一百四十八儀衛六。雜竿附竿爲雞形。金飾。首銜絳旛。承以綵盤。維以絳索。揭以長竿。募衛士先登爭得雞者。官給以纈襖子。或取絳旛而已。大禮畢。麗正門肆赦則設之。其義則雞爲巽神。主號令。故宣號令則象之。陽用事則雞鳴。故布宣陽澤則象之。一曰天雞星動焉。爲有赦。故王者以天雞爲度。金雞事六朝已有之。或謂起于西京。

高承事物紀原三。引楊文公談苑曰。杜鎬言金雞肆赦。不知起於何代。闗東風俗傳曰。宋孝王問司馬膺之。後魏北齊赦日立金雞事。膺之曰。按海中星占云。天雞星動爲有赦。蓋王者以天雞爲度。隋書刑法志北齊赦日。令武庫設金雞及鼓於閶門右。撾鼓千聲。宣赦建金雞。或云起于西涼呂光。未知孰是。究其旨蓋西方主兑。兑爲澤。雞者巽神。巽主號令。故合二物置其形揭于長竿。使衆覩之。唐百官志曰。中尚令赦日立金雞於仗南。有雞黄金飾首。銜絳幡。承以采盤。維以絳繩。教坊小兒得雞首者。官以錢購。或取絳幡而已。蓋此禮起於有唐也。

趙昇朝野類要一。大禮畢。車駕登樓。有司于麗正門下肆赦。卽立金雞竿盤。令兵士捧之。在京係左右軍百戲人。今乃瓦市百戲人爲之。蓋天文有天雞星。明則人間有恩赦。

邵博河南邵氏聞見録五。宣和七年十一月。上郊天罷。方恭謝景靈宫。聞金人舉兵犯京師。上下詔稱上皇。禪位於淵聖皇帝。改元靖康。

李濂汴京勼異記五。宣和七年。南郊禮畢。徽宗御郊宫端拱殿。天未明。百辟方稱賀。忽有鵶鳴於殿屋。若與贊拜聲相應和。聞者駭之。時已報金人渝盟。未踰月。内禪。而明年有陷城之難。

駕還擇日詣諸宮行謝

駕還内。擇日詣景靈東西宫行恭謝之禮三日。第三日畢。即游幸别宫觀。或大臣私第。

是月賣糍餻。鵪兔方盛。

十二月

十二月。街市盡賣撒佛花。韭黄。生菜。蘭芽。勃荷。胡桃。澤州餳。初八日。街巷中有僧尼三五人作隊念佛。以銀銅沙羅或好盆器。坐一金銅或木佛像。浸以香水。楊枝洒浴。排門教化。諸大寺作浴佛會。并送七寶五味粥與門徒。謂之臘八粥。都人是日各家亦以果子雜料煮粥而食也。臘日〔一〕寺院送面油與門徒。卻入疏教化上元燈油錢。閭巷家家互相遺送。是月景龍門預賞元夕〔二〕於寶籙宫。一方燈火繁盛。二十四日交年。〔三〕都人至夜請僧道看經。備酒果送神。燒合家替代錢紙。帖竈馬於竈上。以酒糟塗抹竈門。謂之醉司命。夜於床底點燈。謂之照虚耗。〔四〕此月雖無節序。而豪貴之家。遇雪即開筵。塑雪獅。裝雪燈。雪□以會親舊。近歲節市井皆印賣門神。〔五〕鍾馗。〔六〕桃板。〔七〕桃符。〔八〕及財門鈍驢。回頭鹿馬。天行帖子。賣乾茄瓠。馬牙菜。膠牙餳〔九〕之類。以備除夜之用。自入此月。即有貧者三數人爲一火。裝婦人神鬼。敲鑼擊鼓。巡門乞錢。俗呼爲打夜胡。〔一〇〕亦驅祟之道也。

〔一〕**臘日**

陳元靚歲時廣記三十九。引皇朝歲時記。臘日。國朝舊不賜口脂面藥。熙寧初始賜二府。以大白金奩二。小陶罌口脂甲煎各一。并奩賜之。

〔二〕預賞元夕

王明清揮塵後録四。徽宗宣和七年十二月二十一日。就睿謨殿張燈。預賞元宵。曲燕近臣。

〔三〕交年

陳元靚歲時廣記三十九。引歲時雜記。舊俗以七祀及百神。每歲十二月二十四日。新舊更易。皆焚紙幣。誦道佛經呪。以送故迎新。而爲禳祈云。

顧張思土風録一。六月四日及二十四日。家祀竈。按月令夏祀竈。孔氏正義云。竈神常祀在夏。俗祀於夏。固合禮。然但粉麪作餌。素羞四簋而已。白虎通祭竈以雞。東坡縱筆云。明日東家應祭竈。隻雞斗酒定燔吾。范石湖祭竈詩。猪頭爛肉雙魚鮮。今相沿用素。其以佛待神耶。(明嘉定王槐祀竈詞云。陘邊爛煑黄毛鮮。一楪膠牙膩更圓。是亦以魚牲祀之。)祀時以紙印竈神像供竈門。謂之竈馬。見輦下歲時記。云都人至半夜備酒果送神。貼竈馬于竈上。

案范成大詩。古傳臘月二十四。竈君朝天欲言事。雲車風馬尚留連。家有杯盤豐典祀。猪頭爛熟雙魚鮮。豆炒甘鬆粉餌團。男兒酌酒女兒起。酹酒燒錢竈君喜。近代皆以二十三日祀灶。且有男不拜月。女不拜灶之說。祀品唯餳。或稱灶糖。間有煑豆。云以飼灶馬。從無葷腥。

〔四〕照虚耗

陳元靚歲時廣記三十九。引歲時雜記。交年之夜。門及床下以至圊溷。皆燃燈。除夜亦然。謂之照虚耗。

闕名異聞總録四。京師風俗。每除夜必明燈於廚廁等處。謂之照虚耗。

〔五〕門神

百歲寓翁楓窗小牘下。靖康以前。汴中家户。門神多番樣。戴虎頭盔。而王公之門。至以渾金飾之。識者謂虎頭男子。是虜字。金飾更是金虜在門也。不三數年。而家户被虜。王公被其酷尤甚。

程大昌演繁露十一。東海中有山名度朔。上有大桃。其卑枝間東北曰鬼門。上有二神火。一曰荼與。一曰鬱雷。主治害鬼。故世刊此桃梗。畫荼與鬱雷首。正歲以置門户。蘇秦上偶桃梗。

高承事物紀原八引淮南子詮言訓曰。羿死於桃棓。許慎注云。棓大杖。以桃爲之。以擊殺羿。由是以來鬼畏桃。今人以桃梗作杙。歲旦植於門以辟鬼。由此故也。後漢禮儀志曰。施門户代以所尚。周人木德。以桃爲梗。言氣相更也。梗更也。或曰卽黄帝立桃梗之事也。

〔六〕**鍾馗**

陳元靚歲時廣記四十。引野人閑話。昔吴道子所畫一鍾馗。衣藍衫。鞹一足。眇一目。腰一笏。巾裹而蓬髩垂髮。左手捉一鬼。以右手第二指挖鬼眼睛。筆迹遒勁。實有唐之神妙。收得者將獻僞蜀主。甚愛之。常懸於內寢。一日。召黄筌令看之。一見稱其絶妙。謝恩訖。昶謂曰。此鍾馗。若拇指搯鬼眼睛。則更較有力。試爲我改之。筌請歸私第。數日看之不足。别張絹素。畫一鍾馗。以拇指搯鬼眼睛。并吴本併進。納訖。昶問曰。比令卿改之。何爲别畫。筌曰。吴道子所畫鍾馗。一身之力氣。色眼貌俱在第二指。不在拇指。所以不敢輒改。筌今所畫。雖不及古人。而一身之力氣。思併在拇指。昶甚悦。賞筌之能。遂以綵緞銀器。旌其别識。

金盈之醉翁談録四。除夜。舊傳唐明皇是夕夢鬼物。名曰鍾馗。既覺。命工繪畫之。至今人家圖其形。貼於門壁。亦有用綃爲圖者。禁中每歲前賜兩府各一。又或作鍾馗小妹之形。

沈括補筆談三。熙寧五年。上令畫工摹搨鐫板印賜兩府輔臣各一本。是歲除夜。遣入內供奉官梁楷。就東西府。給賜鍾馗之象。

葉夢德石林燕語五。宰執每歲有内侍省例賜新火冰之類。將命者曰快行家。皆以私錢一千贈之。元豐元年除日。神宗禁中忽得吴道子畫鍾馗像。因使鏤板賜二府。吴冲卿時爲相。欲贈以常例。王禹玉曰。上前未有特賜。此出異恩。當稍增之。乃贈五千。其後御藥院遂爲故事。明年除日復賜冲卿。例復授五千。冲卿因戲同列曰。一馗足矣。衆皆大笑。

〔七〕**桃板**

高承事物紀原八。引玉燭寶典曰。元日施桃版著户上。謂之仙木。以鬱壘山桃。百鬼畏之故也。山海經曰。東海度朔山有大桃樹。蟠屈三千里。其卑枝門東北曰鬼門。萬鬼出入也。有二神。一曰神荼。一曰鬱壘。主閲領衆鬼之害人者。於是黄帝法而象之。毆除畢。因立桃版於門户上。畫鬱壘以禦凶鬼。此則桃版之制也。蓋其起自黄帝。故今世畫神像於版上。猶於其下書右鬱壘。左神荼。元日以置門户間也。

〔八〕**桃符**

陳元靚歲時廣記五。引皇朝歲時雜記。桃符之制。以薄木版長二三尺。大四五寸。上畫神像狻猊白澤之屬。下書左鬱壘。右神荼。或寫春詞。或書祝禱之語。歲旦則更之。王介甫詩云。總把新桃換舊符。東坡詩云。退閑擬學舊桃符。

陳元靚歲時廣記四十引古今詩話。僞蜀每歲除日。諸宫門各給桃符。書元亨利貞四字。時昶子善書札。取本宫策勳府桃符書云。天垂餘慶。地接長春。

〔九〕**膠牙餳**

陳元靚歲時廣記四十。引歲時雜記。膠牙餳形製不一。其甚華者。云膠之使齒牢。東京潘樓下。從歲前賣此等物至除夜。殆不通車馬。

〔一〇〕**打夜胡**

楊彦齡楊公筆録。唐敬宗善擊毬。夜艾。自捕狐狸爲樂。謂之打夜狐。故俗因謂歲暮驅儺爲打夜狐。

趙彦衞雲麓漫鈔九。世俗歲將除。鄉人相率爲儺。俚語謂之打野胡。按論語鄉人儺。朝服立于阼階。注大儺驅逐疫鬼也。亦呼野雲戲。今人又訛耳。

顧張思土風録一。臘月丐户裝鍾馗竈神。到人家乞錢米。自朔日至廿四日止。名曰跳竈王。（跳呼如條。王作巷平聲。）按卽古之大儺。見月令。

除夕

至除日。禁中呈大儺儀〔一〕並用皇城親事官諸班直戴假面。〔二〕繡畫色衣。執金鎗龍旗。教坊使孟景初身品魁偉。貫全副金鍍銅甲。裝將軍。用鎮殿將軍二人。亦介胄〔案〕胄應作冑。裝門神。教坊南河炭醜惡魁肥裝判官。又裝鍾馗小妹〔三〕土地。〔四〕竈神之類。共千餘人。自禁中驅祟。出南薰門外轉龍彎。謂之埋祟而罷。是夜禁中爆竹山呼。聲聞于外。士庶之家。圍爐團坐。達旦不寐。謂之守歲。〔五〕

凡大禮與禁中節次。但嘗見習按。又不知果爲如何。不無脱略。或改而正之。則幸甚。

〔一〕**大儺儀**

高承事物紀原八。引禮緯曰。高陽有三子。生而亡去爲疫鬼。一居江水中爲瘧。一居人宫室區隅中。善驚小兒。於是以正歲十二月。命祀官持儺以索室中。而驅疫鬼。軒轅本紀曰。東海渡朔山。有神荼鬱壘之神。以禦凶鬼。爲民除害。因制驅儺之神。子遊島問於雄黄曰。今人逐疫出魁。擊鼓呼噪何也。雄黄曰。黔首多疾。黄帝氏立巫。咸使黔首鳴鼓振鐸。以動心勞形。發陰陽之氣。擊鼓呼噪。遂以出魁。黔首不知以爲祟魅也。或記以爲驅儺之事。按周禮有大儺。漢儀有侲子。要之雖原始於黄帝。而大抵周之舊制也。周官歲終命方相氏率百隸。索室驅疫以逐之。則驅儺之始也。

〔二〕**假面**

陳元靚歲時廣記四十。引歲時雜記。除日作面具。或作鬼神。或作兒女形。或施于門楣。驅儺者以蔽其面。或小兒以爲戲。

陸游老學庵筆記一。政和中大儺。下桂府進面具。比進到。稱一副。初訝其少。乃是以八百枚爲一副。老少妍陋。無一相似者。乃大驚。至今桂府作此者皆致富。天下及外夷皆不能及。

洪邁夷堅志補四。程氏諸孫條。入郡適逢廛市有摇小鼓而售戲面具者。

〔三〕**鍾馗小妹**

趙叔向肯綮録。今人畫鍾馗。又畫一女子于旁。謂之鍾馗小妹。其訛至此。

〔四〕**土地**

顧張思土風録十八。後漢方術傳有社公之名。蓋本此。是則天下社神。宜通謂之公。後譌爲土地公公。而稗官演義所載。皆白髮翁矣。

顧張思土風録十八。土地祠各鄉鎮多有之。按周禮春官大亓而外有土亓。地亓。此後代土地神之所由名也。土亓五土之亓。卽社也。　案土地之稱。始見于搜神記。而幽明録以與社公并列。似非一神兩稱。俟考。

〔五〕**守歲**

陳元靚歲時廣記四十。引歲時雜記。癡兒騃女多達旦不寐。俗語云守冬爺長命。守歲娘長命。

跋

祖宗仁厚之德。涵養生靈。幾二百年。至宣政間。太平極矣。禮樂刑政。史册具在。不有傳記小説。則一時風俗之華。人物之盛。詎可得而傳焉。宋敏求京城記。載坊門公府。宫寺第宅爲甚詳。而不及巷陌店肆。節物時好。幽蘭居士記録舊所經歷爲夢華録。其間事關宫禁典禮。得之傳聞者。不無謬誤。若市井遊觀。歲時物貨。民風俗尚。則見聞習熟。皆得其真。余頃侍先大父與諸耆舊。親承謦欬。校之此録。多有合處。今甲子一周。故老淪没。舊聞日遠。後余生者。尤不得而知。則西北寓客絶談矣。因鋟木以廣之。使觀者追念故都之樂。當共起風景不殊之歎。淳熙丁未歲十月朔旦浚儀趙師俠介之書于坦菴。

東京夢華録注引用書目

丘光庭　兼明書五卷　寶顔堂秘笈本
李匡義　資暇集三卷　顧氏文房小説本
陶穀　清異録四卷　寶顔堂秘笈本
丁晉公　談録一卷　説郛本
錢惟演　金坡遺事一卷　説郛本
田況　儒林公議二卷　稗海本
司馬光　書儀十卷　學津討原本
司馬光　温公詩話一卷　説郛本
王闢之　澠水燕談録十卷附補遺　涵芬樓排印本
歐陽修　歸田録二卷附補遺　涵芬樓排印本
宋敏求　春明退朝録三卷　學津討原本
江休復　江隣幾雜志（嘉祐雜志）一卷　寶顔堂秘笈本
龐元英　文昌雜録七卷　學津討原本
王得臣　麈史三卷　涵芬樓排印本

吴處厚　青箱雜記十卷　涵芬樓排印本
沈括　夢溪筆談二十六卷補筆談二卷續筆談一卷　四部叢刊續編本
蘇軾　仇池筆記二卷　涵芬樓排印本
蘇軾　東坡志林五卷　涵芬樓排印本
陳師道　後山叢談四卷　寶顔堂秘笈本
孫升　孫公談圃三卷　學津討原本
孔平仲　珩璜新論一卷　涵芬樓排印本
孔平仲　孔氏雜説一卷　寶顔堂秘笈本
孔平仲　孔氏談苑五卷　藝海珠塵本
張舜民　畫墁録一卷　稗海本
王鞏　甲申雜記一卷聞見近録一卷隨手雜録一卷　知不足齋叢書本
文瑩　湘山野録三卷續録一卷　學津討原本
文瑩　玉壺野史(玉壺清話)十卷　知不足齋叢書本
彭百川　太平治績統類三十卷　適園叢書本
魏泰　東軒筆録十五卷　稗海本
趙德麟　侯鯖録八卷　知不足齋叢書本
方勺　泊宅編十卷　讀畫齋叢書本

蔡絛　鐵圍山叢談六卷　知不足齋叢書本
彭乘　墨客揮犀十卷　稗海本
彭乘　續墨客揮犀十卷　涵芬樓秘笈本
李廌　師友談記一卷　學津討原本
朱弁　曲洧舊聞十卷　知不足齋叢書本
何薳　春渚紀聞十卷　涵芬樓排印本
闕名　楓窗小牘二卷　稗海本
范公偁　過庭録一卷　稗海本
朱彧　萍洲可談三卷　守山閣叢書本
曾慥　高齋漫録一卷　守山閣叢書本
王銍　默記三卷　涵芬樓排印本
王明清　揮麈前録四卷後録十一卷三録三卷餘話一卷　四部叢刊續編本
王明清　摭青雜説一卷　説郛本
王明清　玉照新志五卷　涵芬樓排印本
王明清　投轄録一卷　涵芬樓排印本
張知甫　張氏可書一卷　十萬卷樓叢書本
邵伯温　聞見前録二十卷　涵芬樓排印本

邵博　聞見後録三十卷　涵芬樓排印本
周煇　清波雜志十二卷　四部叢刊續編本
周煇　清波別志三卷　知不足齋叢書本
莊季裕　鷄肋編三卷　涵芬樓排印本
黄朝英　靖康緗素雜記十卷　守山閣叢書本
宋翌　猗覺寮雜記二卷　知不足齋叢書本
吴曾　能改齋漫録十八卷　守山閣叢書本
葉夢得　石林燕語十卷　觀古堂校刊石林遺書本
葉夢得　石林避暑録話四卷　涵芬樓排印本
徐度　却掃編三卷　學津討原本
張邦基　墨莊漫録十卷　四部叢刊三編本
趙彦衞　雲麓漫鈔十五卷　涉聞梓舊本
張世南　游宦紀聞十卷　知不足齋叢書本
康與之　昨夢録一卷　説郛本
張師正　括異志十卷　四部叢刊續編本
王楙　燕翼詒謀録五卷　學津討原本
郭若虚　圖畫見聞誌六卷　四部叢刊續編本

謝采伯　密齋筆記五卷續記一卷　琳琅秘室叢書本
費袞　梁谿漫志十卷　知不足齋叢書本
陸游　老學菴筆記十卷　涵芬樓排印本
岳珂　愧郯録十五卷　四部叢刊續編本
岳珂　桯史十五卷　四部叢刊續編本
曾敏行　獨醒雜志十卷　知不足齋叢書本
高承　事物紀原十卷　惜陰軒叢書本
羅大經　鶴林玉露十八卷　涵芬樓排印本
張端義　貴耳集一卷二集一卷三集一卷　學津討原本
永亨　搜採異聞録五卷　稗海本
闕名　異聞總録四卷　稗海本
洪邁　容齋隨筆十六卷續筆十六卷三筆十六卷四筆十六卷五筆十卷　四部叢刊續編本
洪邁　夷堅志一百八十卷志補三十五卷再補一卷　涵芬樓排印本
程大昌　演繁露十六卷續演繁露六卷　學津討原本
劉昌詩　蘆浦筆記十卷　知不足齋叢書本
趙與旹　賓退録十卷　乾隆十七年存恕堂仿宋刻本
趙昇　朝野類要五卷　知不足齋叢書本

闕名　愛日齋叢鈔五卷　守山閣叢書本
陳元靚　歲時廣記四卷　十萬卷樓叢書本
陳元靚　新編羣書類要事林廣記十卷　日本元禄十二年中野五郎左衛門等刊本
劉應李　事文類聚翰墨大全二百四卷　元刻本
耐得翁　都城紀勝一卷　楝亭十二種本
吴自牧　夢粱録二十卷　知不足齋叢書本
闕名　西湖老人繁勝録一卷　涵芬樓秘笈本
金盈之　醉翁談録八卷　適園叢書本
羅曄　醉翁談録十集二十卷　一九四一年日本影印觀瀾閣藏宋刊本
張仲文　白獺髓一卷　歷代小史本
董弅　閒燕常談一卷　歷代小史本
周密　齊東野語二十卷　涵芬樓排印本
周密　癸辛雜識前集一卷後集一卷續集二卷别集二卷　學津討原本
周密　武林舊事十卷　知不足齋叢書本
周密　浩然齋雅談三卷　武英殿聚珍板叢書本
周密　志雅堂雜抄十卷　學海類編本
張耒　明道雜志二卷續一卷　學海類編本

王灼　碧鷄漫志五卷　知不足齋叢書本
陳世崇　隨隱漫録五卷　涵芬樓排印本
曾三異　因話録十卷　説郛本
李宗諤　先公談録一卷　説郛本
葉寘　坦齋筆衡六卷　説郛本
顧文薦　負暄野録三卷　説郛本
王□　道山清話一卷　説郛本
阮閲　增修詩話總龜四十八卷後集五十卷　四部叢刊本
吕祖謙　紫微雜説一卷　説郛本
廖瑩中　江行雜録一卷　説郛本
闕名　拊掌録三卷　説郛本
劉蒙　菊譜一卷　説郛本
丁特起　靖康紀聞(靖康孤臣泣血録)一卷拾遺一卷　學津討原本
徐自明　宋宰輔編年録二十卷　敬鄉樓叢書本
江少虞　新雕皇朝事實類苑七十八卷　辛亥武進董氏重刊本
唐慎微　經史證類大觀本草三十一卷　光緒三十年武昌柯氏重刊本
李時珍　本草綱目五十二卷　通行本

陶宗儀　南村輟耕録三十卷　四部叢刊三編本
盛如梓　庶齋老學叢談三卷　知不足齋叢書本
李有　古杭雜記一卷　説郛本
陸友仁　研北雜志二卷　寶顔堂秘笈本
鄭望之　膳夫録一卷　説郛本
孔倜　宣靖妖化録一卷　説郛本
王從謹　清虚雜著補闕一卷　知不足齋叢書本
楊彦齡　楊公筆録一卷　學海類編本
趙叔向　肯綮録一卷　學海類編本
姚桐壽　樂郊私語一卷　寶顔堂秘笈本
郎瑛　七修類稿五十一卷　通行本
徐樹丕　識小録　涵芬樓秘笈本
潘永因　宋稗類鈔　排印本
宋犖　筠廊偶筆二卷　康熙刻本
李斗　揚州畫舫録十八卷　乾隆六十年自然盦刻本
阮葵生　茶餘客話二十四卷　排印本
顧張思　土風録十八卷　嘉慶三年刻本

俞正燮　癸巳類稿十五卷　道光刻本
徐松　宋會要輯稿不分卷　一九三六年北京圖書館影印本
鄭居中　政和五禮新儀二百二十卷首一卷御製冠禮十卷　四庫全書珍本初集本
陳均　皇宋編年備要三十卷　日本静嘉堂影印宋本
徐夢莘　三朝北盟彙編二百五十卷　光緒三十四年許涵度刻本
托克脱等　宋史四百九十六卷　百衲本二十四史本
李濂　汴京遺蹟志二十四卷　三怡堂叢書本
李濂　汴京勼異記八卷　硯堂甲乙編本
闕名　如夢録一卷　三怡堂叢書本
周城　宋東京考二十卷　雍正九年六有堂刻本
劉子翬　屏山集一卷　宋詩鈔初集本
王世貞　弇州山人四部稿一百七十四卷　明刻本
全祖望　鲒埼亭集三十八卷　原刊本
吕祖謙　皇朝文鑑一百五十卷　四部叢刊本
蘇天爵　元文類七十卷　局刻本